マルクス疎外論の諸相

田上孝一 著

時潮社

まえがき

　本書はカール・マルクスの理論的営為における哲学的核心が疎外論にあるという前提の下、マルクス疎外論の現代における理論的可能性を模索しようとする試みである。

　何故マルクスの理論的核心が疎外論であり、その疎外論はどのようなものであるかというのは、もとより本書全体が説明しようとする主題なので、このまえがきという場で云々することはしない。ここではそもそもマルクスの哲学を問うという試みそれ自体に対して起こるであろう疑問について、最低限の但し書きをしておきたい。

　つまり、マルクスはそもそも哲学それ自体を放棄し、批判する立場なので、マルクスの哲学を問うという姿勢そのものがマルクスに反しているという批判である。こうした批判の典拠となるのは、マルクスの短い思想的自伝とも言える『経済学批判』の「序言」(Vorwort)での叙述である。そこでマルクスは、後に『ドイツ・イデオロギー』と呼ばれることになる草稿群において、「これまでの哲学的意識を清算した」と言っているというのである。つまり、マルクスは確かにそれまでは哲学者として理論的営為を行っていたが、『ドイツ・イデオロギー』を境に哲学者ならぬ社会科学者、取り分け経済学者になったのであり、マルクスの理論的真価は初期の哲学的著作ではなく、『資本論』を代表とする後期の経済学的著作にこそ求めるべきだというような意見である。

　さて、これにどう応えたらいいのか。一つには、私が本書で行おうとするのは、マルクスの理論を疎外論という哲学的枠組みに還元しようとする類ではないということである。マルクスの経済学には理論的意義はないが、哲学には可能性があるというような話ではない。あくまでマルクスの全理論の哲学的な「側面」を疎外論として捉えて、その理論的可能性を問おうという、限定的な試みに過ぎないというのが、答えになる。哲学はその学問上の機能

として、理論全体の核を担う。従って一つの側面に過ぎないとはいえ、全体の核心になるということである。

しかしこれではまだ、哲学的意識の清算という話の答えにはなっていない。そこでそもそも、典拠となる文言それ自体を見てみたい（Marx 1961: 10）。これまでのというのは、unser 我々の ehemalig かつての、である。これまでの哲学一般ではなく、主語はマルクス及びエンゲルスであり、少なくともマルクス自身である。哲学的意識というのは philosophishes Gewissen であり、むしろ哲学的「良心」と訳した方が自然な言葉である。従って、この文章だけから、マルクスが哲学そのものを放棄したとまで見るのは、明らかな読み込み過ぎである。

マルクスが放棄したのは哲学ではなくて、哲学的な良心の方である。しかもそれはあくまで「以前の」良心である。では以前の良心とはどういうことか。それは『ドイツ・イデオロギー』の批判対象であるドイツ・イデオローグとマルクス自身が共有していた、理論の何らかの側面である。ということはマルクスは、『ドイツ・イデオロギー』で以前と何か違った哲学的立場に移行したということだろうか。こう主張するのがいわゆる「疎外論超克説」であり、マルクスが以前の疎外論とは異なる哲学に宗旨替えしたという話である。この話が真実ならば、マルクス疎外論の理論的可能性を問おうという本書の試み自体が無意味になる。幸いにもこの説は間違っており、その徹底的な論証は既に済ませてある（田上 2000）。

では何が問題なのだろうか。当の『ドイツ・イデオロギー』の、少なくとも主要な課題の一つがどのようなものであったかを検討することが、ヒントになる。マルクスはこう言っている。

フォイエルバッハは宗教的世界を、彼自身にとっては今ではもう地上的世界の現前しているフラーゼ（空語）に過ぎないものとして提示することによって、彼にとって答えられなかった問いが、ドイツの理論に対してもまた、生じた。人間がこの幻想を「頭の中に据える」ということはどのようにして起こったのか？この問いはドイツの理論家に対して唯物論的な、無

前提ではなく、現実的な物質的諸前提の経験的に観察されたものとしての、それゆえ始めて現実的に批判的な世界の見方へと道を開いた。この進路は既に"独仏年誌"の中で、"ヘーゲル法哲学批判序説"と"ユダヤ人問題について"の中で示唆されていた。だがこれは当時まだ哲学的なフラーゼオロギーにおいて行われていたので、ここに伝統的に紛れ込んでいた"人間的本質"、"類"といった哲学的表現が、ドイツの理論家たちに、現実的な展開を誤解させ、ここでも再びただ彼らの着古した理論的上着の一つの新しい裏返しが問題であると信じさせるのに、願ってもないきっかけを与えた（Marx/Engels 1958: 217-218）。

　ここでマルクスはフォイエルバッハの宗教批判がフォイエルバッハ自身にも答えられない問いをもたらしたと言っている。その問いに答えるには、「唯物論的な、無前提ではなく、現実的な物質的諸前提の経験的に観察されたものとしての、それゆえ始めて現実的に批判的な世界の見方」という、ドイツ・イデオローグたちの取り得なかった理論的観点に立つ必要があることを強調している。だからこそマルクスは彼らを批判したのである。

　その次が問題である。実はこの見方は既に独仏年誌で示唆されていたというのである。マルクスがここで独仏年誌を挙げているのは、それが公刊された著作で、当時のドイツ・イデオローグが読み得たし実際に読んでいたからである。後世の我々からすれば、ここにはマルクスの生前は日の目を見なかった『経済学・哲学草稿』も代入し得るし、代入しなければいけないということである。

　ところが、既に唯物論的な、無前提ではなく、現実的な物質的諸前提の経験的に観察された現実的に批判的な世界の見方という、同じ精神で書かれていたにもかかわらず、「伝統的に紛れ込んでいた"人間的本質"、"類"といった哲学的表現が、ドイツの理論家たちに、現実的な展開を誤解させ」てしまい、「彼らの着古した理論的上着の一つの新しい裏返しが問題であると信じさせる」ことになってしまったと言うのである。つまり、マルクスが独仏年誌で行っていたのは、実はもうフォイエルバッハとは根本的に違う、現実

的に批判的な世界の見方だったのだが、伝統的な哲学的フラーゼオロギーのせいで、新手の「フォイエルバッハ主義」であるかのように誤解されていたという点、これをマルクスが問題にしているということである。

　これが以前の哲学的良心の具体的内容である。つまり、フォイエルバッハや真正社会主義者のようなその亜流とマルクス自身が誤解される可能性のある、哲学的フラーゼオロギーのことである。だからこうした伝統的表現を徹底的に清算して、誤解の余地を与えないようにしようと決意したというのが、マルクスの回想の真意である。それで『ドイツ・イデオロギー』では、それまで愛用された類とか人間的本質という哲学的表現が使われなくなったのである。しかしこれは誤解されないための語句の変更であって、本質的な理論的転換ではない。

　従って、批判されているのはあくまでドイツ・イデオローグのような哲学のあり方であって、哲学そのものではない。これまで残されているマルクスの言葉の中に、ヘーゲルやプルードン、それにバクーニンといった、具体的な誰かの哲学を批判する証言は散見されるものの、学問としての哲学そのものをまるごと否定するような文言があることを、私は寡聞にして知らない。むしろマルクスは、フェルディナント・ラッサールが野心的なヘラクレイトス論を物した際に、自分だったらもっと手短に核心をまとめることができると皮肉った手紙を残してもいる（1858年2月1日付エンゲルス宛手紙。MEW. Bd.29: 275）。青年の日に古代哲学研究で博士号を取得したドクトル・マルクスは、経済学研究のために哲学研究を中断していたものの、哲学という学問そのものの価値を否定などしていない。だから彼は『資本論』第二版後書きの中でヘーゲル弁証法の重要性を強調したのである（Marx 1991: 17）。

　勿論マルクス自身は職業哲学者ではなく、ヘーゲルのような体系的哲学書を残したわけでもない。彼の哲学は現実社会の理論化に向かうその姿勢の中に含まれている。それが彼の疎外論であり、疎外論であるマルクスの哲学を取り出して、その理論的可能性を問おうというのが、本書の意図である。

　本書の試みがどの程度成功しているのか、識者のご批判を仰ぎたい。

目　次

まえがき……………………………………………………………………3

第一部　哲学と疎外論
第一章　マルクスの哲学……………………………………………………11
第二章　マルクス疎外論の可能性と限界…………………………………30
第三章　疎外論と実践的唯物論……………………………………………45

第二部　疎外と物象化
第四章　疎外は「人間生活の永遠的自然条件」ではない………………65
第五章　物象化と物神崇拝の関係…………………………………………80
第六章　マルクスの物象化論と廣松の物象化論…………………………95

第三部　認識と規範
第七章　反映論の意義……………………………………………………121
第八章　マルクスの分配的正義論………………………………………143
第九章　トロツキーの道徳論……………………………………………159

第四部　マルクスの正しい理解のために
第十章　生産力概念についての一提言…………………………………179
第十一章　曲解されたマルクス…………………………………………195
第十二章　神話のマルクスと現実のマルクス…………………………216

引用文献……………………………………………………………………241
あとがき……………………………………………………………………249

第一部
哲学と疎外論

第一章　マルクスの哲学

はじめに

　マルクス主義の理論的可能性を問うことは、今日でも十分に意義のあることと考える。しかし、そのためには、当たり前のことではあるが、マルクスその人の思想的本質を十分に把握し、それの継承の作業を行わなければならない。つまり、まずはマルクスのテキストの正確な理解と解釈を行った上で、マルクスの中の生けるもと死せるものを峻別し、その生けるものを継承発展させることが必要なのである。このことは、解釈者の私念（Meinung）を正当化するために、テキストを《徴候的》に読む[1]ことによってマルクスを歪曲するような態度ではなく、マルクスのテキストに《明示的に》提示されている理論を率直に受け入れ、それを十分に咀嚼するという態度である。そのさい、マルクス以外の権威（例えばエンゲルスやレーニン）によって与えられた説明を鵜呑みにしないで、自らの目でマルクスそのものに接するという態度が要請されるのである。

　従って、マルクス主義を発展させるためには、まず何よりもマルクスその人の思想的核心を確定しなければならない。ここでマルクスの思想的核心を、簡単にマルクスの《哲学》だと規定するならば、マルクスの哲学が何であるかということこそが、明確にされなければならない。

1．マルクスの哲学＝疎外論

　マルクスの哲学とは何かという問いの答えは、ある種の人々にとってはあまりにも自明であろう。すなわちそれらの人々にとっては、マルクスの哲学

とは《弁証法的唯物論》に他ならない。確かにこの言葉が、マルクスの方法が弁証法的であり、その存在論的立場が、観念論でも《唯物論と観念論の対立構図を越えた第三の立場》でもなく、唯物論に他ならないということを意味するだけならば、この言葉の使用を拒否する積極的な理由は何もない。しかしこの言葉にはそれ以上の意味が含まれている。それはこの言葉の最も通俗的な、しかしながらある時期までは最も権威を持っていた概念規定の内に典型的に示されている。

　　弁証法的唯物論はマルクス＝レーニン主義党の世界観である。それが弁証法的唯物論と呼ばれるのは、この世界観の、自然現象の取り扱い方、自然現象の研究方法、これらの現象の認識方法が弁証法的であり、またこの世界観による自然現象の解釈、自然現象の理解、その理論が唯物論的だからである。史的唯物論は、弁証法的唯物論の諸命題を社会生活の研究に押しひろげたものであり、弁証法的唯物論の諸命題を社会生活の現象に、社会の研究に、社会史の研究に、適用したものである（スターリン 1968: 7）。

ここで万人に遍く共有されるべき真理である世界観が、マルクス＝レーニン主義的《党》という特定の政治集団の専有物であるかのように規定されている点、このことが、真理を知らない無知蒙昧な大衆に対する、真理の体現者たる《党》による強権的な弾圧の正当化につながったのではないかという点は、触れないでおこう。ここでは、世界観の対象が、自然現象に局限されていることに注意を促したい。

　だが、私が行いたいのは、スターリン主義的《適用説》に対して、旧来から行われて来た批判を繰り返すことではない。知られているように、適用説に対する批判は、旧東独の「哲学論争」[2]において最も洗練されたスタイルで行われ、その成果は、明らかにこれまで出版されたマルクス主義哲学教科書としては最良のものの内に実現された。この教科書は、「人間、人間的実践、そして歴史的発展についての唯物論的把握が、マルクス主義的世界観の最も重要な内容を形成している」（Kosing 1967: 32）という正しい立場を前

第一章　マルクスの哲学　13

提した上で、「弁証法的唯物論と史的唯物論の不可分の一体性」(Kosing 1967: 32) という、スターリン主義的適用説に対する力強いアンチ・テーゼを提出した労作であった。

またこの教科書は、サイバネティクスを「横断科学」と捉えた上でそれを全体の方法論的基礎に据え、人間的自然と人間外的自然をともにその Materie としての共通性の観点から全一的なシステムの下に包摂[3]し、マルクス主義的な哲学の存在論と認識論の一つの理想像を実現した名作でもあった。特にその認識論は、唯物論の名の下に「模写と構成のアウフヘーベン」[4]を言い出す論者もいる我が国から見ると、大いに振り返られてしかるべきものと言える。

ところで、哲学はただ存在と認識の問題のみを扱うのではない。それは価値の問題をも扱う。その意味で、コージングの教科書は確かに、存在と認識、つまり事実把握の点に関しては優れた内容を持っていながら、価値把握、特に規範的価値把握に関しては、旧来の教科書と同様の欠陥を孕んだものだった。そしてこの欠陥は、旧社会主義圏の教科書の最大の源泉となった件のスターリンの著作の内に明け透けな形で表明されている。すなわち、確かにその哲学全体は「弁証法的唯物論と史的唯物論」として、外的自然のみならず人間的自然をも含むものとして体系的全体性を獲得しているが、ここでは体系全体の世界観的基礎である弁証法的唯物論の方は、ただ《自然現象》をのみ考究対象としていることの implication（含意）が問題なのである。ここで自然現象は、古典力学的《斉一性》の相の下に捉えられている。だから、スターリンが自然現象に求める最も重要なカテゴリーは《必然性》である。そして、経済や政治といった人間の社会に係わる、それゆえマルクス主義の基本テーマとされてきたものは全て、自然現象の認識を押しひろげることによってその歴史的趨勢が、史的唯物論の《法則》として完全に把握できるとされる。この歴史法則の性格は、そのよって立つ根拠である自然現象の法則が完全に必然的なものであるが故に、不動の絶対性を獲得しているのである。

マルクス主義とは何かということを端的に言えば、経済や政治などの人間の生活過程全体の研究を踏まえて、共産主義の第一段階としての社会主義と、

共産主義の理想の正当性を合理的に論証して行くことである。そして、現実社会主義との対比において、社会主義や共産主義は、今まで実現されていない、すなわち既知の事実ではないが、未来において実現すべき理想として我々の前に現れる。つまり、社会主義や共産主義とはその本質からすると事実説明の対象ではなくて、倫理的規範の領域として、その事実としての真偽が問われるのではなくて、その構想（イメージ＝事実の先取）としての正当性が問われるべきものなのである[5]。

ところがスターリンによると、自然現象という事実を客観的真理として把握できるならば、歴史法則という未存の未来の予測に係わる問題も、《真理》として認識可能だというのである。ここではヒュームの法則の無自覚的な無視により、人間の知識の増大による社会生活上の制度的諸前提（後の言葉で言えばパラダイム）の変換という視点は、全く欠如している。ここではただ、素朴な自然主義的規範理論が、それとは気づかずに議論の背後に前提されているにすぎない[6]。

素朴な自然主義は、歴史の発展傾向を既決の法則として信仰するというカール・ポパーの言う Historicism 歴史法則主義の誤謬に帰結せざるを得ない。細部における選択はともかく、基本趨勢においては一切の訂正可能性のない（その意味では transzendent 超越的な）普遍的な歴史法則を認めることは、人間が社会発展の基本的な方向を選択するという問題意識を無用にすることであり、歴史選択のための倫理的基準である規範を無用とすることである。このような前提からマルクス主義は、グランド＝セオリーとして定位されるとしても、グランド＝セオリーに不可欠な規範理論を欠いた実証主義的に一面化された体系にならざるをえない。これが、コージングの教科書が極めて洗練された体系構想を含む魅力に富んだ試みでありながら、その根底においてはスターリンの哲学体系と同じ特徴——実証主義的体系としてのマルクス主義——を共有し、その意味でスターリン批判後のスターリン主義——新スターリン主義——の一変種として位置付けられざるを得ない理由である。新スターリン主義理論に特有の実証主義的側面の残存が、コージングの教科書がそのままでは受け入れられないことの理由[7]である。

実証主義的マルクス主義は、現実社会主義の現存中は何物にも代え難い効力を発揮した。現実社会主義こそが社会主義の真実の実証例として提示できたからである。しかし、このような権威主義は今度は、その同じ論法によってマルクス主義の、さらにはマルクス思想そのもののなし崩し的拒否へと通じる。現実社会主義がマルクスの理念を体現した社会主義だとすれば、その崩壊はマルクスの理論それ自体の無効性の実証というわけである[8]。しかし我々は、マルクスの哲学はかような実証主義理論ではないと確信する。

マルクスの哲学を規定するときには、マルクスその人のテキストに基づかなければならない。それは、レーニン（「カール・マルクス」等）は無論、『反デューリング論』や『フォイエルバッハ論』の規定をも《一つの解釈》として相対化することを要請する。マルクスの哲学は、「市民社会の解剖学」の彫琢という彼のライフワークを貫く方法論的前提として抽出されなければならない。それは究極的には、マルクスが何のために資本主義社会を批判したかという視座に関わる。すなわち、我々の見るところ、マルクスは資本主義を、そこにおいては人間が疎外されるがゆえに批判したのである。だから我々はマルクスの哲学とは次のようなものだと考える。

マルクスの哲学とは、その全体においては、一つの包括的な疎外の理論であり、現在世界における人間の不適切な客体化への批判である。もしマルクス主義がこのようなものとして把握されないのならば、それはマルクス主義であることをやめてしまうだろう。マルクス主義は世界を、疎外の止揚の人間主義的な綱領の局面（Aspekt des humanistischen Programms）の下に考察する。そしてこの綱領は、人間が行うことができるが、事実としてはまだなしえていない歴史的に達成した可能性の認識に基づいている。マルクス主義は事実世界の知識に留まらない。マルクス主義は実証主義ではなくて、世界の変革と人間化の意義と可能性を志向する一つの綱領的な《行為の哲学》（die programmatische Philosophie der Aktion）である[9]。

本稿では、上記のテーゼの正しさをマルクスの文献の解釈によって実証す

る作業はできない。ここでは、マルクスの哲学が疎外論であるという観点が、自明の前提として広く受け入れられて来たどころか、むしろ一般には懐疑の目で見られて来たことに注意を促したい。特に、『ドイツ・イデオロギー』において、マルクスが疎外論を自己批判的に超克したという《疎外論超克説》が、我が国では廣松渉に代表されるように、洗練された高い学術性の見かけとともに強力に宣伝され、むしろジヴォティチ・テーゼのような徹底した《疎外論者マルクス》観よりも、強い影響力を保ち続けているように思われる。そこで、このような謬説がどのような論拠でもって主張され、なぜ一定の影響力を保ち続けていられるのかを次に少しだけ考えてみることにしたい。

2．疎外論批判の根本論点

マルクスの哲学である疎外論は、実証主義的な記述理論ではなく、批判的な規範理論である。それゆえ、疎外と言う概念は、しばしば誤解されているように、《疎外感》ということを意味する心理学的なカテゴリーとして理解されてはならない。"ある状況Xが疎外されている"という言明は、"状況Xで生きている人間は、彼の欲求を充足できない"という言明を意味するのではなく、"状況Xはある規範Nと一致していない"ということを意味する(Magnis 1975: 173)。このように疎外論の本質が規範的理論であるという点が、疎外論が批判にさらされざるを得なかった根本的な理由である。

疎外論批判は様々なスタイルでもってなされたが、最も典型的なのは、経済科学としての『資本論』の基礎カテゴリーと、『経済学・哲学草稿』の疎外論との共約不可能性を言うやり方である。疎外論と労働価値説の関係を曲解する解釈などは、その代表的な一例である。

『経済学・哲学草稿』のマルクスが、『国民経済学批判要綱』のエンゲルスの強い影響のために、リカードの価値論の合理的核心を捕らえそこね、労働価値説を受容できないでいたというローゼンベルグ説（ローゼンベルグ 1971: 100-101）は、研究者の間ではよく知られている。このローゼンベルグ説に基づいて、疎外論と労働価値説との関係について、一歩踏み込んだ規定

を行ったのが、ヴォルフガング・ヤーンである。すなわち、「価値及び剰余価値学説による労働の疎外の理論の止揚」（Jahn 1957: 863）という規定である。

マルクスがプロレタリアートの歴史的使命を理解すればするほど、そして彼が労働時間による商品の価値の規定に近づくにつれて、労働の疎外の論理はますます背景に退き、ついには全く放棄されるに至った（Jahn 1957: 863）。

このテーゼが成り立つためには、疎外論と労働価値説との論理構造の内在的な解明が不可欠の前提であるが、このような作業をヤーンは行っていない。そのためヤーンのテーゼは、マンデルが言うように（Mandel 1967: 174. マンデル 1971: 236）論理的な証明を伴っていない。ヤーンの解釈の前提は、疎外論の規範的側面を完全に無視することである。すなわち、理論の価値が専ら説明機能の優劣にのみ還元され評価される。「価値及び剰余価値法則が労働の疎外の理論よりもより深い経済的諸連関を明らかにしていることは疑い得ない」（Jahn 1957: 855）というように。しかし疎外論は、単に経済的諸関連を記述するためだけではなくて、その本分からすればむしろ、その経済的諸関連を批判するための概念である。このように、疎外論をその第一義的な規範的側面を切り落とした上でむしろ二義的な説明的側面だけを批判することは、なんら批判になりえておらず、むしろ解釈者の規範問題への無理解を暴露するだけのことである。

このような素朴な批判に対して、より洗練された本格的な疎外論批判を提出したのがユーリ・ダヴィドフ（『労働と自由』原著1962年、ドイツ語版1964年）である[10]。ダヴィドフは、疎外論がその規範的性格のゆえにこそ、マルクスによって自己批判されなければならなかったとしたのである。彼の提起した『ドイツ・イデオロギー』の《人間》概念批判にマルクスの自己批判を読みとろうとする方法は、その後の疎外論超克説の模範になったと言えるだろう[11]。しかしダヴィドフの批判は、その出発点の所で躓く。ダヴィドフは労働の疎外の分析の目的を、「労働の具体的経験的な形式と、正常な人間的本質

(Wesen)、正常な人間的本性（Nature）の"概念"との関係の、一つの分析」(Dawydow 1969: 51. ダヴィドフ 1967: 80) であると、適切に設定している。しかしダヴィドフは、自ら行ったこの規定の含意をつかめないでいる。この規定を、その真意を明らかにする形で言い換えると次のようになると思われる。

> 疎外という概念を作り出した思想家はヘーゲルであった。彼にとっては人間の歴史は同時に疎外の歴史であった。……マルクスにとっては、ヘーゲルにとってと同じく、疎外の概念は現存在と本質との区別に、また人間の現存在が彼の本質から疎外されており、現実には人間が彼が潜在的にあるところのものではなく、あるいは別の表現をすれば、人間は人間が本来あるべきところのものではなく、人間は彼が本来あり得るところのものであるべきだという事実に、基礎をおいている (Fromm 1961: 47)[12]。

すなわち、ダヴィドフの言う「人間の正常な本質」という概念が、マルクスの概念を意味している以上、本来のあるべき人間を指示する規範的概念として理解されなければならず、次のような注意を忘れてはならないのである。

> 人間がそれから疎外されているところのものは、存在論的な意味で理解されてはならない。つまり、人間がかつて過去において、おそらく原始社会において、もっていたが、その後失ってしまった、固定した人間的本質あるいは人間的自然［本性］として理解されてはならない。それは、悪しき形而上学であるか、それとも、原始社会の経験的に誤っている理想化である（マルコヴィチ 1970: 93)。

ところがダヴィドフは、それとは知らずに「悪しき形而上学」に陥っている。ダヴィドフは、ヤーン同様に、『経済学・哲学草稿』の課題を「経済的な社会編成の一つの詳細な科学的分析」(Dawydow 1969: 52-53. ダヴィドフ 1967: 83) とドグマチックに一面化する。確かに『草稿』がこのような課題

を目指していたことは確かだが、それだけではなく、その経済的諸関係が《非人間的》で、それゆえ批判すべきものだということを明らかにする規範的な理論の構築をも目指していたのである[13]。ダヴィドフは、疎外論の鍵となるこの規範的批判の側面を全く無視することによって、人間概念の規範的概念としての質を完全に捉え損なった結果、若きマルクスに次のような勝手な注文をつけるのである。

> 労働者（それ自身が"類的存在"と取られた）の、その労働の生産物への、その労働そのものに対する、所与の個人的関係は、若きマルクスにあっては彼の熟考の最終的な分肢、終局分肢として機能したものからこそ——個人の他者に対する現実的な社会関係の事実からこそ、導き出されるのでなくてはならなかった（Dawydow 1969: 52. ダヴィドフ 1967: 82）。

そこから人間が疎外されるところの人間概念が、ただ「現実的な社会関係の事実」からのみ導出されなければならないとすれば、このような人間概念はただ事実概念である他はない。このような事実概念である人間概念をもし規範的批判の前提として使おうとすれば、当然概念の対象は、「かつて過去において存在していた」ものになる。このような人間論は（ミルチャ・エリアーデの言う）「失われた楽園の神話」の再生産に過ぎない。確かにこのような困難に漂着するとすれば、マルクスが疎外論を超克してしまうのも無理のないことだろう。しかし、マルクス自身は、is の世界と ought の世界を原理的に区別できないほど、哲学的教養がないわけではなかった。要するにダヴィドフは、規範的な人間概念を前提にするというかどで若きマルクスの疎外論を批判しようと企てたのだが、ソ連哲学者共有の弱点——事実と価値の区別を明確にできないことによってかえって両者の関係を的確につかめない——を共有することによって、ヤーン同様、規範的概念の無理解をさらす結果に終わっているのである。

3．疎外論批判の動機

　これまで述べたような、典型的な疎外論批判に対するごく手短な反批判から、疎外論の核心がその規範理論としての側面にあるということがおわかりいただけたかと思う。また、疎外論批判の方もまた、その規範理論としての側面に重点が置かれているということも、ご理解いただけたものと信じる。それでは、なぜ疎外論批判者たちは、疎外論を批判し葬り去ろうとしたのだろうか。我々がこう尋ねるのは、彼らがマルクス解釈に関する純粋に学問的な動機から疎外論を批判したのではなく、むしろイデオロギー的な動機（副田 1980: 89）が原動力になっていたからではないかと考えるからである。

　イデオロギー的動機とは、現実社会主義に対する弁護である。

　この問題を考えるに当たって、簡単な問題設定をしてみたい。我々が自らの社会体制を選択できると仮定して、その選択肢は資本主義と社会主義の二つだとする。この場合我々が適切な選択を行うためにはどうしたらよいであろうか？この問いに対する答えは簡単である。適切な選択基準を設定するというのがその答えである。この場合選択基準は通常、選択肢の二者いずれにもその要素が共有されていて、二者いずれかがより良くそれを実現できるような第三者として設定されると思われる。例えば資本主義も社会主義も社会体制なのであり、社会体制は人間をより幸福にするためのものであることが望ましいとすれば、選択の基準は人間の幸福であり、この基準をより良く実現するという程度の問題として選択の問題が再定義される。

　このような問題設定は我々が日常生活の中で常に行っているごくありふれたことである。ある目的地に行くとして、その目的地にはバスでも電車でも行けるとする。この場合我々はバスか電車を選ぶ際には、どちらの交通手段を使った方がより早く目的地に着けるかという基準で選択する。「より早く目的地に着く」という基準によって、バスと電車という選択肢は程度の問題として相対化される。このような思考の健全さを疑う人は殆どいないと思うが、このような思考を特定の理論問題に適応したときには、その理論家集団

内で賛同を得るとは限らない。まさに次のような根源的な問題において、一般にはこのような問題設定がなされて来たとは思えないからである。すなわちなぜ資本主義ではなくて社会主義を支持するのかという問いである。

　私にとってこの問の答えは自明である。資本主義よりも社会主義の方が、人間のより良い人間化のために有利な条件を提供すると考えるからである。人間のより良い人間化とは、人間が人間らしくなっていない状況を克服することによってもたらされる。人間が人間らしくなっていない時、人間は疎外されているというならば、私にとって資本主義か社会主義かという問題は、人間の疎外の克服という普遍的な目的に対する、最適な手段の選択という問題になる。

　このような問題設定は、非マルクス主義的な知的サークルの中でなされたならば、取り立てて奇異なものとは受け取られないと思う。だが、マルクス主義的なサークルの中では、私のような意見は、かなり異端的な意見だと思われる。なぜなら普通のマルクス主義者にとって、資本主義か社会主義かという問いは、選択の問題ではなくて、歴史の必然の問題だと思念されているからである。

　しかし、先に述べたように、歴史の必然的な進行という信念は、私見では、一種の歴史信仰であり、歴史法則主義の誤謬に陥っているものとして批判されなければならない。そして実は、資本主義か社会主義かという問を、疎外概念を選択肢として考えて行くと言う思考スタイルは、実際にある種の人々によって、ソ連東欧イデオロギーの支持者を正統派とするならば非正統的なマルクス主義者や社会民主主義者によって、行われて来たのだ。そしてそのような論者たちに対して、正統派のイデオローグは、歴史の必然性を楯にとって批判して来たのである。それはどのようにしてなされたのだろうか。

　疎外概念をその社会を判断するための基準とするということは、その社会が仮に生産手段の私的所有を何らかの形で廃止している若しくはしつつあるとしても、そのことが直ちに資本主義に対するその社会の優位性を確証しないという判断に帰結する。すなわち私的所有の「廃止はそれ自体が究極の狙いおよび目標ではなく、新たな人間関係を創設するための基礎であり手段で

ある」（ブラニツキ 1970: 125）。

このような考えはそもそも『経済学・哲学草稿』の「私的所有は、外化された労働の、すなわち自然や自分自身に対する労働者の外的関係の、産物であり、成果であり、必然的帰結なのである」というテーゼ[14]に由来する。私的所有は疎外された労働の原因ではなくて結果に過ぎないという認識から次のような理論が導かれる。

　生産諸手段の私的所有の廃止は、生きている労働にたいする死んだ労働の支配の一つの可能な特殊形態の廃止でしかない。例えば、官僚層のような、蓄積された、対象化された労働の処分に関する意志決定の独占を保持しているその他のなんらかの社会集団が存在するならば、一般的な構造は存続するのである（マルコヴィチ 1995: 26）。

そして、もし生産手段を国家所有に換えたことによって、官僚層が労働の処分に関する意志決定を独占しているような社会が、それにもかかわらず自らの社会をマルクスの思想を継承する社会主義社会と称していたとしたら、その社会のイデオローグたちがマルクスを疎外論者だとする解釈をどのように遇するかということは容易に予想がつくだろう。すなわち、疎外論者である若きマルクスは、未熟な《フォイエルバッハ主義者》であり、ブルジョア・ヒューマニズムを克服しきれてはいなかった、しかし『ドイツ・イデオロギー』で史的唯物論を確立することによって、ブルジョア的《疎外革命史観》を克服できたと。だから、『経済学・哲学草稿』では確かに、共産主義は「自己疎外の積極的な止揚」と言った形で疎外論を前提にして構想されていたが、『ド・イデ』では「共産主義とは、我々にとって成就されるべき何らかの状態、現実がそれへ向けて形成されるべき何らかの理想ではない。我々は、現状を止揚する現実の運動を、共産主義と名付けている」というように、かつては疎外論に基づいて、共産主義を「何らかの理想」と考えていたマルクスは、ドイツ・イデオローグたちと同じ地平に立っていたことを自己批判し、「理想」に基づく批判に代えて、「歴史法則」を信奉することによって、一切の

規範的批判を《非科学的》だと退ける《科学的社会主義》の立場に移行したとされる[15]。それゆえ、《科学的》になる以前のマルクスを持ち上げることは、《科学的社会主義》が明らかにした《歴史法則》を認めたくないブルジョアジーの《必死の抵抗》の一齣であり、若きマルクスを持ち上げる論者は、自覚しているいないにかかわらず、ブルジョアジーの片棒を担がされているのだと、彼ら現実社会主義のイデオローグたちはいうわけである。

従って現実社会主義は、それが社会主義であるということによって歴史の法則の実現態だという訳であり、最早これ以外の方向を考える必要はないのだから、社会主義の現実に対して、そのあるべき方向を orient しようとするための疎外概念などは無用だということになる。

疎外という社会現象が歴史的に生まれて来て歴史的に消え去って行く現象であるように、それを反映している疎外概念もまた歴史的な概念であり、ただ資本主義的諸関係に適用したときにのみ意味豊かな概念である。疎外概念を社会主義的諸関係に転用しようとすると、それは抽象的な、没歴史的なカテゴリーに転化してしまう（Buhr 1966: 814）。

だから、疎外概念を社会主義社会に適応して、その社会主義社会が、《疎外の克服》というテロスに相応しいシステムを備えているかという批判的観点から、政策に対してコミットメントしていこうとする態度は、官許マルクス主義者からすると、典型的な《修正主義》的方向にしか見えないということになる。

社会が提起する課題を具体的に研究せずに、《人間》とかその《疎外》とかについての漫然とした思弁が横行している。……そもそも事件の核心は、階級の理論にもとづく科学的社会主義——これこそ根本において人間的なものであるのに——に対して、抽象的な《人間的》社会主義を対置させることにある。ここでは《人間学的》思弁が類似の内容の社会民主主義の理論と気脈を通じているのだ[16]。

しかし、我々のように、《疎外論超克説》などというのは、現実社会主義のイデオローグに代表される新旧スターリン主義者と彼らとパラダイムを共有する者たちによって捏造された神話に過ぎないということを、マルクス学的研究を踏まえて確信する者からすれば、社会主義と疎外の関係は、《無関係》なものではなく、次のようになる。

　社会主義の下では疎外の問題は余分であるテーゼに反して、我々は出来る限り断固とした態度で、疎外の問題は社会主義の中心問題であるというテーゼを提出しなければならない (Vranicki 1965: 282)。

　このテーゼは、マルクスを《修正》したものではなくて、マルクスの思想そのものに根拠づけられている。「私的所有の積極的止揚」としての「共産主義」(『ゴータ綱領批判』の「共産主義の第一段階」)は、「社会主義としての社会主義」(『ゴータ綱領批判』の「共産主義の第二段階」)のための「媒介」(→手段)だという『経済学・哲学草稿』の思想は、決して「自己批判的に止揚」されることなどなかったからである。
　しかし、このような疎外論に基づいて、その社会が「私的所有を止揚」していると称しているにもかかわらず、見るところその止揚は「人間的な人間」や「社会的な人間」の実現という目的に背反していると見なさざるを得ず、むしろその社会は「私的所有の段階にまで到達していない」「粗野な共産主義」と言うに相応しいのではないか、と真実にマルクス主義的に批判して行く態度は、粗野な共産主義の権益を享受する支配層によって、不倶戴天の敵に写ったのである。そして彼ら支配者がイデオローグに課した課題は、疎外概念に基づいて社会主義のモデルを相対化し、社会主義の理念を複数の選択肢に開かれたオルタナティヴだと見て行こうとする批判的な真のマルクス主義的な方向に対して、「歴史法則」とそれを実現する「現実社会主義」の現存在を対置して行くという無批判的な実証主義をマルクス主義の僭称の下に押し付けて行くことだった。このようなイデオロギーの代表例こそが、《疎

外論超克説》だったのである。

おわりに──マルクスの脱神話化に向けて──

　現実社会主義が崩壊した今日において、マルクス主義の理論的可能性を問おうとする際に、マルクスの哲学とは何かという最深の次元に降りて行くことは、決して意義のないことではない。マルクスの哲学を資本主義から社会主義への必然的移行を究極的に根拠づける歴史法則主義哲学としての《弁証法的唯物論》と考えるか、複数の選択肢に開かれたオルタナティヴを提起する規範的理論としての疎外論と考えるかでは、歴史の現実に対する基本的アプローチも自と異なってくる。

　マルクスの哲学を規範的な疎外理論と考える我々からすれば、現実社会主義とはマルクスの理念から言えば、「粗野な共産主義」に当たるものに過ぎない。従って、「人間（規範的概念）の実現としての私的所有の積極的な止揚」として社会主義を構想する我々から見れば、現実社会主義の崩壊は、今後この社会の分析を通して、"社会主義はどうあってはならないのか"という反面教師の役割を果たすための前提でしかない。

　マルクスの哲学は疎外論であり、疎外論の前提である人間概念は、社会選択の基準の役割を果たす普遍的な規範概念である。このような《普遍的ヒューマニズム》とも言うべき理論的立場こそがマルクス主義の神髄である。

　このような立場は、後期エンゲルスに由来し、プレハーノフやレーニンらによって定式化され、ミーチンやスターリンらによって通俗化されたマルクス主義哲学の伝統と齟齬を来すものである。しかし、だからこそ、これまでの伝統に変わる新たな伝統を再構築して行かなければならない。我々の見るところ、既に1932年に、そのための最大の契機が現れている。この年こそ『経済学・哲学草稿』が発表された年だから。この草稿に即して、既に次のような発言がなされていた。

　歴史の目的とは、しかしながら、"生産手段の社会化"でもなければ、"収

奪者の収奪"によって"搾取"を片付けることでもない。これら全てのことは、同時に"人間の実現"でなかったとしたら、無意味なのである (Landshut und Mayer 1932: XXXVIII)。

このような発言を、「社会民主主義者のマルクス主義放棄の日和見主義的実践にまったく照応したもの」(オイゼルマン 1976: 124) などといって打ち捨てて来たこれまでの伝統に代えて、"生産手段の社会化"の現実を、"人間の実現"という尺度で測定し、その社会化が"無意味"なものにならないようにチェックして行く、このような実践の処方箋を与える思想としてマルクス主義を解釈して行く伝統を再構成すること。これが、マルクスを神話の国から引きずり降して、今日の我々のものにして行く道ではないだろうか。

註
(1) G.A.Cohen は、アルチュセールの『マルクスのために』がマルクスは資本論とその準備草稿においてこそ理解されなければならないという不動の確信を与えてくれた点を感謝しているが、それに続く『資本論を読む』その他の著作には失望させられたと述べている。その理由としてコーエンは、論理実証主義的伝統の欠如によってフランス語的美文調と引き換えに科学的厳密性を放棄したためである旨のことを述べている (Cohen 1978, 2000: X)。アルチュセールが今日でも我が国である程度の人気を保っている内在的な理由は、後に述べるようなスターリン主義的マルクス解釈の代表例としての《疎外論超克説》の根強い影響にあるが、その外在的な理由には、lucidity (明確さ) よりも obscurity (曖昧さ) を有り難がる我が国読書界の風土があると思われる。なおコーエンは、分析的マルクス主義 Analytical Marxism グループ内の第一人者であるが、この学派のついては (メイヤー: 2005) によって適切な概要が与えられている。
(2) この論争については、(コージング、ザイデル他: 1969)、芝田進午「ふたたびマルクス主義哲学の体系論争について」(芝田: 1978) 参照。
(3) 「物質のどの領域も、何らかの様式で秩序づけられており、システム (体系) として把握されることができる。かくして体系概念は普遍的で、事実上一つの哲学的カテゴリーとしての地位をもっている。その際注意しなければならないのは、体系概念の全ての諸科学におけるその極めて重要な意

義に基づいて、最近数十年の中で、体系概念そのものが一つの特殊な学科――システム理論――の対象になった、ということである。このシステム理論は、サイバネティクスの領域で、サイバネティクスの結果として、形成されたものである」(Kosing 1967: 218, vgl.434)。「まさにサイバネティクスこそ、既にマルクスとエンゲルスがスケッチした諸基礎の原理的正当性と理論的豊饒性を確証するものだということは、強調されなければならない」(Kosing 1967: 501)。しかもこの教科書は、サイバネティクスを無批判的に受容している訳ではない。サイバネティクスの理論的限界も適切に指摘されている。「人間的意識の社会的な特殊性と意義を探求することは、しかしながらサイバネティクスの課題には属さない。人間はここではただ機能の上から、情報システムとしてだけ考察されるのであって、社会的に制約された人格性としてその具体的全体性においては考察されないのである」(Kosing 1967: 121)。

(4)（廣松 1991: 88)。廣松哲学については（田上 2000）参照。特に第九章「『物象化』論の虚妄性」で、この「模写と構成のアウフヘーベン」について直接取り扱っている。

(5) 従って次のような一般的注意は今日でも有益である。「存在したもの、存在しているものに関する認識は、存在していないもの、人間の努力によってつくり出されてからはじめて存在するものだろうものについての認識より、はるかに安定的で密度が高いのみならず、認識論的に異質であることが忘れられている」(岩田 1971, 1993: 11)。

(6) ついでに言えば、我が国のマルクス主義哲学者による倫理的規範の研究も、一部の例外を除いては、今日倫理学では常識になっている自然主義批判にまともに対応できない水準だったと言えるだろう。例えば、この分野での第一人者であった藤野渉は、ヒュームの法則を強調する矢島羊吉（矢島 1968）に対して、次のような批判しかできなかったのである。「存在から価値（当為）はみちびきだせないという定式は、そもそも、存在とか価値とかいう言葉に反映されるリアリティーを分析するのではなく、言葉の世界での『意味』だけを分析するらしい。それなら、存在という言葉の『意味』からは当為とか価値とか言う言葉の『意味』はみちびきだせないであろう」（藤野 1972: 32)。北村実氏は、旧ソ連・東独の哲学者たちが、1980年台に入ってやっとムーアの自然主義的誤謬 naturalistic fallacy 論を受け入れ、ようやく価値論の出発点に立ったにすぎなかったことを嘆いている。北村氏自身は、ヒュームによる is と ought の区別という視座は、「決してマルクス主義と相いれないものではない。というのも、『事実認識』と『価値

評価』との区別を前提にしなければ、そもそも『価値』問題に正しく答えることができず、その結果倫理学や美学のような規範学を不可能にしてしまうからである。……しかし、残念ながら、ソ連哲学はこの『認識』と『評価』との区別を自覚するにいたらなかった。そのため、倫理学や美学の立ち遅れをもたらし、マルクス主義哲学の権威を失墜させた」(北村 1999: 128) という極めて真っ当な立場に立っている。

（7）岩淵慶一氏は、コージングらの試みを「新スターリン主義改良の試み」と位置付け、『プラクシス』派によるマルクス主義の真の革新と対比している。「マルクス主義哲学の現段階と『プラクシス』派」（マルコヴィチ他 1987、所収）参照。

（8）実際にはむしろ逆に、「現実社会主義とは根本的に異なるオルタナティヴとしての社会主義像を、マルクスの理論に基いて提起できる」（田上 2007a: 99）。そして「現実社会主義とは、マルクスの理論からすれば、マルクスの求める社会主義よりも、むしろ資本主義によく似た独特の抑圧社会なのではないかと考えられる」（田上 2007a: 118）

（9）(Zivotić 1967: 143-144)。ジヴォティチは別の所 (Zivotić 1972: 44-50) で、実証主義的ディアマートと人間主義的マルクス主義を十項目にわたって対比しているので、より詳細な議論はそちらを参照されたい。

（10）訳者によると、原著のロシア語版を「入手することがとうとうできなかったので」（ダヴィドフ 1967: 218）ドイツ語版から訳したとのことである。そのドイツ語版ですらかつては稀覯本だったが、現在はインターネットの普及により、検索して海外の古本屋に直接注文することが可能になっている。今回入手したテキストは1969年の再版である。

（11）『ドイツ・イデオロギー』の人間概念批判を自説の最大の論拠とするのは、廣松渉も同様である。このことは藤野渉も訳者解説で既に指摘している。「ダヴィドフの本書における所論の大きな功績の一つは、『経済学・哲学草稿』の位置付けにあると思う。殊に『ドイツ・イデオロギー』における疎外概念の批判のうちにマルクスの自己批判の要素を見るべきだという提唱は、画期的だと言ってもいいのではないかと思う。（わが国でも若い研究者、広松渉氏が、ダヴィドフとは別の視角からであるが、同様の指摘をされた。『理想』一九六三年九月号所載「マルクス主義と自己疎外論」）」（ダヴィドフ 1967: 221）。ダヴィドフの本書がソ連・東欧圏において珍重されていたことは、ソ連科学アカデミーが編集したマルクス主義文献案内（原著1965年）に本書が、「ブルジョア哲学者たちと修正主義者たち」が、「真の若きマルクス」を、「マルクス＝レーニン主義一般に対立させ」、「マル

クス主義の俗悪化や歪曲」をすることに対する闘争に貢献した労作として、オイゼルマンらの著作とともに推薦されている（ソヴィエット同盟科学アカデミー哲学研究所 1967: 97）ことからも分かる。
(12) ただしフロムは、それが疎外される所の人間の本性の概念を、規範的概念と捉えなければならないということを明確にしてはいない（Fromm 1961: 24f）。それに対してミハイル・マルコヴィチは正しく次のように前提している。「哲学や倫理学の枠内で疎外について論じられる場合には、人間の本性とは、規範的概念として、人間がそれであるべきところのものという意味での価値として、理解される」（マルコヴィチ 1970: 93）。
(13) マルコヴィチの次のような一般的注意を踏まえるべきである。「マルクスの人間学と歴史哲学における鍵となる諸概念の本性は、彼の理論的な性格をもまた示している。それらの概念は、単に記述的および説明的であるだけではなく、また価値的および批判的でもある」（マルコヴィチ 1995: 18）。
(14) このテーゼに関して、詳しくは（田上 2000）第三章「疎外と私的所有の因果関係」参照。
(15) しかしこの『ドイツ・イデオロギー』の命題は実際には規範的批判の放棄宣言ではない。この論点に関して詳しくは本書第三章「疎外論と実践的唯物論」で説明する。
(16) 《Neues Deutschland》1956年12月19日号の記事。（ハーバーマス 1975: 396）より引用。

第二章　マルクス疎外論の可能性と限界

はじめに――疎外論の復権？――

　刻一刻と変化するのが時代状況というものだから、その都度の「現代」に相応しい批判原理もまた、状況に応じて変遷していくものなのだろう。この度請われて、「疎外論の復権を求めて」という統一テーマの下に研究発表を行い、その発表を敷衍して文章化することとなったが、このテーマ設定には、疎外論もまた、流行と衰退という変遷を経て現代において復権が求められているのだという時代認識が含意されているのだろう。
　だが、微力ながら一貫して倫理学の立場からマルクス疎外論研究に携わってきた者とすれば、疎外論の「復権」という提言には、幾許かの違和感を覚えずにおられない。それの復権を求めるということは、それが既に「失権」しているという認識が前提されているはずである。しかし何時疎外論はその理論的な有効性を失ったのだろうか。
　確かにかつて「疎外」が人口に膾炙された時期があった。その際、我が国は戦後高度成長を成し遂げ、物質的に一定の豊かさを得て、ために「窮乏化」の問題が後継に退き、代わって豊かさの中の疎外が問題になってきたかのように言われていたのではないかと思う。だが、疎外を窮乏化と次元が異なるかの如く見ることは、疎外概念に対する根本的な誤解である。疎外というのはその言葉からして、ある主体が自らの本質的な契機から疎遠になっている事態を示しているはずである。この際、主体を人間とすると、疎遠になっているのは、人間を人間足らしめる本質的な契機となる。肉体的な生存の維持すら適わない「窮乏」が、人間から人間性を奪う最も重要な要素であることは疑いない。従って、「窮乏化」が疎外の対概念であるはずはない。むしろ

窮乏こそが人間にとって最大の疎外であり、窮乏化から疎外へと言うスローガンが本来意味すべきなのは、窮乏化という危急を要する疎外から、一定程度窮乏化が緩和されて、豊かさが実現された後にもなお残存する疎外の分析の必要性ということであり、疎外でない事態から疎外への移行ではなく、疎外内容の変化に着目すべきだということである[1]。

　ここから、疎外論の「復権」という観点に対する違和感の理由が明らかになる。窮乏から豊富へと社会問題の焦点が変化しても、それはなお疎外であるという点では同一だからである。つまり疎外とは、時代の移り変わりによってその盛衰が問題となるような時事的な用語ではなく、人間の本質に関わるような普遍性を持った概念ではないかということである。そして実は私の見るところ、世間一般の表象とは裏腹に、疎外論はその理論的有効性を一貫して保持しており、その意味で、疎外論の復権が必要などころか、そもそも初めから疎外論は「失権」などしていないのである。疎外論が失権するのはまさに疎外が問題にならなくなった時である。資本の運動をグローバル化することにより、資本の生み出す矛盾も地球規模に拡大させ続けている資本主義が現代の主要な経済秩序である以上、疎外の問題が時事的状況によってその理論的意義を上下させるなどありえない。

　もっとも、疎外論の普遍的な理論的射程を捉えることができないことによって、疎外論を過小評価している風潮に対して、疎外論が本来与えられるべき地位を求めるというような意味での「復権」ならば、当然大いに復権されなければならない。そのためには、先ずは疎外とは何であるのかが理解されないといけない。

1. マルクスにとっての疎外論

　疎外論の復権というテーマにおいて再考が求められているのは、疎外概念一般であると共に、中でもマルクス疎外論の理論的可能性ということではないかと思う。本稿で問うのもまさにマルクスによって展開された疎外論の理論的可能性とその限界である。そこで、先ずはマルクスにとって疎外論とは

何であるのかを、簡明に解説したい[2]。

　疎外とはマルクスにとって、先ず何よりも、彼の主要な研究対象に本質を規定するための概念であって、その点研究の当初から円熟した境地に至るまで、変わることはなかった。国家に対する市民社会の領域、それこそが政治的上部構造を支える経済的土台なのであるが、この土台の現在形を、すなわち資本主義的な生産関係の本質を規定する概念こそが疎外なのである。しかもその際、事実として現に存在する資本主義の基本構造を説明するのみならず、同時にその現実に対する評価を通して、未来のあるべき経済のあり方を示唆する規範的な価値概念としての機能をも有するのが、マルクス疎外論の特長と言える。

　マルクスが経済的土台における疎外を本格的に分析し始めたのは『経済学・哲学草稿』を中心とする「パリ草稿」においてであるが、『経済学・哲学草稿』では既に、何が資本を発生させるのかということが解かれている。当時のマルクスは、本来「資本」という言葉で細分すべき対象も「私的所有」の一語で表していたのだが、私的所有と疎外の関係に関する洞察の中で、資本となった私的所有の真の原因は、表面的な観察によって得られる仮象とは裏腹に、労働の側にあると喝破した。

　疎外された労働の中で、労働者から疎遠になった生産物のありかをマルクスは問い尋ねる。

　　もし労働の生産物が私にとって疎遠であり、疎遠な力として私に対立しているのならば、その時それは誰に属しているのか？／もし私自身の活動が私に属さず、疎遠な、強制された活動であるならば、その時その活動は誰に属しているのか？（Marx 1982a: 242）。

　それは私とは別の人間である。そしてこの別の人間を後のマルクスははっきりと「資本家」と言うであろう。実際『資本論』の準備草稿の中では次のように言っている。すなわち資本主義における労働の実現過程は、

そのまま、労働の現実性剥奪過程でもある。労働は自己を客体的に措定するが、しかし労働は自己の客体性を、自己自身の非存在として、あるいは自己の非存在の——即ち資本の——存在として、措定する。労働は、価値措定あるいは価値増殖の単なる可能性として自己自身に帰ってくる。何故なら現実的富の全体が、現実的諸価値の世界が、そしてまた同じように、労働それ自身の実現の現実的諸条件も、労働に対立して、自立的な諸実在として措定されているからである（Marx 1982b: 2239）。

そして労働の現実性剥奪過程にあっては、労働生産物は労働者が自己自身を客体として据定する「労働の対象化」ではなく、労働者にとって存在しないものとして据定されている。労働の対象化が労働者から剥奪されて、「労働者以外の他の人間」のもの、労働者にとっての非存在になる。そしてその非存在こそ、資本という存在なのである。「労働者の活動が労働者にとって苦痛ならば、彼の活動は他者の享楽であり、他の存在の、生の喜びであるに違いない」（Marx 1982a, S.243）。奪う者は奪われた者の苦しみと引き換えに享楽を得る。資本となった私的所有が労働者から奪うが故に、資本家は生活の喜びを得るのである。ならば当然、この体制はこの体制によって益される側が、労働しない私的所有の側が作り出したかのように見える。ところが実際は、「自己自身の非存在」たる資本を措定したのは、他ならぬ労働者自身なのである。だからマルクスは、表面的な観察者においては私的所有が疎外された労働の原因に写るが、実は逆こそが真であると指摘する。

疎外された、外化された労働によって、労働者は労働にとって疎遠な、そして労働の外に立っている人間の、この労働に対する関係を生み出す。労働への労働者の関係は、労働への資本家の、あるいは労働の主人を何か他に名付けようと、関係を生み出す（Marx 1982a: 244）。

こうして疎外とはマルクスにとって先ず何よりも、彼の主要な研究対象の本質を規定する概念である。資本とは労働の疎外が生み出すものであると。

だから、若きマルクスのみならず、『資本論』の著者であるマルクスも、資本主義を一言で「労働の疎外過程」（Marx 1988: 85）と言い表したのである。そしてマルクスが資本を疎外という概念でもって規定したことは、何故『資本論』が経済学「批判」の体系を目指したかの理由ともなっている。ブルジョア経済学は資本の源泉を労働の疎外に見ることができないが故に、労働者の疎外された現実を容認せざるを得ないからである。また、疎外された労働が資本を生み出すという認識は、そもそもマルクスが何故共産主義者として、ポスト資本主義の理想を追求するのかという理由ともなっている。まさに資本主義は、それが労働の疎外過程であるが故に克服されるべきであり、共産主義によって疎外されない理想の労働を実現すべきだからである[3]。

このように疎外とはマルクスにとって、彼の主要な研究対象の本質を概念的に把握するための中心概念である。

2．自己疎外としての疎外

疎外がマルクスの理論世界の中核に位置する概念であるのは、まさにマルクスの主要な研究対象の本質を規定する概念として選ばれたからである。つまりマルクスにとって、資本主義とは疎外社会なのである。では資本主義の本質を成す疎外とは、それ自体としては一体どういう事態を意味するのか、疎外とはそもそも何なのか。

既に上に引用したマルクスの文章の中に、疎外の基本的性格が表明されている。労働の実現過程において据定されるのは労働者の自己そのものであり、疎外された労働過程である労働の現実性剝奪過程においてはむしろ反対に、据定されるのは労働者の非自己である。つまり、疎外された労働において、

> 労働の実現は労働者が餓死するまでに現実を奪われる現実性剝奪として現れる。対象化は、労働者の生存に最も必要な対象のみならず、労働の対象も奪われるような激しい対象の喪失として現れる（Marx 1982a: 236）。

即ち労働の疎外によって、労働の実現である対象化は対象の喪失に転ずるのである。そして対象化されるのは対象化する主体そのものである。従って「疎外とは自己が自己自身に対して疎遠になることを意味する」(田上 2004: 105)。だから、

> 疎外された労働は、人間から、彼の外の自然同様に彼自身の身体を、彼の人間的本質を疎外する(Marx 1982a: 242)。

引用文中の「人間的本質」は、「疎外された労働は、自己活動を、自由な活動を、手段に格下げすることによって、人間の類的本質を彼の肉体的実存の手段にする」(Marx 1982a: 241)ことから分かるように、手段として扱われてはならない目的的な、自由な自己活動である。それは疎外によって失われる理想である。故に疎外によりその対象化が喪失へと転ぜられる人間的本質は、価値的な規範概念である。この意味で疎外論とは、一方で資本主義の事実的な基本構造を説明するための社会科学的理論であると共に、あるべき人間の在り方をも提起する倫理学的な理論でもある。だから疎外されざる労働をマルクスは、「全体的人間としての獲得」という、人間の理想的活動形式として規定したのである。

こうしてマルクスにとって疎外とは、「人間の自分自身に対するあらゆる関係一般」(Marx 1982a: 242)からの疎外であり、人間の自分自身という自己からの疎外である。しかしマルクスのいう疎外が終局的には自己疎外を意味するといっても、ここに何か実存哲学風の主観主義を読み込むことはできない。というのも、「一般に彼の類的本質が人間から疎外されているという命題は、ある人間が他者から、同じように誰もが彼等の人間的本質から疎外されているということを意味する」(Marx 1982a: 242)というように、自己がそこから疎遠になる本質は、類的な、従って共同的な本質とされているからである。つまりマルクスにとって疎外される自己とは社会的存在であり、「人間的諸個人」(Marx/Engels 1972)なのである。更にマルクスにとっては制度やシステムのような社会的「諸力」もまた、「諸個人、彼らの諸力が生

産諸力である」（Marx/Engels 1972: 110）というように、とどのつまりは「諸個人」の「諸力」である。従って「諸個人」である自己が疎外されることは、諸個人である人間が、自身が作り出した諸力（諸制度・諸システム等）から「疎遠」になることを意味する。

　言うまでもなく、宗教もまたこうした疎外の代表的現象である。そして宗教の批判は、『ヘーゲル法哲学批判序説』の有名な書き出しにあるように、既にフォイエルバッハによって成されているとマルクスは考えていた。しかしフォイエルバッハの批判には、次のような限界があった。

　フォイエルバッハは宗教的世界を、彼自身にとっては今ではもう地上的世界の現前しているフラーゼ（空語）に過ぎないものとして提示することによって、彼にとって答えられなかった問が、ドイツの理論に対してもまた、生じた。人間がこの幻想を「頭の中に据える」ということはどのようにして起こったのか？この問はドイツの理論家に対して唯物論的な、無前提ではなく、現実的な物質的諸前提の経験的に観察されたものとしての、それゆえ始めて現実的に批判的な世界の見方へと道を開いた。この進路は既に"独仏年誌"の中で、"ヘーゲル法哲学批判序説"と"ユダヤ人問題について"の中で示唆されていた。だがこれは当時まだ哲学的なフラーゼオロギーにおいて行われていたので、ここに伝統的に紛れ込んでいた"人間的本質"、"類"といった哲学的表現が、ドイツの理論家たちに、現実的な展開を誤解させ、ここでも再びただ彼らの着古した理論的上着の一つの新しい裏返しが問題であると信じさせるのに、願ってもないきっかけを与えた（Marx/Engels 1958: 217-218）。

　疎外の「歴史的原因」を解明するためには、どのようにして宗教のような「疎外が発生したのか」を説明する歴史理論が必要である。その歴史理論こそ「唯物論的な、無前提ではなく、現実的な物質的諸前提の経験的に観察されたものとしての、それゆえ始めて現実的に批判的な世界の見方」であるところの「唯物史観」である。そして唯物史観は「"ヘーゲル法哲学批判序説"

と"ユダヤ人問題について"の中で示唆されていた」。つまり、唯物史観のパラダイムは"ヘーゲル法哲学批判序説"と"ユダヤ人問題について"と同じく、「疎外論的思考」ということになる。無論疎外論的思考といってもその内部に違いがある。だからこそ〈疎外論の発展〉が基本視座なのである。

こうしてマルクスの疎外論とは「社会的存在としての個人」の自己疎外論であり、疎外の発生を説明するために要請された歴史理論こそが唯物史観なのである。

3．マルクス疎外論の基本構造

ではマルクスの思想的核心を成す疎外論の基本構造はどのようなものであろうか。それはヘーゲル疎外論のマルクス的変容によって構築された。

マルクスはヘーゲルが労働を対象化の過程として捉えたことによって「労働の本質を捉え、そして対象的な人間を、現実的人間であるがゆえに真なる人間を、人間自身の労働の成果として概念的に把握」（Marx 1982a: 292）できたことを評価している。労働が人間本質の発現過程であるという疎外論の前提をなす基本視座は、これをマルクスはヘーゲルから得たのである。しかしヘーゲルは「国民経済学の立場に立っている」（Marx 1982a: 292-293）がために、「ただ労働の積極的な面を見るだけで、その消極的な面を見ない」（Marx 1982a: 293）。それは「ヘーゲルがただそれのみを知り且つ承認している労働は抽象的で精神的な労働である」（Marx 1982a: 293）からだ。つまりヘーゲルは、まさにマルクスが主要な分析対象と定めた労働者の現実を、労働者が置かれた疎外状況を十分につかみ得ないが故に、「疎外された労働」という労働の消極面を理解することが出来ない。そのためヘーゲルにとって労働による対象化は同時に疎外であり、労働それ自体は常に予めその止揚が約束された疎外のプロセスなのである。だからヘーゲルにあっては対象化と疎外は、一連のプロセスの円環の中で区別されることなく統一されている。しかしマルクスは労働者の現実である「疎外された労働」を見つめる中で、ヘーゲルのように労働者の置かれている根本的な存在状況を問うことなく観

念論的な形而上学的原理に甘んじて、疎外の止揚を予め保証するような楽観を持つことはできなかった。

　労働者の現実はヘーゲルの楽観を越えて、ヘーゲルが問い質すことのなかった「国民経済学的状態」というコンテクストそのものの変革が、一定の歴史状況に中で労働者が必然的に組み込まれざるを得ない生産のあり方（生産様式）そのものの革命的変革を要請する。すなわち、労働とは対象化と疎外の統一されたプロセスではなく、特定の生産様式によって規定された、時として疎外もされるが、疎外されることのない状況もありうる活動形式なのである。つまりルカーチの言うように、マルクス疎外論の基本構造とは対象化と疎外の区別なのである。

　ヘーゲルは資本主義における非人間的な疎外を対象化一般と混同し、そして前者を止揚する代わりに、後者を観念論的な仕方で止揚しようとした。……このような根本的に誤った前提の下でヘーゲルは、現実の疎外が資本主義社会全体を支配しているため、また彼の哲学がこの社会の表現であったため、対象性一般、意識から独立に存在する客観的実在性を、精神の外化として、自己意識の外化としてつかまざるをえない（Lukács 1954: 336-337）。

この重要論点について、私は別のところで次のように総括した。

マルクスは対象化一般と国民経済学的状態における対象化、ルカーチの表現では資本主義における非人間的な疎外を区別することによって、疎外の現実的な止揚の可能性と方途を指し示そうとしたのである。もし疎外が、ヘーゲルがそう見なしたように対象化と同一視されるようなものならば、疎外の止揚は、それがア・プリオリに前提されるような形而上学的な理論で無ければ不可能になってしまう。しかしマルクスにあっては、疎外は「対象化の疎外」であるがゆえに、形而上学的前提に基づくことなしに、原理的に克服可能である。そして、原理的に克服可能なものとして疎外を

論じたことが、マルクス疎外論の真価である（田上 2004: 110-111）。

従って疎外とはマルクスにとって、原理的に克服不可能な《人間の実存状況》を指示するような形而上学的概念ではない。あくまで現実的な社会認識と批判のための概念装置である。

4．疎外論の理論的可能性

　以上概観した疎外論だが、そこに大いなる理論的可能性があることは疑い得ない。何故なら疎外論というのは、人間が自分自身の諸力（自分自身で作り出した諸制度・システム）に対して敵対的に対抗する（支配される）という、人間社会のごくありふれた真実を明確にし、告発する理論だからだ。特にその現代的意義という点では、我々の社会がなお「国民経済学的状態」（資本主義）において「私的所有の運動」（資本の論理）に支配されている限り、原理上失われようもない。ある問題の核心を適切に告発する理論は、その問題自体が消滅しない限りは存在理由を失わないからである。

　疎外論はまた、社会主義の分析と評価の局面においても、基本的な理論的視座を与える。疎外論の観点からすれば、資本主義が批判されるべきなのは、それが疎外社会だからである。ということは、共産主義が目指されるべきなのは、その社会においてこそ疎外の止揚が成し遂げられるからである。つまり、共産主義の前段階である社会主義が社会主義に相応しいのは、そこにおいてこそ資本主義にあっては不可能であった疎外の本格的な克服過程がスタートするからである。従って、たとえ成文法によって私的所有の廃絶が謳われていても、その私的所有の廃止が疎外の止揚に帰結することなく、むしろ資本家に代わる新たな支配者による疎外をもたらすならば、その「社会主義」は名目上のことに過ぎない。そして実際、旧ソ連東欧の現実社会主義とは、資本家に代わってノーメンクラツーラを頂点とする国家官僚が労働者を支配する社会であり、その生産過程において行われていた労働の基本的な性格は、資本主義同様に疎外の刻印を帯びていた。だから現実社会主義もまた

資本主義と同じく疎外社会であり、共産主義の第一段階ではありえない[4]。

こうして疎外論は、資本主義がいかように変容しようとも、それが資本主義である限り資本主義に対する批判原理であり続けるし、現実社会主義の崩壊によって効力を失ったわけでもない。従って疎外論は現代においても有効な理論であり、今後も批判原理としての効力を維持し続けるのである。

5．マルクスと疎外論の限界

このように、マルクスの疎外論には現代においても大いに有効な理論的側面がある。だが、だからといってそれが全く無謬のままに留まっているはずもない。例えばマルクスは資本の文明化作用に付帯する環境破壊を大いに告発した。その舌鋒は鋭く、分析も深い。この意味で、マルクスは同時代人の中でも傑出した環境理論家でもあったと見ることができる。とは言え、マルクスが批判した環境破壊は、あくまで局地的な「公害」であって、温暖化のような地球規模での環境破壊ではあり得なかったし、資本の暴走を警告して止まなかったマルクスも、まさか資本の野放図な運動が、人類の存続そのものを脅かすまで深刻化するとは、思いも及ばなかっただろう。この点でマルクスもまた時代の子であり、誰しも免れない歴史的制約を受けているのである。

ところが、環境に関して言えば、今述べたような評価でさえも「生温い」と見る向きもある。すなわち、時代的制約を認めているにせよ、傑出した環境理論家とする評価自体が間違いであり、むしろマルクスは環境に関しては全く評価に値しない理論家であると。この際批判者たちの多くが、マルクスは技術進歩を無邪気に信奉し、かつ生産性の量的拡大のみを文明発達の指標とする「生産力主義者」であり、地球環境の有限性の前提から文明発達に懐疑的であるべき現代思想の要件を全く満たしえないというような論調を共有しているのではないかと思われる。しかしこの点についてはむしろ批判者の方がマルクスを過小評価している。と言うのも、環境論の機軸概念である生産力にもマルクスは疎外論を適用していたからであり、先に引用したように、

生産力は諸個人の諸力にして人間の本質諸力であると言われていたからである。生産力が人間の本質諸力であるということは、それが条件によって疎外されることを意味する。事実資本主義的な生産力の基本性格は、無目的な物質的増大であり、質を捨象した野放図な量的拡大である。すなわち「生産力主義的」なのはマルクスの思考形式ではなく、資本主義的な生産力のあり方である。だから資本主義を批判するマルクスの求める生産力発展は生産力主義的なものではない。むしろ生産の質と目的に適った発展であり、生産力主義的な生産力は、その実「疎外された生産力」なのである[5]。

そして生産力の質と目的を問う疎外論的観点によって、次のように環境問題の核心を定位できるのである。

> 環境問題とは、生産力が破壊力となって環境を破壊し続け、遂には生産力の源泉である他ならぬ人間自身を滅ぼしかねないうちに、どのようにしたら人間が自己から疎遠になった生産力を自分自身に取り戻し、人間的生の存続にふさわしいあり方で生産力を管理していくことができるかを問うことである（田上 2004: 119）。

このように、唯物史観は生産力主義的な理論であり、地球環境の有限性という現在の理論状況には相応しくない時代遅れの理論であるというありがちな反論は、マルクスを疎外論の観点から捉え直すことができれば、的外れであることが分かるだろう。

こうして見ると、環境に関するマルクスの理論は、一方で確かに時代的限界から来る制約を含みつつも、他方で時代を超えて妥当するような普遍的な理論的可能性を持ちえている。その意味で、マルクスと環境というのは、かなりな程度「修復可能」な問題であると言えるのではないかと思う。

ところで、修復可能な問題があるということは、「修復不可能な」時代的限界もまたあるということを示唆する。実はマルクスの理論的可能性の源泉となる疎外論の内に、拭い難い時代的制約が刻印されている。それは疎外論が前提する「人間観」の、根本的な「一面性」である。

確かにマルクスの人間観は、それはそれとして豊かなものではある。疎外された労働によって人間が一面化されることを批判したマルクスにとって、あるべき人間とは一面的にでは全面的に発達した「全体的人間」であり、人間が本来持っているよさ（アレテー）を実現できた人間である。この人間観はそれ自体興味深い一つの倫理規範となっているが、しかし、マルクスの掲げる全体的人間はあくまで「ホモ・サピエンス・サピエンス」としての「人類」であり、人類以外の存在者は眼中に入ってなかった。だがこれでは、「人間とは何か」という問いを現代的水準で展開することはできないし、人間を取り巻く"環境"問題に対して、十分に深く省察することはできない。私は以前本誌『唯物論研究』で「求められるのは、人間を万物の霊長として類人猿の上に据える恣意的区分を放棄して、人間を類人猿の一種として、動物として再認識することである」（田上 2008b: 92）と提起した[6]が、マルクスもまた、旧態的な恣意的区分に囚われたままである。

　人間を動物から、それこそ"ア・プリオリに"区別する思考スタイルは、マルクスが求めた思考のラディカリズムに反してもいる。マルクスにせよ誰にせよ、人間に平等な権利があることを疑う者はないと思うが、では何故人間には権利があるのか。これに「人間だから」という答えで済ますことは、白人は白人であるという理由で黒人より優れているとした人種差別同様に、人間が人間であるという理由だけで他の種より優れていると主張する「種差別」（スピーシーシズム）的な没論理である。こうした種差別的な独断を避けるためには、ある一定の条件を想定し、条件を満たした存在に権利があるという理論構成にする他ない。しかし、こうした推論方法を採用すると、考えられる多くのケースで、人間を特別視する理由がなくなってしまう。例えば権利付与の条件を「苦痛を感じる自己意識的存在」とした場合、人間以外のある種の動物を含めなければならなくなるのは、今日の動物関連科学からは当然のこととされる。人間に権利があるのと同じ理由で動物にも権利があるのであり、人間の権利論はそれが論理的に首尾一貫するためには動物の権利論に拡張されなければならないのである。ところが逆に、「旧態的権利論は、さも当然のように理由を挙げずに権利を人間だけのものと前提する。それに

対して動物の権利論は、ある存在に権利を認める根拠が人間以外の存在にまで適用される可能性を排除しない。もし人間に権利がある理由がある種の動物にも当てはまるのならば、動物に権利を認めないわけにはいかないということである」(田上 2007b: 19)。そしてマルクスもまた、「さも当然のように理由を挙げずに」人間を特別視する種差別主義を免れ得なかったのである。

しかし、今日において「あるべき人間」を構想する倫理学的探求の出発点は、まさに種差別主義を退けることにある。その点で、残念ながらマルクスといえど、現代的議論の水準に達していない。この点は素直に、マルクスもまた、当時の常識を免れ得なかった巨匠の一人として、その時代的限界を素直に認めるべきであるというのが、現代に生きる倫理学研究者の一人としての、私の率直な思いである。

おわりに

こうして、現代において必要なのは、「マルクスを相対化した上での復権」ということになろうかと思う。しかしこれは勿論、「脱マルクス」でもなければ、ましてや「マルクス葬送」などといった類ではない。巷で散見される自己目的化された「反マルクス」的批判は、かつてのマルクス教条主義の裏返しである。

私はかねてよりマルクスをアリストテレスのような、「重要で必須であるがあくまで古典の一つ」として読んで行くことの必要性を感じていた。がしかし、自らの教条主義によって、マルクスを過大に評価しがちだった。しかしマルクスもやはり時代の子である。一方で同時代人から抜け出た慧眼の持ち主であったが、他方で同時代人の大部分と同じ偏見を共有してもいた。やはり是々非々で、生かせるところは生かし、捨てるべきところは捨てないといけない。当たり前のことではあるが、可能性"のみ"を追求しようとする教条主義者には辛い選択であった。しかし今こそ、「古典としてのマルクス」という観点を素直に打ち出し、教条的マルクス主義ではなく、私なりの「批判的マルクス主義」という新たな立場から、マルクスの現代的可能性を探っ

て行きたい所存である。

註
（1）窮乏化と疎外の関係については、既に次のような先駆的な指摘がある。「価値増殖過程が労働者の『窮乏化』の過程だということは、同時にこの過程が、『労働疎外』の過程だということにほかならない」（水谷 1974: 212）。
（2）マルクスの疎外論といえば、周知のように若きマルクスによって『経済学・哲学草稿』において展開された疎外論が、『ドイツ・イデオロギー』で自己批判的に超克されたという、「疎外論超克説」の是非という大きな論争問題がある。が、本稿ではこの問題は触れない。と言うのも、私はこの問題に関して既に一書（田上 2000）をもって応えており、著書出版から10年以上経とうという今日においても、本書の基本観点に対する論駁を受けてないからである。従って私としては、疎外論超克説は旧著で論証した通り、誤謬であると考えざるを得ない。
（3）マルクスは『経済学・哲学草稿』において、「私的所有の積極的な止揚」という人間にとっての"理想的な活動"とは、「人間は彼の全面的な本質を、全面的なやり方で、かくして一つの全体的人間（ein totaler Mensch）として獲得する」（Marx 1982a: 268）こととしている。ここに言う「獲得する」の名詞形は Aneignung であり、疎外 Entfremdung の対概念である。従って「疎外された労働」の対概念は、「全体的人間としての獲得」である。この「全体的人間としての獲得」こそ、疎外されない理想の労働である。なおマルクスの理想的人間観について、詳しくは（田上 2008a）参照。
（4）マルクス疎外論に基く現実社会主義の分析について、詳しくは（田上 2007a）参照。
（5）「疎外された生産力」概念について、詳しくは（田上 2001）及び本書第十章参照。
（6）後に加筆修正の上、（西田・田上 2010）に収めた。

第三章　疎外論と実践的唯物論
　　　——日中哲学誌上討論に寄せて——

はじめに

　マルクス主義的社会主義を来るべき未来のヴィジョンを与えるオルタナティヴとして提起しようとする者にとっては、マルクス主義という全体的思想の哲学的基礎としてのマルクス主義哲学の対象と内容を明確にするという作業は、常に課題であり続ける。その意味で、現代中国の哲学者たちが繰り広げている、マルクス主義哲学の本質を明確にするための真摯な論争は、現代日本においてマルクス主義に心寄せる我々にとっても、一つの模範となっている。

　この際彼等の多くは、旧来の権威からは独立に、マルクスその人の哲学を明確にすることを基礎として、マルクスの哲学を体現しつつ、それをさらに発展させる現代哲学としてのマルクス主義哲学を構築せんがために苦闘しているように見える。これは極めて立派な態度である。今日の我が日本では、ソ連邦の崩壊を十分に内面化し総括して、新たにマルクスのマルクス主義哲学を鍛え直すという態度は時とともに希薄なものになりつつあるように思われる。スターリンから始まりレーニン・エンゲルスと遡り、批判を深めて行ったのは、マルクスの哲学を復権するためだと思っていたら、いつのまにか批判の刃がマルクスその人にまで達し、遂にはマルクスのマルクス主義に代えて、気の抜けた社会民主主義を宣伝したり、あけすけな資本主義賛歌を歌い上げるという結果に辿り着くといった論者がひきも切らなくなっている。

　このような堕落した傾向と比べれば、敢えてマルクスその人に踏みとどまり、この哲学を発展させることこそマルクス主義哲学を真の現代哲学として定礎する道へとつながるのだという現代中国の哲学者たちの固い確信は、本

当に賞賛に値するものである。私はマルクス主義哲学の全体系を明確に構築し、我が物とし得ている者ではないが、初期マルクスを中心とするマルクスの思想形成史を研究してきた者として、若きマルクスの知的歩みを少しばかり振り返ることから、現代のマルクス主義のために幾許かの有益な提言をできるのではないかと考えている。

1. マルクスの哲学とマルクス主義哲学

　東京唯物論研究会の機関誌『唯物論』(第66号、1992年)に、陳志良氏のインタビュー(「われわれの時代の哲学の軌道転換」)と小論文(「実践範疇の再認識」)が山口勇氏(故人)によって紹介されて以来、山口氏が翻訳紹介する限りではあるが、現代中国の哲学者たちの論争をフォローしてきた。しかし今回は、山口氏及び『唯物論研究』編集部の意向を踏まえて、その他の諸氏の議論を念頭に置きつつも、直接には『唯物論研究』59号の4論文[1]を議論の素材に措定したい。ただし、最初にお断りしておきたいのは、この四論文はいずれも多岐にわたる論題と豊富な内容を含んでいるため、これらの論文で取り扱われている全ての論題について一つづつ述べていくのは勿論のこと、その全体像を明確にした上での総括的な批判を行うという作業すらも、この限られた論文の中では行うことができないということである。ここでは、あくまでマルクスの哲学に関する若干の卑見を述べる行論の途上で、折にふれ四氏の意見を検討するといった程度の立論に禁欲したい。

　さて、マルクス主義哲学とは何かということを規定する際に、極めて基本的なことであるにもかかわらず、あるいは極めて基本的なことであるが故に、余り反省されることの無い論点があるので、まずこのことから述べ始めたい。それは「マルクス主義哲学」と「マルクスの哲学」の異同という論点である。マルクス主義哲学は、マルクスの思想をその出発点にして土台とする哲学ではあるが、マルクスの哲学そのものではない。従って、この区別を忘却すると、マルクス主義哲学と称してはいるがマルクスその人の哲学とは必ずしも一致しない教義が述べ広められることになる。実際兪吾金氏が述べている通

り、史的唯物論は弁証法的唯物論を社会歴史領域に「押し広げ」、「運用」したものだとする「推広論」(132) は、ある種のマルクス主義哲学ではあっても、マルクスの哲学ではない。我々は、「推広論」のような「マルクス主義哲学」にではなく、マルクスその人の哲学に基づいた「マルクス主義哲学」に、現代哲学としての可能性を見い出す。そのため、まずもってマルクスその人の哲学を明確にするという作業が必須の前提になる。

しかしこの課題は必ずしも容易ではない。というのも、この課題を遂行するためには、マルクス以外の如何なる権威にも訴えることが許されないからである。これは、レーニンは勿論のこと、エンゲルスをも、マルクスとは別の学問的人格として捉え、マルクスとの素朴な一体視を退けなければならないということである。エンゲルスを別の学問的人格として扱うということは、『反デューリング論』や『自然弁証法』を起点とする学問の方法を疑うというのは勿論のこと、エンゲルスによるマルクスについての評価、特にマルクスの若き日の諸著作についての評価を疑うという学問的態度を確立するということをも含む。このことはマルクス研究に対して緻密なマルクス学 (marxology) 的態度で臨むことを要請する。例えば、劉福森氏は「フォイエルバッハ・テーゼ」を、マルクスが切り開いた「新たな唯物論的世界観」の宣言と見なしているが、その根拠を「フォイエルバッハ・テーゼ」は、「新しい世界観の天才的な萌芽が記録されている最初の文書」であるという『フォイエルバッハ論』のエンゲルスの評言に求めている (101)。楊耕氏もまた、マルクス主義哲学が旧唯物論及び全ての伝統的哲学の延長線上にあるものではなく、それが哲学の根本的な転換を実現し、一つの新しい哲学的な空間を作り上げたということの根拠を、新しい唯物論は、「すでに根本的には哲学ではなく、世界観にすぎない」という『反デューリング論』のエンゲルスに求めている (120)。このように、オリジナルなマルクスの哲学を確定するという正しい方向性を持ちながらも、現実には中国の哲学者たちは、エンゲルスの権威に無自覚的に頼ってしまっている。このようなエンゲルスの解釈が、必ずしもマルクスその人の哲学の解釈として妥当ではないということは、近年のマルクス学研究において、つとに強調されている論点の一つな

のである。例えば『反デューリング論』とマルクスとの関係についてテレル・カーヴァーは、次のように述べている。

エンゲルスが「それが印刷される前に」マルクスに「全ての草稿を読み聞かせた」と主張したのは（マルクス死後の）第二版の序文にでしかない。マルクス―エンゲルスの往復書簡、彼等の諸著作やあるいはその他のどこにもこの話を支持するものは何にもない。ましてやなぜマルクスが、それが大声で読み上げられるのを聞かなければならなかったのかということを説明するものも何もないのである。／1885年に書いた『反デューリング論』の序文でもまたエンゲルスは、マルクスとエンゲルスの"世界観"の彼の"解説"が、マルクスの"承知"すること無しに公表されることはなかったと書いた。このことは、彼等の間で"了解"されていたとエンゲルスは言った。彼はこのようにして、一方でマルクスが彼の著作を"彼等の"世界観を表現するものとして賛成したという印象を読者に与えながらも、他方でマルクスが何かしらこうしたことに明示的に同意したという言明を避けている。エンゲルスの著作の内容へのマルクスによる反応や修正を記録したものは何もない。実際エンゲルスはマルクスの生きている間に彼がマルクスにこの本を手伝ってもらったと言うことを公表したことはなかったよう思われるし、この本にマルクスの名を付けたり、あるいは許可を得て公にするための何の運動もしていないように思われる。／しかしながら、1885年の序文においてエンゲルスは、マルクスが単に草稿に賛成したということ以上のことを主張した。エンゲルスは、デューリングの体系にただ消極的な批判ではなく、積極的なオルタナティヴでもって対決しなければならなかったと述べていたのである。しかし、現存しているマルクスとの往復書簡の中ではエンゲルスは、"弁証法的方法"と"共産主義的世界観"でもってデューリングの体系に対決することに関する壮大な主張を何らなさなかったのである（Carver 1983: 125. カーヴァー 1995: 151）。

カーヴァーが正しいかどうかは、十分な Text Kritik の後に慎重に結論づ

けなければならないが、少なくともカーヴァーの様な問題意識を持つことは、今後のマルクス研究の出発点になるように思われる。要するに、マルクスとエンゲルスはその偉大な同盟関係にもかかわらずやはり二つの別の人格であり、マルクスの思想は、彼等の共著を別にすれば、究極的には一人マルクスの著作のみから導き出されなければならないということである。

　エンゲルスの権威に無意識的にでも追随することが拙いのは、取り分け「フォイエルバッハ・テーゼ」の解釈に関してである。劉福森氏に限らず現代中国の哲学者たちは、そこから様々に異なる帰結を導き出すにもかかわらず、「フォイエルバッハ・テーゼ」をマルクスの新たな哲学宣言だと見なす点では一致しているように思われる。これはまさに、『フォイエルバッハ論』のエンゲルスの証言を自明視していることから来ていると考えられる。すなわちフォイエルバッハの『キリスト教の本質』に感激して、若きエンゲルス及びマルクスは、一時期《フォイエルバッハ主義者》になったという証言である。ここから演繹的に、フォイエルバッハを初めて曖昧さの余地なく批判した「フォイエルバッハ・テーゼ」こそが、マルクスのフォイエルバッハとの決別宣言であり、この時点でもって初めてマルクスがそのオリジナルな哲学を築き始めたという解釈が導き出される。こうした解釈が最も伝統的なマルクスの思想形成史の解釈であって、多くの教科書的な著作にも踏襲された解釈であるという点は改めて繰り返すまでもないだろう。

　しかし、我々の見るところこのエンゲルスの回想は、極めて不正確だと言わざるを得ない。ここでその理由について詳論することはできない[2]が、エンゲルスが、自分とマルクスがフォイエルバッハに如何に強く影響されたかということは、『聖家族』を見ればわかると言っていたことに注意したい。エンゲルスのこうした評価からすれば、最早《フォイエルバッハ主義者》ではなくなってしまったマルクスからすると『聖家族』は、固有の理論的価値を持たない過渡的な著作だということになるはずである。ところがマルクス自身の証言はこの予想を裏切る。マルクスは、1867年4月24日のエンゲルス宛手紙で、『聖家族』は、その中でのフォイエルバッハ崇拝が今となっては「非常に滑稽な感じを与える」にもかかわらず、我々はこの著作を「恥じる

に及ばない」ということに「愉快な驚き」を感じた、と語っている（MEW.Bd. 31: 290）のである。もしエンゲルスの言うように、『聖家族』が《フォイエルバッハ主義者》の著作であるのならば、なぜマルクスはそれが恥じるに及ばないことを愉快な驚きとともに見い出したのであろうか。マルクスの理論家としての誠実さから鑑みるのならば、もしそれが今の自分とは全く違った理論的立場から書かれていたとすれば、むしろそれが今となっては「恥ずかしい」ものだということを、「不愉快な思い」とともに再確認せざるを得ないはずではないのだろうか？マルクスが恥じなかったのは、この若き日の著作が、たとえその細部においては古臭くなったところが様々にあろうとも、その核心をなす内容は『資本論』の著者としてのマルクスにとっても古くなってはいないとマルクスが考えたからではないだろうか？

　そもそも老エンゲルスは、自らの若き日の著作についても、マルクスとは全く異なった評価をしている。1863年4月9日付けのエンゲルス宛の手紙でマルクスは、『イギリスにおける労働者階級の状態』を、「今なお何と新鮮に、情熱的に、大胆に予想された、また学校教師風ではなくかつ学問的な熟考によって、物事がつかまれていることか！」(MEW.Bd.30: 343) と絶賛している。『国民経済学批判大綱』についても、『空想から科学へ』1880年フランス語版序文で、「科学的社会主義の若干の一般原則が定式化されている」（MEW. Bd.19: 181）と評している。すなわちマルクスは、若き日のエンゲルスの著作に関しては、殆ど手放しで誉め讃えているのである。ところがエンゲルス自身の自己評価は、マルクスによるそれとは著しく異なっている。例えばエンゲルスは、1871年4月13日のヴィルヘルム・リープクネヒト宛の手紙で、『国民経済学批判草稿』を再録したいというリープクネヒトに対して、あの代物は全く古臭くなっており、しかも間違いだらけであり、もはや「歴史的文書としての価値」しかないが故に、「絶対に駄目だ」と制したのである（MEW.Bd.33: 208）。これは、「科学的社会主義の古典」というマルクスの評価とは余りにも隔たっている。一体なぜこのようにマルクスとエンゲルスの評価が食い違ってしまったのかということを、ここで説明することは残念ながらできない[3]が、こうしたことは、老エンゲルスとマルクスの思想的一体

性を疑わせるに十分な素材を提供する。

　要するに、マルクスの思想形成史に関するマルクス学的観点からの考察が教えることは、老エンゲルスの若き日のマルクス及び自己の思想形成史に関する回想は極めて不正確であり、旧来のように疑う余地のない真理として受け止めることは学問的ではないということである。そして、「フォイエルバッハ・テーゼ」に関していえば、ここで何らかの根本的変化が生じたというような伝統的解釈は、誤謬として訂正されなければならない。なぜならこの「テーゼ」以前にマルクスは、その哲学の中心概念を確立していたからである。その概念とは疎外概念である。ではなぜマルクスの哲学的核心を疎外論として確認しなければならないのか。このことを、紙枚の都合上不正確にしか伝えられないが、次に説明したいと思う。

2. マルクスの根本前提

　大方の読者は奇異に感じられるかもしれないが、私は理論家としてのマルクスの最も根本的な問題意識は、彼がその理論活動を本格的に開始した時から、その最後の日に至るまで、基本的には変化しなかったのではないかと考えている。

　彼が書いたもので残っているものの内、ギムナジウムの卒業発表や詩作の試みなどを別にすれば、1837年11月10日付の父親への手紙[4]が最古のものである。この手紙の中で19歳の青年マルクスは、彼が直面した理論的葛藤を率直に父親に打ち明けている。それによると、彼が直面した最大の問題は「現にあるものとあるべきものとの完全な対立」(MEGA III-1: 10) なのだという。すなわち存在と当為の関係の問題だったのである。なぜこれら両者が完全に対立してしまったのかというと、青年マルクスが言うには、カントやフィヒテに準ずる立場から思考していたためである。こうした立場では、一方で純粋に形式的な理性の法則が、現象的な現実から区別されて定立でき、そのため確固とした理想を高々と掲げられるにしても、他方でこうした理想は現実の世界とは原理的に区別されているが故に、理想を現実と媒介させて実

際に実現して行こうとする段になると、どうしても理想と現実の埋め難いギャップを痛感せざるを得なくなり、理想を叶えることの無力さを感じざるを得なくなる。このように、一方で理想を実現しようとする高い志と、他方でその現実性を如何に模索し、閉塞状況を如何に突破することができるのかというのが、青年マルクスの危急の問題意識だったのである。

　この閉塞状況を青年マルクスは、考え方の枠組みそのものを変えることによって脱出しようとする。すなわち、カント-フィヒテから離れて、「現実それ自身の中に理想を探し求める」(MEGA III-1: 15-16)立場に立つことによって突破しようとするのである。この新しい立場こそがヘーゲル主義であり、ヘーゲルこそが、理念はそれが現象の世界で現実に実現されないのならば理念と言うに値しないという視角から、カント的主観主義の立場を批判し、現実の中においてこそ理想が実現されるし、現実の中において実現できないような理想ならばそもそもそれは理想の名に値しないと喝破した哲学者だったのである。

　すなわち、「あるべきもの」を「あるもの」の世界において実現すること、実際には実現できないような理想ではなく、実現可能な理想を抱くこと。原理的に実現不可能な理想を抱くことを放棄すること。このような極めてrealisticな理想を抱くこと、これが青年マルクスがヘーゲルから学んだことなのである。

　しかしこれはまた、理念を提起することを放棄することでもない。ここに見い出せるのは、一方で客体の本質を、その運動の法則性の発見に至るまでbegreifenすることを目指す事実把握と、他方でそのような事実把握と密接不可分に結び付きながらも、事実の世界とは原理的に区別される価値規範の世界において、如何に適切な規範を提起するかのという思考態度である。すなわちここで前提されているのは、劉福森氏が強調しているような、「事実の中から価値を導き出さず、客体の『である』[是]の中から主体的行為としての『あるべき』[応当]をも導き出さず、客体の合法則運動から主体的目的を導き出さない」(109)認識態度なのである。しかしこのような「ヒュームの法則」を強調することは、分析哲学の一部（全部でないことに注意）で徒に誇張されているように、規範は事実とは無関係にそれ自体で扱えるという

ことを意味するわけではない。

> 我々はたんに客体が何に「なるべき」かを考慮するだけではなく、客体が何に「なれる」か、すなわち、客体が客観的法則の支配のもとに発生する変化の可能性を考慮しなければならない。主体の目的の選択は客観的法則が決定する客体の変化可能性の範囲を超えることはできない。主体の目的の選択は、まさに多くの種類の可能性の総和からなる「可能性の空間」の中からなされる選択である（109）。

このような「自由と必然」の問題こそ、劉福森氏が言うように、確かにマルクスの哲学の根本問題なのである。しかしこの問題は氏が言うように、「フォイエルバッハ・テーゼ」を嚆矢とする、旧来の全哲学史との画期を成す所の「マルクスの新しい哲学」が始めて発見した問題ではない。それは既にヘーゲルの内に説得的な形で論じられていたし、それだからこそヘーゲル主義者であった青年マルクスも適切にこの問題に接近できたのである。

勿論こう言ったからといって、私はマルクスをヘーゲルのような観念論者と同一視しているわけではない。思うに、歴史の法則の担い手を、ヘーゲルのように精神的な原理と見るか、それとも何らかの物質的な原理と見るかということは、決定的な違いである。マルクスはやがてこの原理をはっきりと何らかの物質的な原理と見るようになった。こう見るようになったマルクスは、最早ヘーゲル主義者ではないのである。ところで、ここでは何が問われているのか？ここで問われているのは、明らかにエンゲルスの言う「哲学の根本問題」なのである。この点では、劉綱紀氏が正しい。

> エンゲルスは『フォイエルバッハ論』において、「精神と自然界とのいずれが本現的問題か？」という問いを哲学の「根本問題」あるいは「最高の問題」としました。これは正確なもの、深刻なものであり、エンゲルスのマルクス主義哲学に対する一つの重要な貢献です。なぜなら、エンゲルスは、世界の本源、始源というこの根本的な問題、すなわちアリストテレス

の「第一哲学」が回答することを求められる存在論［本体論］の問題をしっかりとつかんだからです。これは、いかなる哲学もみな回答しないではいられない問題であり、この問題への回答は、その他の問題にたいする回答を根本的に決定するのです（149）。

それゆえ、劉福森氏が次のように言うとき、氏は勇み足をしているのではないかと私には思われる。

マルクスの哲学が注目したのは、人類の生存論、発展論、解放論であって、存在論ではない。マルクスの活動は、現存世界の合理性を論証することにではなく、現実世界の不合理性、非本来的なあり方［不応当性］を批判し、自ら哲学の目標（人間の解放）を実現する現実的な道を探し出すことにある。この哲学の最終的に落ち着く先は彼岸にある世界の抽象的な本体の存在に到達することではなく、究極的な価値としての未来社会の遠大な理想を実現することにある（107）。

これは日本語訳の問題かもしれないが、マルクスが「現存世界の合理性を論証する」ことを目指さなかったと言うことが正確には何を意味しているのか私には分からない。もしこれが、現存世界の正当性を保証するということならば、そのような保守的な目的をマルクスが持っていなかったのは当然のことである。しかしこれがもし現存世界を科学的に正確に把握することを指すのならば、マルクスがそれを行わなかったなどということはあり得ない。もしそうだったのならばなぜ彼は『資本論』を書いたのだろうか？むしろ反対に、現存世界の不合理性、非本来性を説得的な形で提起するためには、現存世界の本質を合理的に、すなわち科学的に説明することが必須の前提にならないのだろうか？

確かにマルクスの哲学の最終目的地が「究極的な価値としての未来世界の遠大な理想を実現することにある」ことは疑いようがない。しかし、この目標と世界の存在論的本質の探究が、なぜ排他的対立関係にあるのか本当のと

ころ私には理解できない。なぜ世界の本体の存在が「彼岸にある」ものなのであろうか。世界の本質が彼岸にある抽象者ではなく、「此岸にある」具体者において探し求められなければならないというのが唯物論の考え方ではないのだろうか。しかも、マルクスが乗り越えようとした哲学者はヘーゲルである。ヘーゲルのように各論を有機的な分肢 Glied として連結させた体系を作り上げた哲学者を全面的に批判するためには、直接的には市民社会に対するアプローチを批判することに目的がある[5]としても、そのような社会観の根底にある存在論的基礎までをも批判せずには、その社会観そのものを本当に乗り越えたことにはならないはずである。だからヘーゲルを乗り越えたマルクスの哲学は、人類の生存論、発展論、解放論が、唯物論というはっきりと観念論とは区別される存在論によって基礎付けられつつ、反映論という認識論を伴った全体的な体系的哲学なのである。この哲学にとっては、なるほど価値の問題が取り分けて重要ではあるが、それだけが重要なわけではなく、存在論や認識論といった他の領域もまたそれに劣らず重要な構成要素なのである。

このような哲学としてマルクスの哲学は、哲学の理想である体系的全体性を志向する。私はそのようなマルクスの哲学は疎外論だと言った。これは殆どの読者にとっては異様な意見だと受け取られるものと思う。なぜなら疎外概念はマルクス哲学にとっての重要な概念ではあるが、その哲学全体を特徴づける概念だとは一般には考えられてはいないからだ。そこで私は次にわずかばかりの弁明を試みたい。

3. 疎外論としての実践的唯物論

マルクスの根本課題は現にあるものとあるべきものとの間の対立を、現実の世界において克服することである。しかし彼はこの課題をどのように具体的に理論化したのか。ヘーゲル主義者になることによってこの根本課題を適切に設定できた青年マルクスは、実はすぐさまこの課題を適切に具体化するための鍵概念を手にいれる。この鍵となる概念を用いることでマルクスは、

早くも『学位論文』において、ヘーゲル主義の立場に立ちながらも、ヘーゲルとは全く異なったユニークなエピクロス像を結ぶことができたのである。この概念こそがヘーゲルの中心概念の一つである Entäusserung 概念であり、この概念や Äusserung、Entfremdung といった概念を用いて立論される疎外論こそが、根本課題を具体的に解決するための導きの糸となったのである[6]。

　疎外とは、その最も抽象的な定義からすれば、人間がそれであるべきであり、それでありうる者ではないことである。そうあるべき人間の在り方を適切に提起できるためには、我々は価値の問題に本格的に取り組まなければならない。人間がそうあるべきものは彼が実際にそうあることのできる可能性のあるものでなければならないのは、マルクスがヘーゲルから学んだことである。そして可能性を適切に把握するためには、人間と彼の社会、彼を取り巻く自然の事実を的確に認識しなければならない。この事実認識を適切な方向に向けるためには、唯物論的な存在論と認識論という哲学的立場をとる必要がある。だから、人間が疎外されているという議論は、それが真の深みを持つためには、世界が何であり、その中にある人間が何であるという事実（存在論）と、人間が自己及び自己の外の世界とどのように関わり、知的生活を営んでいくか（認識論）という事実を究明し、人間が自己の生活過程の中で諸対象に与えていったり、諸対象の中から発見してきたりした諸価値を明確にし、取り分けそれらの価値の中でも、人間をそのあるべき未来に導く規範的価値が適切に提起される必要があるのである。このように、疎外論は、本来は全体的で体系的な哲学であることを志向するのである。このような疎外論としてマルクスの哲学を捉え、それを発展させていくことが我々にとっての課題だと私には思える。

　しかしこう言ったからといって、マルクスの哲学が既に『学位論文』において確立していたというわけではない。『学位論文』のマルクスはヘーゲル主義者だった。従ってここでの疎外論は観念論であった。マルクスの哲学が確立するのは、唯物論的な疎外論が確立された時である。マルクスは1843年の3月には、ヘーゲル主義のパラダイムとは決別する[7]。そして『独仏年誌』の時には、最早その疎外概念はヘーゲルとは根本的に異なるものとなってい

た。しかし、彼が独自の疎外論哲学を確立するためには、全ての疎外の根拠に労働の疎外を見る観点を確立しなければならなかった。従って、この労働疎外論を全面的に展開した『経済学・哲学草稿』にこそ、マルクスの哲学の確立が見られるのである。

『経済学・哲学草稿』のマルクスにとっては、「哲学の根本問題」は余りにも自明なことであった。

> 対象的な本質は、諸対象によって措定されているからこそ、元来自然であるからこそ、諸対象を創造し、措定するのである。従って対象的な本質は、措定するという行為においてその"純粋活動"から対象の創造へと入り込むのではなくて、その対象的な生産物が専らその対象的な活動を、一つの対象的な自然的本質の活動としてのその活動を、確証するのである（Marx 1982a: 295）。

ヘーゲルにとっては、人間的本質＝自己意識であるが故に、人間的本質の疎外は自己意識の疎外にすぎない。しかし実際は、自己意識の疎外は人間的本質の現実的な疎外の、知識と思惟に反映された表現なのである（Marx 1982a: 294）。このように、ヘーゲルは人間を一面的に捉えている。なぜなら自己意識は人間的自然の一つの質なのであって、人間的自然が自己意識の一つの質ではないからである（Marx 1982a: 293）。人間的本質を対象的存在と捉えないために、ヘーゲルにあっては対象性そのものが一つの疎外になってしまい、疎外の止揚は対象性そのものの止揚になってしまう（Marx 1982a: 293）。こうしたヘーゲルの観念論的疎外論とマルクスの疎外論を明確に区別するのは、対象化の主体としての人間を自然的存在として捉える、マルクスの唯物論の立場である。唯物論の立場からすれば、対象性は、人間自身であっても、外的自然であっても、その存在の前提条件なのであって、対象性そのものを廃棄することはできない。従って対象を措定すること自体と、措定された対象が疎外されることは根本的に違った事態である。疎外としての対象化は克服不可能だが、疎外された対象化は克服可能なのである[8]。このよ

うにその疎外論を唯物論の基礎の上に位置付けたからこそ、マルクスは共産主義を、完成された自然主義＝ヒューマニズムにして完成したヒューマニズム＝自然主義と規定することができたのである（Marx 1982a: 263）。ここでは共産主義が「社会的」な、「人間的な人間」の獲得だとされるが、ここで言う「社会」や、「人間的人間」は規範的概念なのだということに注意したい。

　だから疎外論こそ、「究極的な価値としての未来社会の遠大な理想を実現」するための導きの糸なのである。

　私がこう言うと、それでは実践的唯物論はどうなるのだという声が聞こえてきそうだ。確かにプレハーノフに由来する《弁証法的唯物論》とは異なり、《実践的唯物論》は、マルクス自身が自己の哲学に名づけた名称である。

　　現実において、そして実践的唯物論者たちすなわち共産主義者たちにとって問題なのは、現存の世界を変革すること、現前の事物を実践的に攻撃し、変えることである（Marx/Engels 1972: 47）。

　このようなわけで、マルクスの哲学を《実践的唯物論》と称すること自体は異論ない。ただしここで注意しなければならないのは、「実践的」という言葉の使用法である。ここでいう praktisch は、単に能動的活動性を強調するために、静止的という意味での観想的に対置される言葉ではなく、ミハイロ・マルコヴィチのいう practice と区別される praxis の意味において理解されなければならないということだ。

　　実践（praxis）は純粋に認識論的なカテゴリーとしての実践（practice）から区別されなければならない。後者の「実践」はたんに客体を変革する主体の何らかの活動を指すにすぎず、この活動は疎外されうるのである。それにたいして、前者の「実践」は規範的概念であり、理想を、つまり目的そのものであり、基本的諸概念の担い手であり、同時に他のすべての諸形態の活動の批判の基準でもある特殊に人間的な活動を指しているのである。実践はまた労働および物質的生産と同一視されてはならない。後者は必然

性の領域にぞくしていて、人間が生き延びるための必要条件であり、役割の分割、型にはまった操作、服従、ヒエラルヒーをふくんでいなければならない。仕事（work）が実践になるのは、それが自由に選択され、個性的な自己表現と自己実現のための機会を提供する場合のみである（マルコヴィチ他 1987: 43）。

だから「実践」的唯物論としての共産主義の立場は、フォイエルバッハの第10テーゼ「古い唯物論の立場は"ブルジョア"社会であり、新しい唯物論の立場は人間的社会、あるいは社会化された人間性（die vergesellschaftete Menschheit）である」（Marx/Engels 1958: 535）のいう、人間的な社会、社会的な人類としての新しい唯物論の立場である。しかしここでもまた、問題の概念「人間的社会」や「社会化された人間性」は、規範的な概念として捉えられなければならない。すなわちここでいう人間的社会とは、ヴェリコ・コラッチが言うように、非人間化が止み、人間労働が真実に解放され、人間が自己を発展させ、自己を肯定するためのあらゆる条件を獲得するような社会である[9]。

以上のようにマルクスの哲学を規定することに対して、直ちに次のような反論が予想される。すなわち、次の言葉に明確に表現されているように、マルクスは現実を否定する運動を共産主義（社会主義）と呼んで、理想社会としての社会主義という言い方はしていないという反論である。

> 共産主義は我々にとって、作り出されるべき状態、現実が従わなければならない理想ではない。我々が共産主義と呼ぶのは、現在の状態を止揚する現実的運動である。この運動の諸条件は、今現存する前提から生じる（Marx/Engels 1972: 60）。

しかしこの言葉を正しく理解するためには、「現実的運動」という言葉を適切に理解しなければならない。実のところ、ここでいう「現実的」という形容詞は、やはりマルコヴィチが言うよう（マルコヴィチ 1995: 21）に、価

値を表わす用語として理解されなければならないのである。すなわち、マルクスの共産主義とは、空想的社会主義者たちが往々にしてその誘惑に陥ったように、詳細にすぎる青写真を描くことによって歴史のダイナミズムを忘却することのない、出来合いの観念から出発するのではなく、具体的で現実的な社会的生活過程にある諸個人としての人間から出発するものであるということが、この文章がいわんとする真意なのである。だからといって共産主義は、一切のユートピアを放棄した純粋な実証主義でもない。それは実証的な知識の科学性を局限まで高める一方で、現実性を持った人間主義的理想の実現に向けたコミットメントを追及する、記述的であるとともに規範的であることによって、有機的な全体性を獲得している体系である。このように、批判者たちの意図とは反対に、問題の文章はマルクスの実証主義宣言ではない。それは、理想を説くことそれ自体を批判したものではなく、適切な仕方で理想を説くべきことを提起しているのである。現存する諸条件から出発しない無前提な立場では、現実との絶えざる緊張状態を喪失した、出来合いの理想で満足してしまう。それに対して、現存する前提から出発する立場では、理想はまさに、《現実的な》理想として、実現可能性のないフラーゼではなく、積極的にそれを実現していく運動の実際の指標となることができる様な形で、提起されなければならない。だから、共産主義は、作り出されるべき状態、現実が従わなければならないような理想ではない。しかしそれは、常に具体的な歴史的現実から出発して、現実的な変革の綱領として提起される理想と、それへのコミットメントなのである。このように、マルクスは理想を説かなかったのではない。彼は常に、世界を変革し人間化することによって疎外を止揚するための現実的な綱領を、現実的な理想として説き続けた疎外論者だったのである。

　だから、マルクスの哲学を実践的唯物論と称すること自体は妥当だが、この場合疎外論が実践的唯物論の主要内容を成しているということである。従って疎外論といかなる形においても結びつかないような「実践的唯物論」は、一種独特な「マルクス主義哲学」かも知れないが、マルクスその人の哲学とは関係のない代物である。

おわりに

　以上、紙枚の都合上もあり十分に論証することができなかったが、私のマルクス哲学観の一端は、伝え得たものと思う。勿論論じ残した問題は多い。例えば、疎外論と唯物史観の関係、自然弁証法の評価、等々。しかしこれらのことは、またの機会に論ずることができればと願っている。

　註
（１）劉福森「マルクスの新しい唯物論的世界観の本質および特徴」、楊耕「マルクス主義哲学の主題と体系の特徴」、兪吾金「異なる二つの史的唯物論概念」、劉綱紀「批判と回答（上）」。以下これらの論文からの引用は、括弧内にページ数のみ記す。
（２）『フォイエルバッハ論』におけるエンゲルスの回想が完全に間違いであることを論証したのは岩淵慶一氏の功績である。（岩淵 1976）、（岩淵 1983）、（岩淵 1991a）、（岩淵 2007：「補章「エンゲルスの誤解――マルクスの思想形成をめぐって」」、参照。
（３）その理由については（田上 2000）第八章「エンゲルスと疎外論の変質」参照。
（４）「父親への手紙」について、より詳しくは（田上 2000）第一章「マルクス最初の疎外概念」参照。また、（岩淵 1986）参照。
（５）「私を悩ませた疑問の解決のために企てられた最初の仕事は、ヘーゲルの法哲学の批判的修正だった」、『経済学批判・序言』（Marx 1961: 8）。
（６）『学位論文』の疎外論について、詳しくは前掲拙稿「マルクス最初の疎外概念」参照。また、（岩淵 1986）参照。
（７）これが岩淵慶一氏の言うマルクスにおける「哲学革命」である。（岩淵 1986）参照。
（８）『若きヘーゲル』（1948年）や『若きマルクス』（1954年）において、対象化と疎外の区別を明確にしたのは、ルカーチの大きな功績である。
（９）（Korać 1965: 9）。「社会」概念のこのような把握は、劉福森氏の次のような「社会」観と軌を一にするように思える。「マルクスにおける社会は、主要に現実にあるがままの社会ではなく、あるべき社会である」（107）。

第二部
疎外と物象化

第四章　疎外は「人間生活の永遠的自然条件」ではない

はじめに

本章では、カール・ポパー及びポパーの弟子であるW・W・バートリーによるマルクス批判を検討し、彼らの批判は官許マルクス主義のような旧ソ連東欧の体制弁護イデオロギーには当てはまるかもしれないが、マルクスその人には当てはまらないことを明らかにする。

1．ポパー的マルクス批判へのスタンス

カール・ポパーの《歴史法則主義》Historicism 批判を土台にしたマルクス主義批判は、それが批判せんとする対象の批判という限りでは基本的に支持できるものである。しかし、問題はそれが何を批判しているのかという点にある。

つまり、ポパーは「閉じられた社会」であるソ連・東欧の社会主義社会をあくまで批判の念頭に置いているのであり、それらの社会が体現しているとされるイデオロギーとしてのマルクス主義を批判の対象にしているという点に問題がある。言い換えれば、『開かれた社会とその敵』『歴史法則主義の貧困』が執筆された戦間期においてマルクス主義とは直ちにスターリン主義を意味していたのであり、それ故にスターリン主義を指導イデオロギーとするソ連邦の政治・経済体制の欠陥を直ちにマルクスその人の思想の欠陥と結び付け、体制の欠陥をマルクス思想の欠陥から演繹せんとしたことに問題があるのである。

しかし、それはポパーが一方的に悪いわけではない。むしろ当時のマルク

ス主義者の側が、マルクスからスターリンの直線的な思想の継承・発展関係があることを「哲学のレーニン的段階」の美名の下に公式化し、この図式を受け入れないマルクス主義者に「修正主義者」というラベルを貼り付けていた点に問題があるのである。

だから、フルシチョフのスターリン批判の後には、ポパー主義者とマルクス主義者との関係は根本的に変化するはずだったのである。しかし、事問題をソ連・東欧及びその追随者たる「正統派」マルクス主義者との関係という点で見れば、ポパーは相変らず敵対的「反共主義者」であることに変わりはなかった。これはつまり、スターリン批判後もポパーが批判の対象とした反民主主義的独裁体制を、共産主義への必然的な発展への過渡的段階であるという歴史信仰に基づいて、維持せんとするためのイデオロギー闘争の必要性があったからに他ならない。すなわち、フルシチョフのスターリン批判は、確かに部分的には改善をもたらしたものの、それらこそがまさにスターリン主義の現実的土台であるという認識の欠如から、中央集権的計画経済と官僚機構を、そのまま今度はスターリンの名に代えてレーニンの名の下に積極的に継承して行こうという結果に終わった限りで、旧スターリン主義から新スターリン主義へと脱皮する契機以上のものではなかったのである。

しかし、我々は、このような正統派マルクス主義と一線を画す、非主流派的なマルクス主義的思想潮流がかつてあったし、今もあるという事実を念頭に置かなければならない。このような非主流派的マルクス主義は、マルクスの思想そのものが多様な可能性を持っているという点からして、数多くの分肢に分かれているが、このような非主流派の共通の土俵として、ガーヨ・ペトロヴィチが言うような、「マルクス主義哲学に関するスターリンの構想は、マルクスの構想、エングルスの構想、レーニンの構想のいずれとも本質的に異なっている……スターリンはエンゲルスとレーニンの諸著作に含まれている哲学的諸見解を単純化し、歪曲し、硬化させてしまい、マルクス自身の哲学上の遺産に至っては、殆ど完全なまでに無視した」(Petrović 1967: 10-11. ペトロヴィッチ 1970: 10) という認識に基づいて、マルクス主義のスターリン主義的「カリカチュア」から「オリジナル」なマルクス主義を復権させて行

第四章　疎外は「人間生活の永遠的自然条件」ではない　67

こうという問題意識があるのであり、そして「オリジナル」なマルクスの思想的核心とされるのが、1932年の『経済学・哲学草稿』の発表を契機に再発見された初期マルクスのヒューマニスティックな疎外論哲学なのである。

　確かに、後期の諸著作には明らかに創造力の減退が見られると言ったヘンドリク・ド・マン (de Man 1932: 275-276) に典型的に見られるように、最初期の『経済学・哲学草稿』研究にありがちなことではあったが、一時の熱狂からこの「初期マルクス」を成熟した「後期マルクス」と対立させようとした向きもあったが、しかしながら今では、

> 疎外論は単にマルクスの「初期」の諸著作の中心テーマであるだけではない。それはまた彼の「後期」の著作全体の指導的な思想でもある。人間とは実践的な存在者である、という人間論は「後期」マルクスが発見したものではない。それは既に「初期」マルクスの内に発展した形式で存在した。「初期」マルクスと「後期」マルクスとは、本質的に同一のマルクスである。このマルクスは、自己疎外、非人間化、搾取に反対して戦う人間であり、人間の完全な人間化のために、人間の人間的諸可能性の多面的な発展のために、階級社会の廃絶のために、そして、「各人の個人の自由な発展が、全ての個人の自由な発展の条件である」ような社会の実現のために戦う人間である (Petrović 1967: 32. ペトロヴィッチ 1970: 41)。

という認識が、それなりに共有されていると言っていいだろう。

　このようなスタンスに立てば、ポパーに対する態度も自ずと新スターリン主義者のような硬直したものではなくなり、それどころか「ポパーとどんなに意見を異にしている人でも、彼の書物を読み、彼と議論することはいつでも愉しいことであって、彼からはなれたときにはいつでも思想の弁証法的交換をしたために前より賢くなっているのがつねである」(ルイス1959: 45) という余裕の発言にも、心から同意したくすらなるのである。そしてむしろ反対に、ポパー派の方々に、マルクス主義を批判すると称して、マルクスの名の下にスターリン主義的にカリカチュア化されたマルクスを標的にしないで

いただきたいと注文したい気持ちになるのである。

しかし、ポパー派の中から、以上に概観して来た歴史認識を共有し、新たにマルクス主義に挑戦状を叩き付ける者が出てきた。それはポパーの高弟であるW・W・バートリーであり、彼の論文「知識はその生産者にさえ十分に知られることのない生産物である」である。そこで以下この論文を、手短かにではあるが、検討することによって、ポパー主義者の挑戦に応えてみようと思う。

2. ポパー派的初期マルクス批判の錯誤

バートリーはアレント、ブロッホ、ベンヤミン、フロム、コルシュ、マルクーゼといった人々の名を挙げ、これらの人々に影響された主導的な西欧マルクス主義者たちは、「今や1844年のマルクス初期の哲学的及び経済学的著作である"パリ草稿"にすっかり虜になっているマルクスの解釈を受け入れ勝ちである」(Bartley 1987: 426) と前置きした上で、それらの者たちの主張を「マルクスは、実は、"歴史法則主義者"でも、歴史法則の信奉者でもない。だから彼の仕事は、ポパーのような批評よって損害を受けるものではないというように主張される」(Bartley 1987: 426) と要約している。私もまた、「虜になってしまった」者の一人として、この要約が完全に正しいことを認めたい。

さらにバートリーは、「勿論、マルクスが歴史法則主義者だったという神話は、ポパーの誤りではないと認められる」(Bartley 1987: 426) と再び前置きした後で、彼バートリーが思っているよりもはるかに重要な補足をしてくれている。それはつまり、マルクスの理論として一般に知られているものは大幅にエンゲルスによってバイアスがかけられた《マルクス主義理論》であり、歴史信仰はエンゲルスにおいては明瞭であるが、マルクスにおいては必ずしも明らかではないということである (Bartley 1987: 426)。このような指摘は、バートリーがその論拠を求めているテレル・カーヴァーの研究 (Carver 1983) によって論証されている通り、完全に正しい。

第四章　疎外は「人間生活の永遠的自然条件」ではない　69

　ところが、バートリーは「しかし、これらの批判家たちはマルクスについて正しくない。そして、彼らがマルクスについて言っていることは、今や、偽りであると示されるに至っている」(Bartley 1987: 427) と言うのである。その理由として彼は、まずマルクスが『パリ草稿』を自らの手で公表しなかったという事実 (Bartley 1987: 427) と、『共産党宣言』や『ドイツ・イデオロギー』での真正社会主義批判を念頭においての発言と思われるが、後になってマルクス自身が疎外について言及する際には「哲学的ナンセンス」として嘲笑的に語るのみであった点を挙げている (Bartley 1987: 428)。しかし、彼がその決定的な理由とするのは、《マルクス没後100年記念リンツ集会》における、「ローヤン報告」である。この報告によって、「これらの草稿は、若い学徒であるカール・マルクスの、主にヘーゲル、アダム・スミスその他に関するラフ・アイデアや作業ノートのコレクション以上のものではない」(Bartley 1987: 428) がために、「明らかに決して公刊を意図したものではなく、多分何らの正式な地位を持ったものではない」(Bartley 1987: 428) と結論されるに至ったというのである。

　同じ内容のことをバートリーは別の所でより明確な形で言い換えている。すなわち、ローヤン報告に従えば「こう言っていいと思いますが、このいわゆる草稿は一つの伝説なのです。この草稿は世界 1 の意味 (Sinn) では物理的に存在していますが、しかしその内容、つまりその世界 3 の意味 (Bedeutung) では、存在していないのです。それは公表されなかった草稿で、ひょっとしたらマルクスが、条件によっては公表したかもしれないというようなものではなく、マルクスが様々な著者を読んだ際に作った、まとまりのないノートでしかありません。この《草稿》の主要内容と見なされたものは、いわゆる疎外の教説であって、これはマルクスが既に1846年にただ放棄しただけでなく、あからさまに――ちなみにポパーもまた同じように――皮肉ってさえもいるものなのです」(Popper/Lorenz 1985: 108. ポパー／ローレンツ 1986: 169)。

　見られるように、バートリーはローヤンの報告をこれ程までに重要なものと見なしているのだが、果たして、その報告は本当にこれ程までに重要で決定的なものなのであろうか？

ところが、実際にはローヤンの報告には、バートリーが伝えるような野心的な主張は含まれてはいないのであって、それはむしろ極めて謙虚でかつ良心的学問的なものなのである。ローヤンが目指したのは、「言わば……これまでの全ての議論に先立って本来なされてなければならなかったこと、すなわち史料批判の観点の下でのかの有名な『草稿』の分析、を引き寄せる」(Rojahn 1983: 2-3．ローヤン 1983: 106) ことであり、これまでの諸研究によって「『草稿』からこれまで何が演繹されてきたにせよ――それらの全くもって明らかな問題のある形式にも関わらず、それらの資料批判の観点に対する注目に値する無関心が一般に支配的であった」(Rojahn 1983: 8．ローヤン 1983: 109) ことによって、「『草稿』によって哲学的な高空飛行へと吹き込まれた著者たちの多く」(Rojahn 1983: 8．ローヤン 1983: 109) が引き起こしてきた、誤解に基づく恣意的な解釈を批判的に総括し、まずもって解釈の対象そのものである『草稿』のありのままの姿を公にすることによって、未然に防げたはずの誤解を再防止することに他ならない。

　ローヤンの目的は、これまで普通に流通してきたMEW版などのアドラッキー版を元に編集されたテキストのいずれもが、一見して『草稿』が独立の著作であるかのような印象を与える体裁であった点、それ故にこのテキストを無批判的に『共産党宣言』などと同じような独立した〈著作〉として取り扱っていた素朴な態度や、よしんばこの著作があくまで〈草稿〉であるという事実が自覚されているにしても、編集者によって「序文」とされた部分に言及されているプランに基づいて、『草稿』を、草稿に終わったとはいえ、何らかの体系的著作の〈草稿〉であると考えていたこれまでの研究態度を批判することである。

　前者の素朴な態度はともかく、後者は、現在我が国で最も普及している翻訳書において、「断篇のかたちで保存されているこの草稿は四つに大別されるが、おそらく一つの意図のもとに統一的に書かれたものと推測される。マルクス自身、序文の中で語っているように、彼の意図は、法律、道徳、政治などの批判をそれぞれ独立のパンフレットのなかでおこない、そして最終的に一つの特別の著作のなかで、ふたたび全体の関連や諸部分の関係をつけ、

第四章　疎外は「人間生活の永遠的自然条件」ではない　71

最後にヘーゲルによる素材の思弁的なとりあつかい方にたいする批判を加える、ということにあった。現存している草稿は、この意図を実現するための第一歩として、国民経済学および国民経済のあり方を根本的に批判すると同時に、それとの関連においてヘーゲル弁証法と哲学とを批判しようとしたものと思われる」(城塚・田中 1964: 293)と説明されていることから分かるように、定説と言ってよい解釈である。そしてローヤンは、このような定説をこそその批判の対象にしているのである。

　彼の結論はこうである。

　いわゆる"1844年の経済学－哲学草稿"は、マルクスが"序文"の中で言及した、恐らく1843年末に始められ、1844年の5月に新ためて取り上げられた"国民経済学の良心的批判的研究"の経過の中で、1844年初頭以来作成された諸ノート群の一構成部分であるが、しかしそれはマルクスが"序文"の中でスケッチしたプラン……に基づく著作でもなければその粗案ですらもないのである。ノートの全体——逐語的な抜粋、要約、批判的評註、独自の省察、新たな抜粋——は、一定の認識水準を記録したものではなくて、何よりもまず、それだけではないにしろ、かの"国民経済学の良心的批判的研究"によって養われた認識過程を記録したものである (Rojahn 1983: 44. ローヤン 1983: 138)。

　だが、ローヤンが言うのはここまでで、この結論から彼は、バートリーが言うように『草稿』の疎外論は単なる神話に過ぎないなどといった敷衍をしたりはしないのである。
　彼の報告は、それ自体は (per se)『草稿』の内容については殆ど触れていないものであるがため (Rojahn 1983: 45. ローヤン 1983: 139) に、むしろ反対に、彼の「草稿」の性格描写は、独自の判断基準に従って、マルクスが後に書いた全てのものよりも、この『草稿』を優先させることを妨げるものではない (Rojahn 1983: 45. ローヤン 1983: 139) とすら言ってもいる。その際重要なことは、ヘンドリク・ド・マンのような最初期の解説者が誤ってそうして

しまったように、この草稿をマルクスの"中心的労作"と名付け、老いたマルクスにあたかもついでと言わんばかりに禁治産の宣告を下すのは、問題であると見なされなければならない (Rojahn 1983: 45. ローヤン 1983: 139) というである。

このような考えは完全に正しいのであり、先述のペトロヴィチのテーゼとも一致する。つまりローヤンは『草稿』が草稿であるからという理由でもって直ちにその価値を低く見てなどはいないのであって、それどころか「まさに一気呵成に書き殴って行ったがために、1844年に作成されたノート類は啓発的なものなのである」(Rojahn 1983: 46. ローヤン 1983: 139) とすら言っている。ただ彼は草稿に含まれるそのような興味深い内容を検討する際には、草稿をマルクスの後の著作と切り離してそれ自体を云々するのではなくて、後の著作との関係で、何か継承され、何か深められて行ったのかといった研究態度が必要であるとの注意を促している (Rojahn 1983: 46. ローヤン 1983: 139-140) のみなのである。

このような研究態度は適切である。そしてこのような態度で草稿の中心理論である疎外論を検証するということは、『ドイツ・イデオロギー』や『共産党宣言』といった著作で疎外論がどのような位置を占めるようになったかという研究を踏まえて、改めて『経済学・哲学草稿』の疎外論に立ち帰るという研究態度である。その結果は、『ド・イデ』においても『宣言』においてもバートリーが言うように疎外論は放棄されてはおらず、むしろ反対により一層発展させられているということである[1]。

こうして『ドイツ・イデオロギー』の中心理論もまた疎外論なのだから、『経済学・哲学草稿』の疎外論は、バートリーの言い方を借りれば、「世界1において存在しているだけではなく、世界3においても存在している」のである。

3. マルクスにおける疎外の止揚とポパー派の無理解

見てきたように、ローヤン報告は、バートリーが言うような帰結を導き出

第四章　疎外は「人間生活の永遠的自然条件」ではない　73

しはしない。ではなぜバートリーはこのようなあからさまな誤解を犯したのだろうか。それは、考え難いことではあるが、バートリーがそもそもローヤン報告そのものを読んでないためのようだ。というのも、バートリーの論文にはローヤン報告は引用されていないし、直接報告を聞きに行ったともされていないからである。こうしたことの代わりにあるのは、タイムズ（Times Higher Education Supplement）誌からの引用だけなのである。ということは、俄かには信じ難いが、バートリーは〈又聞き〉で、タイムズ紙の〈受売り〉で物を言っている可能性が強いのである。又聞きでこのような重要な問題を論断してしまうポパー主義者の気ままさには呆れてしまうが、このことは実は、マルクスが疎外論を放棄したかどうかという、我々初期マルクス研究者にとっては最大の関心事を、ポパー主義者は本当のところは余りこだわってはいないことの一つの現われであると思われる。

　というのもバートリーは、マルクスは疎外論を放棄したと断言しておきながら、そのすぐ後で「しかし、もしも老いたマルクスが疎外の観念を捨ててなかったとしても、なおそれを拒否するあらゆる理由があるだろう」（Bartley 1987: 428）と〈仮定〉したりするからである。彼はこの仮定に基づいて、先に『ドイツ・イデオロギー』においては疎外論が嘲笑されていると言っておきながら、その同じ著作の「社会的活動のこうした自己膠着、我々自身の生産物の我々にとっての一つの事物的な強力――それは我々のコントロールをはみだし、我々の予定を妨げ、我々の計算を無効にする――へのこの凝固化は、これまでの歴史的発展の主要契機の一つである」[(2)]という一文を、マルクスの疎外論を端的に示すものとして〈仮定〉している。確かにこの一文とその前後の文章は、アダム・シャフが「古典的なマルクス主義文献の中に見出し得る最も完全で最も厳密な疎外の定義を提示している」（Scaff 1977: 74. シャフ 1984: 82-83）と言っている通りに、バートリーの〈仮定〉は、正しい解釈と〈確定〉することができる。そしてこのように『経済学・哲学草稿』の後の著作である『ドイツ・イデオロギー』に端的に疎外論が保持されているということは、後の諸著作と『草稿』を比較検討するというローヤンの推薦する方法論に基づいて、老マルクスが疎外論を捨ててはいないという、バートリ

ーのもう一つの仮定も、正しいものとして〈確定〉される可能性を開示するものなのである。

というわけで、バートリーの仮定通りにマルクスは疎外論者だったのではあるが、バートリーはマルクスの疎外論はまずもって〈不健康〉であり、さらには実現〈不可能〉なものであると言う。何が問題なのかといえば、「自分の生産物を他人に明け渡すことが、自分自身の諸利害を否認し、他者のそれらに屈服することであり、それらがために自分自身の生産物が自分自身の抑圧に貢献するのを許すことになると想定している」(Bartley 1987: 432) 点がである。これは人間の生産物に対する「"物神崇拝的な"態度」(Bartley 1987: 431) に基づく、「自己の生産物との不合理、不健康で、そして病理的ですらある同一視」(Bartley 1987: 430) なのだそうだ。

しかしこれは、『経済学・哲学草稿』においてマルクスが疎外の止揚をどのようなものとして考えていたかということを考えれば、実に不健全な曲解だという他ない。というのも、マルクスは「私的所有の積極的止揚は、すなわち、人間的本質と生命の、対象的人間の、人間のためのそして人間による人間的制作物の感性的獲得は、単に直接的な、一面的な享受(Genuss)という意味でだけ、単に占有する(Besitzen)という意味でだけ、単に持つ(Haben)という意味でだけ捉えられてはならない」(Marx 1982a: 268) と言っているのであり、それは「君が君であることが少なければ少ない程、君が君の生命を発現させなければさせない程、より多く君は持つのであり、君の外化された生命はより大きくなるのであり、それだけ君は君の疎外された本質をより多く貯蔵することになる」(Marx 1982a: 281) からである。

ということは、人間が自分の作り出した物を全て自分の物にする、つまりなるべく多く所有せんとする態度は確かに、物神崇拝的であり、ブルジョア的[3]であり、確かにバートリーが言うように病理的ですらあるのだが、まさにこのような不健全な態度をこそマルクスは批判しようとしたのである。マルクスによれば、なぜこのような獲得と所有の「不健康な同一視」が行なわれるのかというと、「私的所有は我々を酷く愚かで一面的なものにしてしまったので、対象が我々の対象であるのは、我々がそれを持つ場合のみである。

すなわち資本として我々のために実存するか、あるいは我々によって直接に所有され、食べられ、飲まれ、我々の身につけられ、我々によって住まわれる等々、要するに、我々によって使用される場合のみである」(Marx 1982a: 268)からだ。つまりバートリーも又、私的所有によって愚かになってしまっていたということである。

このように、バートリーがマルクスを不健康だと考えたのは、自らの不健康さをマルクスに転嫁していたからに他ならないことが判明したが、「疎外のマルクスによる説明は、論理的にも物理的にも不可能な何かを要求している」(Bartley 1987: 432)という点についてはどうであろうか？

だが、ここでも、マルクスが何を要求しているのかとを、バートリーがきちんと理解しているかどうか、つまりマルクスの考える「疎外の止揚」のイメージをバートリーが共有できているかどうかが鍵になる。バートリーの考える疎外の克服とは、「我々の生産物が"我々のコントロールを越えて成長し、我々の期待を裏切り、そして我々の計算を無にする"だろう自律的な力になるのを許すことへの反対」(Bartley 1987: 432)ということである。ここで直ちに、一体何故、何のためにそれを許せないのかという疑問が涌いて来るのだが、この疑問に対するバートリーの答えは、マルクスが「我々は生産物のコントロールを他の誰かに譲り渡してはならない。もし我々がそうしたら、我々は我々自身を失う」(Bartley 1987: 432)と考えていたからということになる。むしろ反対に、「我々の自律的な生産物は、我々が好む好まないにかかわらず、我々のコントロールを逃れる。これは不可避である」(Bartley 1987: 438)のにである。

このようなバートリーの考えは、次のようなカール・ポパーの思想に基づいている。

私の意見では、人は《疎外》について多くを言い過ぎである。私ならば、生命自身が絶え間なく疎外を求めていると言うだろう。生命は、冒険に走り、疎遠なニッチに入り込むことによって、その自然な生態学的ニッチから絶えず自身を疎外する。裸の遺伝子が膜を発明したり、あるいは我々が

コートを着るのは、裸であることに対する疎外現象なのだ。疎外についての無駄話は、危険で滑稽な無駄話だと私は思う。そこで起きているのは、新しくて疎遠な手間を敢えてし、それらの手間を探している生命の冒険なのだ。そして、これが高次進化において、重要な役割を演じている (Popper/Lorenz 1985: 21-22. ポパー／ローレンツ 1986: 23-24)。

要するに疎外は、『資本論』の表現を借りれば、「人間生活の永遠的自然条件」なのであり、それは生物学的種の進化過程に根拠付けられているということである[4]。このようなポパー流疎外論はまた、ハイエクを媒介にして、市場は永遠に不可避であり、中央計画経済は実行不可能であるという、『経済学・哲学草稿』の表現を借りていえば、現代版「国民経済学」思想と結び付けられるのである。

以上の議論を、我々はやはりもう一度、マルクスのいうところの「疎外の止揚」という観点から見て行きたい。

『草稿』においてマルクスは、疎外された状態にある時、人間の労働は自由意志的ではなく強制労働だ (Marx 1982a: 238) と言っていた。それだから、疎外されていない労働とは、自由意志的であり、自律的なものということになる。ここで明らかにカントと結びつく形で、自由という規範的価値が導入されていることに注目しなければならない。このヒューマニスティックな観点からすれば、かつてのソ連・東欧においては労働者市民の自由が奪われ人間が疎外されていたことは明白なのであり、「土台は上部構造を規定する」という唯物史観の見方からすれば、ソ連・東欧社会における自由の抑圧は、中央計画経済という土台に根本的な原因があったと考えざるを得ないのである。この限りではバートリー＝ポパー＝ハイエクの批判は正しい。

しかし、中央計画経済の破綻が明らかになったからといって、それが直ちにマルクスの社会主義構想の破綻を意味するわけではない。確かにエンゲルス、例えば『反デューリング論』からは直接に中央計画経済を演繹できるかも知れない[5]が、『フランスにおける内乱』の「可能な共産主義」や、『ゴータ綱領批判』の「共産主義の第一段階」がエンゲルスの考えた社会主義像と

同じであったかどうかは、真摯に問い直されるべき問題である。そしてこの問い直しは、マルクスとエンゲルスを当然のように同一視していた旧来型のマルクス主義ではなく、エンゲルスの相対化を前提とした今日的なマルクス学の水準においてこそ、行われる必要があろう。

おわりに

ポパーやバートリーらポパー主義者によるマルクス主義批判は、旧ソ連東欧社会のイデオロギーであったような「マルクス主義」の批判としては、それなりに有効である。しかしマルクスその人の批判としては、失当である。これは彼らに限らず、伝統的なマルクス批判者が、マルクスその人と、ソ連の護教イデオロギーとして通俗化された、マルクス＝レーニン主義との区別が付いていないことの一つの表れである。

彼らの批判は、旧来型のマルクス＝レーニン主義及びその本尊である現実社会主義の批判としては、確かに有効性がある。しかしマルクスその人の理論は、その帰結として、現実社会主義を正当化するのではなく、むしろ否定するのである（田上 2007a）。従ってポパーやポパー主義者のマルクス主義批判は、彼らの意図とは逆に、マルクスに依拠した（ジョン・ルイスの表現を使えば）「マルクスのマルクス主義」を発展させるための、有益なヒントとできるのである。

註
（１）マルクスは『経済学・哲学草稿』において、労働者が資本主義（当時の彼の用語では「国民経済学的状態」）においていかに疎外されているかを告発したが、この疎外がどうして起こるようになったかは問題提起のままに留めた。この問いに回答する試みが『ドイツ・イデオロギー』であり、この問いに答えるための基本視座として設定されたのが唯物史観である。
（２）(Marx/Engels 1972: 58). ただしバートリーは不正確に引用している。
（３）(Bartley 1987: 431). バートリーはマルクスと共にフロムも又ブルジョア的であったと言っているが、これは曲解に基づく中傷である。なぜならフ

ロムは今まさに引用したマルクスの言葉に依拠して、次のように言っているからである。「西欧社会民主主義者と彼らの激しい敵対者であるソ連邦内外の共産主義者達は、社会主義をその目標が最大限の消費と機械の最大限の使用である所の純粋に経済学的な概念に変えてしまった。フルシチョフは、彼の"グラーシュ"共産主義の概念でもって、彼の飾り気のない砕けたやり方で本音を覗かせた。社会主義の目的とは資本主義がただ少数者にだけ与えていたのと同じ消費の喜びを全住民に与えることである、と。社会主義と共産主義はブルジョア的な物質主義（materiarism）の概念の上に築かれた」(Fromm 1976: 156. フロム 1977: 213)。グラーシュは肉や野菜をパプリカで煮るハンガリー料理で、ここにいうグラーシュ共産主義とは精神的な面を考慮せずに、ただただ物質的に豊かになること目的とするような社会を意味していると思われる。フロムは、本来はブルジョア・イデオロギー批判であるはずのマルクスの唯物論＝マテリアリズムが、旧ソ連の官許マルクス主義にあっては、当のブルジョア・イデオロギーそのものである物質主義に転化してしまったことを痛烈に皮肉っている。マルクスにとって疎外の止揚とは、バートリーが言うような、何もかも自分のものにしようとするブルジョア的欲望の実現とは正反対なことを、フロムはマルクスに基づいて明確にしている。興味深いことに、バートリーの言うようなブルジョア的〈マルクス〉が、官許マルクス主義者による歪曲されたマルクス像と重なることを、フロムの文章は示唆しているのである。そしてフロムによれば、ブルジョア的ではない本来のマルクスの思想からは、次のような積極的提起が出てくる。「マルクスの思想を代表していると主張しうる権利のある全ての社会主義ないしは共産主義政党は、ソビエト政体はいかなる意味においても社会主義体制ではなく、社会主義は官僚的、物質中心的、消費志向的社会体制とは両立しないのであり、社会主義は資本主義同様にソビエトを特徴付けている物質主義と頭脳偏重とは両立しない体制である、という確信を基礎にしなければならないだろう」(Fromm 1976: 157. フロム 1977: 214)。実際ソ連はマルクスの言う意味での社会主義ではなかったのであり、マルクスの理論に基づいてその本質を把握しようとすれば、それは社会主義というよりもむしろ資本主義によく似た独特の抑圧社会だったと言わざるを得ないのである（田上 2007a）。

（4）言うまでもなくこうした疎外理解はマルクスと対極にあるものである。マルクスは疎外と対象化を区別することによって疎外をあくまで原理的に止揚可能な歴史的なカテゴリーと捉えたからである。「もし疎外が、ヘーゲルがそう見なしたように対象化と同一視されるようなものならば、疎外の

止揚は、それがア・プリオリに前提されるような形而上学的な理論で無ければ不可能になってしまう。しかしマルクスにあっては、疎外は『対象化の疎外』であるがゆえに、形而上学的前提に基づくことなしに、原理的に克服可能である。そして、原理的に克服可能なものとして疎外を論じたことが、マルクス疎外論の真価である」(田上 2004: 110-111)。当然ポパーの疎外理解は、ヘーゲルの延長上にあるものである。

(5) 社会主義になれば、高名な「価値」の仲立ちなしで、万事至極簡単にやってゆけるだろうというエンゲルスの楽観は有名である。共産主義を段階分けして、初期段階においてはブルジョア的遺制が残らざるを得ないとした『ゴータ綱領批判』のマルクスとは対照的である。

第五章　物象化と物神崇拝の関係

はじめに

　物象化 Versachlichung 概念は、マルクスが資本主義の本質を記述し、そして特にそれを批判するために用いた鍵概念の一つである。この概念はまた、物神崇拝＝フェティシズム概念と密接な関係がある。しかしこの両概念は、相互に混同させて用いられてよいものではなく、その区別を明確にしておかなければならない概念でもある。端的に言えば、この両概念の関係は、因果関係であるとともに本質と現象の関係として捉えられなければならないのである。日常的な表現で言えば、物象化は物神崇拝がなくともありうるが、物神崇拝は物象化がなければあり得ないということである。もっともこれはあくまで仮定の上での話であって、現実には物象化は物神崇拝を常に前提にする。物象化はそれを再生産する契機として常に物神崇拝を要請せずには置かないからだ。

　このように物神崇拝概念に対して優位にある物象化概念ではあるが、この物象化概念はさらに、疎外概念によって根拠付けられているということを認識する必要がある。というのも、マルクスは資本主義社会の中で起こっている事態を、ただ単に記述し説明するためだけに物象化という言葉を用いたわけではないからだ。マルクスはこの言葉を、この言葉で表現される事態が人間にとって本来相応しくない、否定的な、克服されるべき事態であることを表現するためにも、用いているからである。人間が、本来あるべき人間という意味での人間らしさを失っている状態を、我々は通常その事態は疎外されているという。その意味で、もし物象化という概念を、資本主義という社会システムを適切に説明するという価値自由な分析に適応したいという問題関

心のみならず、まさにこの言葉でもって表現される事態を、社会主義的運動が避けるべき反価値として、社会主義的オルタナティヴへのコミットメントの選択規準として、物象化の克服という理想を想定したいのならば、この物象化概念をば疎外概念によって根拠づけなければならない。なぜなら批判の規準となる規範を、オルタナティヴの選択肢の規準として前提していこうとするのが、疎外論的思考の枠組みだからである。

このように、物象化論は疎外－物象化論として捕えられつつ、疎外－物象化－物神崇拝という図式を、疎外→物象化→物神崇拝という位置関係を明確にした上で把握されなければならないというのが、我々の理解である。しかし、この理解を敷衍する前に、そもそもマルクスと物象化論の関係について改めて明確にする必要があろうかと思う。というのも、『歴史と階級意識』のルカーチは物象化論を議論の中心に据えたが、この物象化（reification）というタームは、実は（in fact）マルクス自身にはこの概念が見い出せない[1]などという、とてつもない無知を晒している著作が、堂々と翻訳出版されて罷り通るという我が国の現状があるからである。

1.『資本論』の物象化概念

マルクスの物象化論を具体的に検証する前に、物象化という言葉そのものについて反省することは有益である。というのも、この言葉は Versachlichung の訳語として必ずしも適切ではないからである。Versachlichung は Sache 化ということを意味する。Sache は普通物象などと訳さずに、物件とか事物とかと訳す。従ってこの場合、Versachlichung は物象化などと訳さずに物件化や事物化と訳すほうが原語の字義にかなっている。しかも、この言葉は、単に字義の上だけからだけではなく内容の上からも、物象化というという日本語とはなじまない。

ここで重要なのは Versachlichung の Sache は Person の対概念であることを認識することである。すなわち、Versachlichung とは、persönlich なものが sachlich なものに転化している状態を意味する言葉だということで

ある。この persönlich なものは、Person そのものの、すなわち人格的な人間そのものの本質である。この本質は勿論、人間にとって己を己ならしめるかけがえのない本質である。このかけがえのない本質が、己の反対物である Sache になっているという極めて否定的な事態を記述するための言葉が Versachlichung なのである。従って Versachlichung はそれの根底に何らかの本質が据えられている仮象的な事態ではなくて、本質そのものを記述する言葉である。

しかるに、物象化という言葉には、それが専ら本質的な事態ではなくて現象的な事態に関わるものであるかのような誤解を与える余地がある。こうした印象は、この事態が対象的本質に関わる事態ではなくて、意識的現象に関わる事態にすぎないという観念論的理解を勇気付けることにつながる。そもそも『歴史と階級意識』にしてからが、後にルカーチ自身が適切に自己批判した[2]ように、物象化の克服そのものを物象化された意識の克服で取って代えることができるかのような倒錯を犯しているのである。このような観念論的倒錯は、ルカーチが後に正しく総括したように、対象化と外化を同一視することによって疎外の止揚を対象性そのものの止揚と結び付けてしまったヘーゲルの観念論的疎外論と、対象的自然の根源性を前提とすることによって、対象そのものの止揚ではなく、あくまで疎外された対象の止揚を展望するマルクスの唯物論的疎外論を区別できず、ヘーゲル主義的観念論的観点から『資本論』を読み解いてしまったことに起因している。

このように、物象化という言葉には注意が必要である。できれば今後物件化なり事物化なりといった別の訳語が普及するのが望ましい。しかしこの言葉は既にかなりポピュラーになってしまっていて、別の言葉で置き換えると一般に通じなくなる恐れもある。そういうわけで物象化という言葉を使うことそのものは私自身も吝かではないが、この場合でもあくまで上記のように、この言葉の語感から、様々な観念論的帰結を導き出すことのないように注意しなければならない。

Versachlichung にはまた物化という訳もある。例えば大月版『マルクス＝エンゲルス全集』ではこの訳が採用されている。しかしこれだと Verdinglichung

と混同されてしまう。確かに Versachlichung と Verdinglichung は本質的に区別される概念ではない[3]。それらは人間の本質が、人間に相応しくない事態になってしまっている、すなわち疎外された事態になっている、そうした事態の本質を記述するための概念である。このように、明らかにこれらの概念は類似している。とはいえ、別の言葉であることには変わりないのだから、各々別の訳語が必要だということである。

それではこのような物象化という概念を、マルクスが実際にどのように用いていたのであろうか。ここでは主として『資本論』及びその準備草稿に的を絞って、若干の用例を見て見ることにしたい。

例えば『資本論』には、次のような叙述が見られる。

資本－利潤、あるいはより適切には資本－利子、土地－地代、労働－労賃では、すなわち価値と富一般の諸構成部分とその諸源泉とのまとまりとしてのこの経済的三位一体では、資本主義的生産様式の神秘化、社会的諸関係の物化（Verdinglichung――大月版『全集』の訳では"物象化"）、素材的生産諸関係とその歴史的社会的規定性との直接的癒着が完成されている。それは魔法にかけられ転倒され逆立ちした世界であって、そこではムッシュー・カピタルとマダム・ラ・テルが社会的な役として、そして同時に直接にはただの物として、彼等の妖怪を駆り立てるのである（Marx 1964: 838）。

このような世界が転倒した世界であるのは、この世界においては「富の様々な社会的諸要素相互間の独立化と骨化」（Marx 1964: 838）や、「諸事物の人格化と生産諸関係の物象化（Personifizierung der Sachen und Versachlichung der Produktionsverhältnisse）」（Marx 1964: 838）が行われているからである。従ってマルクスにとっては富というものは、それ自身が富の生産者である人間から自立して、人間に対向する何らかの力 Macht を持つべきではないのであって、富がそのような形態を取った場合は、富は本来の豊かさを失って骨化した物になってしまうということである。また、マルクスにとっては人格と物件ははっきりと対概念として用いられている。人格は物のようになっ

てはいけないし、物件が人格を持ってもいけない。生産の主体は本来は人格的な人間である。従って生産関係の基底は人間関係である。しかし物が人格化してしまうような転倒した世界においては人間同志の関係である生産関係は事物のようになってしまい、人間ではなく事物の方が生産の主体になってしまっている。だから資本家的生産様式においては、生産の主体は、労働過程を指揮監督するのは、労働者自身ではなくて、資本の人格化（これもまた転倒した人間の在り方）である資本家なのである[4]。

『剰余価値学説史』にも、次のような叙述が見られる。少々長いが、分かり易さを考えて前後の文脈も含めて引用する。

労働者の数（それゆえ現在の労働者人口の福祉あるいは貧困）は現在の流動資本の度合に依存している、という経済学者たちのフラーゼをホジスキンは次のように正しくコメントしている。／"労働者の数は常に流通資本の量、あるいは私に正しく言わせてもらえれば、労働者たちが消費することを許されている共存労働の生産物の量に依存せざるを得ない。"（『労働の防衛』、20ページ）／流動資本に、商品ストックに帰されるものは、"共存労働"（coexisting labour）の効果である。ホジスキンはだから別の言葉で言う。労働の一定の社会的形態の諸作用が、この労働の諸生産物に帰されて、関係それ自身が物的な形式で幻想される、と。我々が見たように、これは、商品生産、交換価値に基づく労働の一つの特別な特徴であり、そして、（ホジスキンの見ていない）商品、貨幣におけるこの取り違え（Quidproquo）が、資本ではなお一層強化されて示される。諸物が労働過程の対象的な諸契機として持っている諸作用が、それらの人格化、労働に対するそれらの独立性においてそれらが持つものとして、資本に帰されるのである。これらのものがこの疎外された形式において労働に対して振る舞うことをやめるならば、これらのものはこのような諸作用を持たなくなるであろう。資本家は資本家としてはただ資本の人格化でしかなく、労働に対立してそれ自身の意思や人格を授けられている労働の被造物でしかない。ホジスキンはこれを、その背後に搾取する諸階級の欺瞞や利害が隠されている純粋に

主観的な錯覚としてつかんでいる。彼は、表象様式が現実的諸関係そのものから生ずること、後者が前者の表現なのではなくてその逆であるということを見ない。これと同じ意味でイギリスの社会主義者たちは言う、"我々は資本家ではなくて資本を必要とする"と。だが、彼等が資本家を取り除くならば、彼等は労働条件から資本であるという性格を取り去るのである（Marx 1972: 290-291）。

　ここでは物象化の本質とともに、物象化と物神崇拝の関係も示唆されている。関係そのものが物的な姿において幻想されるという物神崇拝者の意識は、交換価値に基づく労働の一つの独特な特徴なのであり、商品や貨幣に対する一つの取り違えである。このような取り違えは資本に対しては一層強化されて示される。というのも、資本は元々、生きている労働の対象化過程である労働過程の中で、対象化された結果である諸対象が生きて活動している労働の契機として労働者に獲得されないで、むしろ労働者から引き離されて疎遠になり、労働が対象化されたままで労働過程からはずれて、対象化されたままの死んだ労働として蓄積されることによって生み出されるものだからである。このような労働の疎外された形態においては、労働の諸契機である諸対象は、それが労働者によって享受 genießen されることによって労働者の自己実現に資するのではなく、むしろ労働者に敵対的に対向するのである。このような転倒した状態を再生産してやまないのが片や人格の事物化として現われ、片や事物の人格化として現われる物象化である。この物象化は、単なる意識的な現象ではなくて、意識がそれを反映するところの現実である。従って物象化は物神崇拝という意識的な現象の土台 Grund であって、その逆ではない。

　そして、このような物象化は、資本主義という経済の疎外された形式において現実態となるのである。これは疎外が物象化の原因であるということを意味している。それはまた、物象化がなぜいけないのかを説明している。なぜなら物象化が疎外であると言うことは、物象化における転倒という認識が、単に事実を指示しているだけではなくて、まさにその転倒が否定的であると

いう価値判断をも含意することになるからである。人間が望ましくない否定的な状態にあることを告発するための概念こそが疎外概念だからである。

引用の文章におけるマルクスの最終的なメッセージは極めてポジティブだ。彼はもし我々が疎外されない形態の経済システムを実現できるのならば、物象化も、そしてその結果である物神崇拝も克服できると言っているのだから。

2．『資本論』の物神崇拝概念

前節で確認したことを、マルクスはある文章で次のように述べている。

生きている労働は――資本と労働者との間の交換を通して――資本に合併され、資本に属する活動として現われるのであるから、労働過程が始まるや否や、社会的労働の全ての生産諸力は資本の生産諸力として示現されるのであって、それはちょうど、労働の普遍的な社会的形式が貨幣において物の属性として現われるのと全く同じである。そこで今や、社会的労働の生産力と社会的労働の特殊な諸形式は、資本の、対象化された労働の、<客体的>事物的な労働諸条件――生きている労働に対立するこのような独立化された形態として、資本家において人格化されている――の、生産力と諸形態として示現される（Marx 1965: 365）。

社会的労働の生産力は、その主体的本質が労働者であるために、本来は労働者自身の固有の力として、労働の生産力として現象しなければならないはずであるが、資本家的な生産様式においては、労働の生産力は資本の生産力として、労働力の発現は資本に属する活動として発現する。そこでは同時に、具体的で有用な人間の労働が貨幣という抽象的な媒介者[5]によって一面的に計られる事態が起きている。労働における自己実現は偶有的な要素として過小評価され、労働はただ金を稼ぐためだけの行為に矮小化される。貨幣という一面的な物を得るためだけに生きる人間は、彼自身の本来の豊かさを失い物のようになってしまっている。彼は物のようになってしまった人間、物象

化された人間なのである。しかしこのような労働条件は、労働者に対して永遠に科せられた呪いではない。このような条件は、転倒した世界での、むしろ特殊な条件なのである。だからマルクスは上の文章に続けて、次のように述べる。

　この場合もまた諸関係の転倒であって、我々は既に貨幣の考察によって、物神崇拝をこの転倒の表現（Ausdruck）として示した（Marx 1965: 365）。

すなわち、マルクスにとって物神崇拝とは、物象化（された世界）の〈表現〉なのである。だから物神崇拝は、物象化された本質の「反映」なのだ。

　商品生産の神秘性はかくして、単に次のことにある。すなわち、商品生産は、人間に対して、人間自身の労働の社会的性格を労働生産物そのものの対象的性格として、これらの諸物の社会的自然属性として反映（zurückspiegeln）させ、それゆえまた、総労働への生産者たちの社会的関係をも、彼等の外部に存在する諸対象の社会的関係として反映させるということにある（Marx 1991: 71）。

　このように物神崇拝のメカニズムは、基本的なモデルとしては反映論的認識構図において理解される。従ってその知覚論はカメラモデルの知覚論といってよいものである[6]。ところが、物神崇拝においては、それが反映する対象は、事実知覚において反映される対象とは異なっている。事実知覚においては、まさに客観的実在としての事実が反映されるのであるが、物神崇拝においては、事実そのものではなくて、認識主観の中で既にイデオロギー的に歪められた、虚偽の像が認識野に現われるからである。
　認識対象が実在であるかどうかにかかわらず、それが視覚を通して認識される場合には、認識主観の外部にある対象の反映というメカニズムによってモデル化されなければならないことを、マルクスは次のように簡潔に説明している。

物が視神系に与える光の印象は、視神系そのものの主観的刺激としては現われないで、目の外部にある物の対象的形態として現われる（Marx 1991: 71-72）。

こうした視覚による対象認識において、主観に反映される対象が客観的実在である場合、すなわち事実認識の場合はしかし、反映される客観と反映する主観は単に外部と内部の関係なのではなくて、同時に客観という形態において存在する対象的存在と、主観という形態において存在する対象的存在との関係である。すなわち、客観という物と主観という物との関係、物と物との関係なのである。

しかし、視覚の場合には、外的対象である一つの物から、一つの別の物である目に、現実に光が投げかけられる。それは、物理的な物と物との間の一つの物理的な関係である（Marx 1991: 72）。

しかしながら、このような物と物のとの関係は、認識一般の真理ではなく、あくまで事実認識における真理にすぎない。

ところで、我々が今検討している物神崇拝は、このような事実認識の構図では説明できない。なぜなら、物神崇拝の対象は労働生産物一般ではなくて、商品という特殊で神秘的な形態をとる労働生産物だからである。だから、物と物との関係である事実認識に対して「労働生産物の商品形式（形態）と、この形態がその中で自身を現わすところの労働生産物の価値関係は、労働生産物の物理的性質とそこから生ずる物的諸関係とは絶対に何の関わりもない」（Marx 1991: 72）。なぜなら、「ここで人間にとって物と物との関係という幻影的形式を受け取るのは、人間自身の特定の社会的関係に外ならない」（Marx 1991: 72）からである。だから、物神崇拝においてそれが反映される物象化された人間関係は、人間同志の関係であるにもかかわらず、それが物的なメカニズムやシステムのように、物的な対象的形態をとっている限りに

おいて、真実の人間関係ではない。あるいは、真の人間関係ではない。なぜなら人間は物のようになってはならないかけがえのない人格的存在だからだ。従って、物神崇拝は、反映される対象が、その本質自体は神という超感性的超越者という幻想であっても、反映する主観にとってはリアルなものとして受け取られるという点と、偶像という対象的実在を通して、客観的実在の衣をまとって現われるという点においても、宗教的幻想と、それに対する信仰と酷似している。

　だから、アナロジーを見い出すためには、我々は宗教的世界の夢幻境（Nebelregion）に逃げ込まなければならない。ここでは、人間の頭脳の産物が、固有の生命を与えられて、それら相互の間でも人間との間でも関係を結ぶ自立的形態のように見える。商品世界では人間の手の生産物がそう見える。これを、私は物神崇拝と名付ける。それは、労働生産物が商品として生産されるや否や労働生産物に付着し、それゆえ、商品生産と不可分なものである（Marx 1991: 72）。

　マルクスは宗教をイデオロギーの一形態と捉える。それゆえ宗教になぞらえられる物神崇拝は、一見するとそれこそが物象化された世界の存立基盤であるかのように見えるが、実際は物象化された世界のイデオロギー的表現にすぎないのである。このように社会のエレメントを宗教とのアナロジーで説明しようとする認識態度は、マルクスが一貫してとり続けた方法論の一つである。例えば『経済学・哲学草稿』においてマルクスは、一見すると私的所有こそが疎外された労働の原因だとみえるが、ちょうど神々が本来は人間の知性錯乱の原因ではなくて作用結果（Wirkung）であるのと同様に、私的所有が、疎外された労働の原因としての外観を示すとしても、本質においては、むしろ反対疎外された労働こそが私的所有の原因なのだというテーゼを提出した（Marx 1982a: 244）。
　このように物神崇拝は、なるほどマルクスにとって重要な概念であることには変わりないが、しかしそれは資本主義を批判的に分析するための究極の

カテゴリーではなく、その根底に物象化概念があることを、両概念の関連を見定めつつ確認しなければならないのである。しかしだからといってそれは、物神崇拝という事態が、疎外され物象化された世界になんら重要な役割を果たしていないということを意味するわけではない。そうではなくて、物神崇拝という事態はまさに宗教がそうであるように、イデオロギーとしての役割、それ自身が疎外され物象化された世界の土台ではないが、そうした世界を維持し再生産するために欠くことのできない役割を果たしているのである。宗教批判を啓蒙するだけでは、宗教を必要とする社会の土台そのものを変革しない限りは、人間は宗教的意識から自己を解放することはできないということは、マルクスがその若き日から終始一貫して抱いていた信念である。しかしある共同体の多くの人々が、その共同体を維持する重要なファクターになっているある特定のドグマを、もはやもっともらしいものとして考えなくなっているとしたら、その共同体は、そうしたドグマによって正当化されている形態においては、最早立ちいかなくなっていると考えることができないだろうか？だからマルクスは奴隷制の崩壊に関して、次のようなことを述べたのではないか。

> 生産物を労働能力自身のものであると認識すること、そしてその実現の諸条件からの分離を不正なこと——強制関係——であると評価することは、法外な意識であり、それ自身が資本主義的生産様式の産物であり、またその滅亡に向かう凶兆でもあるが、それはちょうど、自分が第三者の所有ではありえないという奴隷の意識とともに、奴隷制はなお引き続き辛うじて生き延びただけで、生産の土台としては存続することができなくなってしまったのと同じである（Marx 1982b: 2287）。

資本主義的生産様式においては、生産の主体は労働者ではなく資本である。しかしこのように労働者がただ生産のための手段に成り下がっているのは不当な状態であり、それは労働者が自発的にそうしているのではなくて、強制的にそうさせられているからに他ならない。このような不当な状態を自然で

正当な《人間の条件》だと労働者が思っているとしたら、彼の意識は物神崇拝に囚われている。このような物神崇拝を正当化の必須の条件として要請する物象化された社会においては、物神崇拝に疑念を抱くことは、支配階級にとっては「法外な意識」に映ることだろう。資本主義的生産様式が確固なものであり続ける限りは、このような意識は実際に物質的な力となることはないはずだ。しかし資本主義は自らの墓掘人を作り出す。すなわち、この法外な意識が広く労働者に共有される時が来たのならば、人間が自身の手の作り物によって支配される社会の命運は尽きる。だから、物神崇拝は、疎外され物象化された世界にとって必須の、自らを正当化するためのイデオロギーとしての機能を果たすのである。

おわりに

しかしまたこれは、物神崇拝を批判すること自体が意味を成さないということでもない。なるほど物神崇拝に囚われた意識の変革を啓蒙するだけでは、そのような意識を日常的に再生産して止まない物質的諸条件の批判にまで射程の届かない無前提な立場では、現実に物神崇拝を克服することはできない。しかしこのような物神崇拝に人間が囚われていることは、「不当な」、人間にとって相応しくないという規範的な意識を明確に対自化して行くこと、このような規範的な意識でもって啓蒙的な批判を繰り広げることは、やはり重要な意義をもっている。それはイデオロギー闘争の一形態としての意義である。そしてイデオロギー闘争を二次的な戦略として軽視してはならないように、物神崇拝批判はそれ自体が意義のある課題である。

そして我々には、物神崇拝の本質を把握しその批判を深めて行くという課題が課せられている。

註
(1) (Jay 1984: 109. ジェイ 1993: 157)。訳者の一人である故今村仁司氏は「訳者あとがき」の中で、次のような弁護めいたことを言っている。「本書で扱われている思想家や研究者はきわめて多数であり、視野に収められる時代幅は大きい。したがって、細部をあげつらう覚悟をすればいくらでも揚げ足取り批判は容易にできるであろう。ジェイ特有の冷静で距離を取る感覚は、大きなパースペクティヴで事柄を処理するときにはみごとな出来映えを示すが、反面では、あまりにもおおざっぱにすぎて読むものを満足させないルースさを示すこともある。しかし多分、これは大きな欠点ではない。誰であれ、これほどの大がかりな企てをすれば、細部の厳密さを欠くこともやむをえないことだ」。私には、細部をあげつらって揚げ足を取ろうなどという気持ちはさらさらない。ただ余りのことに驚愕しただけである。誤植ではないかと疑ったほどである。マルクスには物象化概念が無かったなどというのは、それだけでジェイのマルクス理解を疑わせるに十分な暴論なのであって、決して些細なことではない。それとも今村はこれを些細なことだと考えていたのだろうか？
(2) 「『歴史と階級意識』はところで、そこにおいてもまた疎外が対象化（マルクスの『経済学・哲学草稿』の用語を借りれば）と同一視されている限りでは、ヘーゲルに従っていた。この根本的なそして重大な誤りは、確かに『歴史と階級意識』の成功に多くの寄与をした。既に述べたように、疎外の思想的な暴露が設定され、当時の雰囲気の中で、それはすぐに現代の資本主義における人間の状態を探究する文化批判の一つの中心問題となった。ブルジョア的、哲学的な文化批判にとっては、これはハイデガーを考えてみれば十分だが、社会批判を純粋に哲学的な批判へと昇華し、その本質からして社会的な疎外を、後に成立した用語を使うとすれば、永遠の《人間の条件》にすることは極めて容易だった。『歴史と階級意識』のこうした叙述様式が、たとえこの本が別のことを、いや正反対のことを志向していたにせよ、そのような立場を招来したことは明らかである。対象化と同一視された疎外は、確かに一つの社会的カテゴリーとして思念された──社会主義はもちろん疎外を止揚すべきである──のだが、階級社会における疎外の止揚されざる現存在と、そして何よりも疎外の哲学的論証は、それにもかかわらずこのカテゴリーを《人間の条件》に近づけたのである」(Lukács 1968: 26. ルカーチ 1972: 191-192)。
(3) この両概念を区別すべきだというユニークな意見も若干ある。その一例。「物象化 Versachlichung とは、個体としての人格（＝主体）と人格（＝主体）

との社会的関連が物象 Sache と物象との関係として現象する過程である。物象化とは諸個人の社会的関係の位相が人格的 persönlich な関係から物象的 sachlich な関係へ転倒することである。ある対象＝客体は物象的な社会的関係の担い手として考察されるとき、物象と規定される。物化 Verdinglichung とは、物象化された社会的関係の諸契機が対象としての物 Ding そのものに内属する対象的自然属性として現象する過程である。物化とは、社会的関係の位相そのものが消失して、それが物－属性 Eigenschaft の内属関係にずらされることである。ある対象＝客体は、それが担う関係諸規程がすべてその対象に内属する対象的属性として観念されるとき、物と規定される。物象化と物化とを区別する必要があるか否かは、結局、物象と物とを区別される必要があるか否かの問題に帰着する。物象も物も『もの』（＝対象、客体）であることには変わりないが、それが論定される視点と位相を異にしている。一般に、物象の対概念は人格または主体であるが、物のそれは属性である」（平子 1991: 192）。平子氏によると物象化は人格相互間の社会的関連の現象だということだが、我々の見るところ、マルクスはむしろ社会的関連そのものの何らかの形態を物象化されていると呼んでいたように思える。また、物化は物象化の現象ということを、実際にマルクスのテキストに即して論証していくことは無理なのではないか。人格の対概念は平子氏の言うように、物象であることは間違いないが、物の対概念は属性なのであろうか？むしろ Ding＝物の対概念は、心（Seele）や精神（Geist）といったものになり、そのため Verdinglichung は、Seelisch（心的）で Geistich（精神的）なものが dinglich（物的）になる事態を意味する概念のはずである。心や精神は他ならぬ人間自身のものであるから、ここでも問題の本質は Versachlichung 同様に Verdinglichung も、本来人間自身に属する存在が人間自身から疎遠になって、本来とは別のものに転化するという、疎外された事態を指示する概念だということである。

（4）従ってマルクス的観点に忠実であれば、労働とは本来（かつてそうであったという意味ではなく、事柄の本質上という意味）自主管理労働であり、それが実現されていない場合は、それを目指すべきだということになる（田上 1996）参照。

（5）このように具体的で豊かなものを抽象的で一面的にする原理としての貨幣は、『経済学・哲学草稿』では Kuppler という一風変わった言葉で表現されていた。この言葉は一般にはカップルの仲を取り持つ仲介人という意味を持つが、マルクスの用法にはむしろはっきりと否定的な意味が込められている。マルクスは、シェイクスピアの『アテネのタイモン』の中に、

貨幣の本質に関する洞察を見出し、次のように総括していた。「シェークスピアは貨幣について特に2つの属性を取り出している。(1)それは目に見える神であり、全ての人間的な、そして自然的な諸属性をその反対のものに変える、それは諸物の普遍的な倒錯と転倒である。それは不可能なものどもを兄弟のように親しくする。(2)それは普遍的な娼婦（Hure）であり、人間と民衆の普遍的な Kuppler である」(Marx 1982a: 320)。すなわち、ここでいう Kuppler には単に媒介者という一般的な意味だけではなく、娼婦を世話する輩、所謂"ぽん引き"という意味も掛かっているように思われる。このような表現がなされるのは、貨幣という物に対して、極めて否定的な評価を抱いているからである。なお、シェイクスピアの『アテネのタイモン』の中に貨幣の本質に関する洞察があるとしたのは、マルクスの若き日の酔狂ではない。『資本論』第1巻第3章第3節「貨幣」において彼は、「貨幣において全ての商品の質的区別が消失しているように、貨幣は貨幣でラディカルな水平派として全ての区別を消し去る」と述べた箇所の注で、『アテネのタイモン』を今一度引用している（Marx 1991: 122）。

（6）「近代的認識論は……写真機モデルの知覚論と見合う形での『外的対象－心的内容－意識作用』という三項図式を前提的な枠組みとして、——言い換えれば、それを桎梏、つまり、手枷足枷としたまま——様々な議論を展開してきた。——中略——われわれは知覚観ひいては認識機構観を抜本的に改める必要がある。この改正は、実は近代哲学のパラダイムをなしてきた『主観－客観』図式とも相即する『三項図式』そのものの克服という大事業にもほかならない。」（廣松渉 1988: 65）。"マルクス主義哲学者"故廣松渉氏はしかし、当のマルクスが「写真機モデルの知覚論と見合う形での『外的対象－心的内容－意識作用』という三項図式を前提的な枠組み」としていたことに気がつかなかったらしい。それとも、「近代哲学のパラダイム」を克服することでマルクスその人もついでに克服しようとしていたのであろうか？なお、（田上 2000）、特に第9章「『物象化』論の虚妄性」参照。

第六章　マルクスの物象化論と廣松の物象化論

はじめに

　故廣松渉氏（以下敬称略）の「物象化論と経済学」の特集に愚考を寄せるものだが、もとより経済学者ではなく一介の哲学徒に過ぎない者には、廣松理論の経済学における理論的可能性を云々するのは身に余る。ここでは専ら廣松の物象化論に関して、若干の卑見を披露するに留めたい。
　さて、廣松の物象化論を検討するに当たっては、二つの基準点を定めることができるのではないかと思う。一つは通常、理論というものに求められる役割である。つまり、廣松物象化論は現実世界に、なかんずく現代社会に対する説明原理としてどのような有効性があるのかという点である。もう一つは廣松物象化論とマルクスの物象化論とのかかわりである。というのも、廣松は自らの理論を、マルクスとは独自に作ったのではなく、マルクスから"発見"したとしているからである。つまり、廣松の物象化論とは、通常の解釈者が陥っている「通俗的物象化論」によって隠されたヴェールを剥ぎ取った、マルクスの真実だと主張されているからである。このため、廣松物象化論は、それがマルクスの正当な解釈の限りで存立基盤を持つということになる。だから廣松の物象化論をマルクスの物象化論と対比させることは、廣松の物象化論を検討する上で必須の作業となる。
　本稿では主として後者を、廣松物象化論とマルクス物象化論との異同という観点を取り上げ、前者、廣松物象化論の説明原理としての有効性一般は主要な論題としない。ただし、どうしても看過し得ない、放置しておくと各方面に少なからぬ害悪を与えかねない廣松物象化論の否定的側面のみは注意しておく必要を感じる。この場合、マルクス物象化論の持つ豊かな理論的可能

性が歪曲されることによってもたらされる否定性ということもあり、マルクスの物象化論と廣松の物象化論を対比させるという本稿の主要目的からして触れざるを得ないということもある。

以上のように本稿では、先ずはマルクスの物象化論が何であるかを明確にし、マルクスと対比させる形で廣松の物象化論を検討することにしたい。ではマルクスにとって物象化とはどういう概念であったのか？

1．Versachlichung は「物象化」なのか？

マルクスの言う物象化に当たる言葉としては、Versachlichung や Verdinglichung がある。両者の内、Verdinglichung は素直に訳せば「物象化」というよりもむしろ「物化」になる。使用頻度や使用されている文脈からしても、Versachlichung こそが「物象化」の原語に当たると考えられる。そしてこれはマルクス研究者の間では定説的な解釈でもあると思う。

では Versachlichung が物象化だとして、この言葉は本当に物象化なのか、つまり「物象化」というのは Versachlichung の訳語として適切なのだろうかということである。Versachlichung を物象化と訳すことは、Versachlichung を物象化と見なすこと同様に定説になっているが、こちらの定説の方は、それを疑うべき大いなる理由がある。「物象化」は誤訳の可能性があるということである。

Versachlichung は Vergegenständlichung が対象を措定する「対象化」であるように、Sache を措定することである。しかし Vergegenständlichung と異なるのは、Vergegenständlichung が労働者を主体とする労働の本質を意味するのに対して、Versachlichung は労働者が客体としてこうむる結果を指示しているという点である。つまり Versachlichung は専ら受動的な状態を意味する言葉である。つまり Versachlichung するというよりも「される」のである。ではVersachlichungとは何かといえば、労働者が Sache にされること、労働者の側から言えば、自らが Sache になることを意味する。労働者が Sache になるということは、労働者を労働者たらしめている本質

が根本的に変化し、労働者が最早労働者でなくなることを意味する。労働者というのは労働という側面から規定した人間のあり方だから、労働者が労働者とはいえなくなるというのは、人間が人間性を失うということを意味する。従って Sache 化される＝Versachlichung のは、労働者の人間性であるところの「人格」である。つまり、Versachlichung されるのは Persönlichkeit（人格性）であり、Versachlichung とは Person の Sache 化のことである。

　こうして Versachlichung とは、Person と Sache の対立図式を前提にした上で、Person が Sache になってしまっている事態を説明する概念である。だからマルクスは基本的に Versachlichung を、「Sache の人格化と人格の Versachlichung」（Marx 1991: 106）というように、明らかに Person と Sache を対概念として用いつつ、その対立図式の上で、Versachlichung を概念規定しているのである。

　どうしてこういう図式が前提されているかと言えば、先ずはマルクスがドイツ語の通常の用法に従っているというのが第一である。つまりドイツ語では Person の対概念が Sache であり、Sache を Person と対立させて使うのは、ごく普通のことなのである。しかしマルクスは、これを単なる常識として前提したのみならず、十分自覚的に用いていると思われる。というのは、この対立を哲学原理にまで高めたカントの道徳論を踏襲していると考えられるからだ。

　カントは人間や社会に関する存在者をはっきりと二つの次元に分けた。一つは persönlich なものであり、もう一つは sachlich なものである。Person とはカントによると、責任能力がある行為の主体であり、Sache とは全く責任能力が無い物（Ding）である（Kant 1956: 329-330）。だから人間の人間たるゆえんは、彼／彼女が単なる物ではなくて人格であるところにある。それゆえ人間は物の様に、「単なる手段」として扱われてはならないのである。カントが人間を「専ら手段として扱ってはならない」という道徳律を立てたのは有名であるが、それは人間が単なる物ではなくて人格だからである。従って Sache というのは人格とは対照的に、専ら手段として扱われるものであり、典型的には商品である。商品とはその本性上売買という手段的な扱いを

受けるものだからである。
　カントが何故こういう道徳論を主張したのかと言えば、それは奴隷制を完全に否定するためである。奴隷制というのは人格である人間を商品として、単なる物のように売り買いする制度であり、人間を最も深いレベルで毀損する悪だからである。カントは人間が本質的に平等で、他者の恣にされることのない自律した自由な存在であることを Person と Sache の対立図式において基礎付けようとしたのである。カントの道徳論は自由と平等という近代の基本的理念の、典型的な哲学的表現と言えよう。
　マルクスはカントのこうした図式を批判的に継承したと考えられる。何故「批判的」かといえば、マルクスはカントがつかむことのできなかった資本主義の本質を見つめているからである。労働者は形式的には自己の自由意志で自らの労働力を資本家に売る。この面だけを見れば労働者の人格性はいつまでも保たれている。カントはこの面しか見ることができなかった。労働者が生き延びるためには不可避的に労働力を売ることを余儀なくされる現実はしかし、実質的には労働者が資本家という他者によって、商品として扱われざるを得ない事態を現出させる。まさに労働者という人格的存在が Sache に転化する Versachlichung という事態が、資本主義という社会制度によってもたらされているのである。これはカントの全くあずかり知らぬことである。要するにマルクスは、カントが糾弾した奴隷制度を否定したはずの近代社会が、資本主義という土台のありようによって、「賃金奴隷制」という実質的な奴隷制を再現していることを批判しているのである。これは真に創造的な批判であり、カントとマルクスの関係は本当に、それを受け入れつつ乗り越えるという、「批判的継承」の模範例といってよい。
　こうして見ると、「物象化」という訳語に違和感を覚えないわけには行かないだろう。Sache というのは「物象」なのかということである。そもそも物象の対概念とは何なのだろうか。何が「物象化」されるのであろうか？
　マルクス自身の原語では明確である。「物象化」されるのは労働者の「人格」である。しかし《人格の物象化》とは一体どういう事態なのか？
　まずもって、どう考えても「物象」という日本語が、人格の反対概念とは

思われないということである。それに、そもそも「物象」とは何なのか？

物象というのは恐らく、物として現れている存在か、存在が物として現れることをいうのであろう。いずれにしても「現象している」という、専ら認識が問題になっている。本当は物ではない何かが、物として「現れる」のが「物象化」ということになろう。しかしこれは Versachlichung の真意を歪めるものである。マルクスの言う Versachlichung は、認識ではなくて存在そのものにかかわるカテゴリーである。Versachlichung とは Person が Sache のように「現れる」かどうかではなくて、Person が実際に Sache になるという、存在論的な次元を可視化する概念なのである。従って「物象化」というのは、二重の意味で不適切な言葉である。Versachlichung されるところのものが人格であるという意味を指し示さないことと、Versachlichung が認識ではなくて存在を問題にしていることを曖昧にするという意味で。だから「物象化」という言葉は、Versachlichung の不適切訳として、退けられなければならないのである。

ではどういう言葉が相応しいのか？それはまさに、人格がそうであってはならないところの、事物の性質を表す言葉である。人格は手段として売り買いされてはいけないが、Sache は手段として売り買いできる。そのような事物は通常「物件」と呼ばれる。従って Versachlichung とは人格が物件のようになってしまうことであり、人格の物件化である。つまり、「物件化」こそが「物象化」に換わる、Versachlichung の適訳ということになる[1]。

我々はここでマルクスと廣松の「物象化」を検討するという課題を設定したが、実はそれは、両者の「物件化」概念を問うということだったのである。私の考えでは、これまでマルクスの「物象化論」と言われてきたものは、今後は須らく「物件化論」と言い換えられる必要がある。これは現在では全くの少数意見である。しかしこの少数意見には、十分な理論的根拠がある。

2．Versachlichung の前提

マルクスの物象化は、それが Versachlichung である限りにおいて、物象

化ではなく「物件化」であった。ではマルクスの物件化論とは具体的にはどのようなものであろうか？

マルクスが Versachlichung を使っている箇所はそれほど多くない。しかしそのいずれにおいても、資本の本質規定に関わる様な、重要な文脈で用いられている。その主だったものを順次見てみたい。

先ずは主著『資本論』であるが、先に一部のみ引用した第一巻では、次のように使われている。

商品に内在する使用価値と価値との対立、私的労働が同時に直接的に社会的な労働として現れなければならないという対立、特殊な具体的労働が同時にただ抽象的一般労働としてのみ通用するという対立、物件の人格化と人格の物件化という対立——この内在的な矛盾は、商品変態の諸対立においてその発展した運動諸形式を受け取る（Marx 1991: 106-107）。

ここで言われているように、物件の人格化と人格の物件化という対立は、使用価値と価値、私的労働と社会的労働、具体的有用労働と抽象的人間労働の対立同様に、資本主義的生産を特徴付ける本質的な対立ということになる。言い換えれば、資本主義とはそこにおいて物件の人格化と人格の物件化が生じているような社会のあり方であり、この矛盾は資本主義社会の細胞単位である商品に内在する矛盾だということである。人格が物件化された結果、物件化された存在においては物件が人格化されることになる。一度成立すると、これらは同じ事態の両面として、対立物の統一の関係になる。なお、ここでは「現れる」や「認められる」という表現から、物件化もまた現われという認識論上の問題としてのみ扱われているような印象を受けるが、そうではなく、現実的な対立を問題にしているということを注意する必要がある（山本 1985: 117）。

第三巻では例えば、利子生み資本を説明する説明する文脈で、次のように使われる。

第六章　マルクスの物象化論と廣松の物象化論

利子はただ利潤の一部、すなわち機能資本家が労働者から搾り取る剰余価値でしかないのに、今では反対に、利子が資本固有の果実として、本源的なものとして現われ、利潤は今や企業者利得という形式に転化して、再生産過程で付け加わる単なるアクセサリーやおまけとして現われる。ここでは資本のフェティッシュな姿も資本呪物の表象も完成している。我々がG－G'で見るのは、資本の概念を失った形式、生産関係の最高度の転倒と物件化、すなわち、利子を生む姿、資本自身の再生産過程に前提されている資本の単一な姿である。それは、貨幣または商品が再生産とは独立にそれ自身の価値を増殖する能力――最もまばゆい形での資本の神秘化である（Marx 1964: 405）。

　先ずここでは、利子生み資本において資本の呪物的な姿も資本呪物の観念が完成しているというように、フェティシズム概念を用いて利子の本質を説明しようとしていることが見て取れる。そして資本の呪物的な姿と資本呪物の観念の完成であるG－G'は、資本の無概念的な形式（形態）だという。ここでいう「概念を失った」というのが正確には何を意味するのかは判読しがたいが、ヘーゲルによれば概念の本質はその媒介性にあるから、後に出てくる「単一」との兼ね合いから、「概念を失った」というのは無媒介な＝unmittelbar＝直接的なということだと思われる。つまり資本の単純でストレートな形が生産関係の転倒と物件化だということである。生産関係の実態は人間関係なのだから、転倒した生産関係とは人格の物件化の一つの現われといえよう。
　こうした物件化が、「資本の神秘化」というフェティシズム概念と結び付けられている。この引用文だけでは、物件化概念とフェティシズム概念が深く結び付いていることは分かるものの、その結び付きがどのようなものなのかまでは分からない。この点で示唆的なのは、『剰余価値学説史』のホジスキン批判における、次のような叙述である。

　資本家は資本家としてはただ資本の人格化でしかなく、労働に対立してそれ自身の意思や人格を授けられている労働の被造物でしかない。ホジスキ

ンはこれを、その背後に搾取する諸階級の欺瞞や利害が隠されている純粋に主観的な錯覚としてつかんでいる。彼は、表象様式が現実的諸関係そのものから生ずること、後者が前者の表現なのではなくてその逆であるということを見ない。これと同じ意味でイギリスの社会主義者たちは言う、"我々は資本家ではなくて資本を必要とする"と。だが、彼等が資本家を取り除くならば、彼等は労働条件から資本であるという性格を取り去るのである（Marx 1972: 290-291）。

ここでは資本家が資本という生産関係——それは物件化された人間関係なのだが——の表象様式、つまり現象であり、そうした現象は現実的諸関係という本質から生ずることが言われている。資本呪物という資本の神秘化は明らかに「表象様式」である。従ってそれを表象するところの現実の人間関係が存在する。それが人格の物件化である。こうして物件化とフェティシズムは本質と現象であり、前者が原因となって後者が生ずる因果関係である。現実に人間関係が物件化されていることによって、そのような人間関係を神秘化するフェティシズムが生ずるのである。だから物件化とフェティシズムは事柄の本性上常に密接に結び付くものの、本質と現象にして因果関係にあるものとして、概念的に区別されないといけないのである。

マルクスは資本主義において労働者の具体的な労働が資本の生産力として抽象化されることを次のように説明する。

生きている労働は——資本と労働者との間の交換を通して——資本に合併され、資本に属する活動として現われるのであるから、労働過程が始まるや否や、社会的労働の全ての生産諸力は資本の生産諸力として示現されるのであって、それはちょうど、労働の普遍的な社会的な形式が貨幣において物の属性として現われるのと全く同じである。そこで今や、社会的労働の生産力と社会的労働の特殊な諸形式は、資本の、対象化された労働の、〈客体的〉事物的な労働諸条件——生きている労働に対立するこのような独立化された形態として、資本家において人格化されている——の、生産

力と諸形式として示現される（Marx 1965: 365）。

社会的労働の生産力は、その主体的本質が労働者であるために、本来は労働者自身の固有の力として、労働の生産力として現象しなければならないはずであるが、資本家的な生産様式においては、労働の生産力は資本の生産力として、労働力の発現は資本に属する活動として発現する。そこでは同時に、具体的で有用な人間の労働が貨幣という抽象的な媒介者によって一面的に計られる事態が起きている。労働における自己実現は偶有的な要素として過小評価され、労働はただ金を稼ぐためだけの行為に矮小化される。貨幣という一面的な物を得るためだけに生きる人間は、彼自身の本来の豊かさを失い物のようになってしまっている。彼は物のようになってしまった人間、物件化された人間なのである。しかしこのような労働条件は、労働者に対して永遠に科せられた呪いではない。このような条件は、転倒した世界での、むしろ特殊な条件なのである（本書第5章参照）。だからマルクスは上の文章に続けて、次のように述べる。

この場合もまた諸関係の転倒であって、我々は既に貨幣の考察によって、フェティシズムをこの転倒の表現（Ausdruck）として示した（Marx 1965: 365）。

こうしてマルクスにとってフェティシズムとは、物件化（された世界）の〈表現〉なのである。
そしてこの文章は次の文章に続く。

資本家自身はただ、資本の人格化としての権力者であるにすぎない。……資本の生産性は先ず第一に、資本の下への労働の単なる形式的包摂だけを観察しても、剰余労働への強制に、直接の必要を超える労働への強制に成立する。……この単なる形式的関係——そのより低い発展様式にもより発展した様式にも共通した資本主義的生産の一般的形式——を観察しただけ

でも、生産手段、事物的労働諸条件——労働物資、労働手段（及び生活手段）——が労働者に包摂されるものとしてではなく、労働者がそれらに包摂されるものとして現れる。労働者が生産諸手段を使うのではなく、生産諸手段が労働者を使う。そしてこのことによって、生産諸手段は資本なのである。……既にこの関係は、その単純性において、一つの転倒、物件の人格化であり人格の物件化である。というのも、この形式を全ての以前の形式から区別するのは、資本家が何らかの人格的属性で労働者を支配することではなく、このことはただ、彼が"資本"である限りにおいてだからである。資本家の支配とは単に、生きた労働に対する対象化された労働の、労働者自身に対する労働者の生産物の支配に過ぎない（Marx 1965: 365-366）。

　恐らくこの一文こそが、マルクスの物件化論が何であるかを最もよく示す文章であろう。資本は労働者が生産諸手段を使うのではなく、生産諸手段が労働者を使うことによって生み出される。つまり資本主義とは労働者が本来使うべき生産手段によって労働者が使われている転倒した関係である。そしてこの転倒した関係が人格の物件化であり、物件の人格化なのである。
　こうした物件化された人間関係における資本家の労働者に対する支配をマルクスは、「宗教の中でイデオロギーの領域の上で表現される関係、主体の客体への転倒及びその逆の転倒と全く同じ関係が、物質的生産の中で、現実的な社会的生活過程——なぜならそれこそが生産過程であるから——の中で、表現されているものである」（Marx 1988: 85）と言っている。主体の客体への転倒及びその逆の転倒という事態を言い表すのに最も適した言葉は、「疎外」という概念である。だからここでマルクスはこの転倒をはっきりと「労働の疎外過程」（Marx 1988: 85）だと言うのである。
　こうしてマルクスにとって、物件化とは労働の疎外過程である。疎外とはよそよそしくなることであり、労働の疎外とは労働者が労働過程そのものから疎遠になることである[2]。労働過程から疎遠になった労働者の生産物は労働者から疎外され、疎外された生産物はあべこべに労働者を支配するように

なる。だから資本主義的な価値増殖過程では「最早、労働者が労働手段を使うのではなくて、生産手段が労働者を使うのである。生産手段は、労働者によって彼の生産的活動の素材的要素として消化されるのではなく、労働者を生産手段固有の生活過程の酵素として消化する」(Marx 1991: 280) のである。つまり、労働者が労働過程から疎外されることが原因となって、疎外された労働過程である価値増殖過程においては労働者が労働手段を使うのではなくて、生産手段が労働者を使うような転倒した物件化が生ずるのである[3]。つまり物件化とは疎外によってもたらされた人間関係のあり方であり、労働者の疎外状況の現われである。物件化は疎外によって生み出された、それ自体が一つの疎外された現実のあり方であり、疎外は物件化の本質にして原因である。

このように、疎外と物件化、物件化とフェティシズムは本質と現象にして因果関係となる関係であり、そのようなものとしてそれぞれが密接不可分に結び付いている。そして物件化が生じるのは労働者が自らの労働過程から疎遠になるからである。だからマルクスの物件化論の前提となるのは、彼の疎外論なのである。

3．廣松の物象化論

以上のように、マルクスの Versachlichung 論は物象化論ではなくて、人格的な存在が物件となり、物件的な存在が人格となる「物件化」論であることを示した。では廣松の物象化論とはどのようなものか、それはマルクスの物件化論とどういう関係にあるのか？

廣松は次のように言う。

マルクスが『資本論』で説く物象化 Versachlichung 物化 Verdinglichung が、彼の指摘する Fetischismus (物神崇拝) Fetischcharakter (物神的性格) と密接な関係にあることは周知の通りである。現に『資本論』第二版では「商品の物神的性格とその秘密」と題する独立の節が設けられ、この節で

物象化の問題が主題的に論考されている（廣松 1969: 219）。

　先ずここで確認できるのは、廣松がマルクスの物象化が Versachlichung であることを正しく認識していることである。そして Versachlichung や Verdinglichung が Fetischismus や Fetischcharakter と密接に関連していることも、周知なこととして、やはり正しく認識しているということだ。
　ところが、それに続く文章が問題である。『資本論』の「商品の物神的性格とその秘密」の節で、物象化の問題が主題的に論考されているというのだ。これは明らかにおかしい。この節で「主題的に論考されている」のは、表題にあるように、あくまで Fetischismus や Fetischcharakter である。決して「物象化」ではない。そもそもこの節では Versachlichung という言葉自身が用いられていないのである。Versachlichung という言葉を用いずに Versachlichung を主題的に論ずることは不可能である（山本 1985: 103）。
　では何故廣松はこうした明らかな錯覚を犯すのか。その理由は一つしか考えられない。それは Fetischismus や Fetischcharakter が Versachlichung と「密接に関連している」という表現が、廣松の構想では、違ったものが相互に深く関係しているという意味ではなくて、違った言葉であるためその限りでは区別はされているが、根源的には同じか殆ど同じというような、非常に踏み込んだ意味で用いられているということである。そのため全く Versachlichung 概念が使われることなく、専ら Fetischismus や Fetischcharakter が論じられている「商品の物神的性格とその秘密」で、「物象化の問題が主題的に論考されている」と言うことができるのである。
　しかしこれは明らかにマルクス自身の構想とは異なる。マルクスにおいてフェティシズムは物件化の「表現」に過ぎなかったのである。それによって表現されている現象のみを幾ら説明してもそれ自身の本質を解明したことにならないことは、マルクスが常々強調していたことである。それは、もし物事の現象と本質が一致するならば全ての科学は余計だろうという『資本論』の言葉に代表される。そして、廣松を論じる本稿の文脈で興味深いのは、この警句を含む文章それ自体が、廣松的方法論への批判と同時に、廣松理論自

体への反証例になっていることである。マルクスはこう言っている。

　俗流経済学は、ブルジョア的生産関係に捉われた、この生産の代理人たちの諸表象を教義的に通訳し体系化し、そうして弁護することの他には、実際には何もしない。だから、経済的諸関係の疎外された現象形式、その中ではこの諸関係が一見してつまらないものであり、そして完全な矛盾であるような現象形式──そしてもし物事の現象形式と本質とが直接に一致するならば全ての科学は余計なものだろう──、まさにこのような現象形式において俗流経済学が完全に自己自身の許にあると感じているとしても、そしてこの諸関係の内的関連が隠されていればいるほど、といってもこの諸関係が月並みな表象と交わっていればいるほど、ますますこの現象形式が俗流経済学にとって自明なものとして現象するとしても、我々は驚くには及ばない（Marx 1964: 825）。

　ブルジョア・イデオロギーの弁護を専らとする俗流経済学は、資本主義の本質から疎外された偽りの現象、本質を正しく表現していないが故につまらなくて完全に矛盾した表象となる他はないのだが、そのような偽りの表象を真実だと思い込んでいる。マルクスはそれを土地─地代、資本─利子、労働─労賃または労働の価格という三位一体だとする（Marx 1964: 825）。この三位一体という不合理な組み合わせが、資本主義的諸関係の内的連関を隠蔽し、月並みな表象と合致することによって俗流経済学者に、俗耳に入り易い通俗化の道を与える。

　ここでマルクスは「疎外」という概念を使うことによって、俗流経済学者が見るところの資本主義の姿を、単なる現象一般ではなく、本質からよそよそしくなることによって、真実の姿を捻じ曲げて映し出している「仮象」であることを明らかにしようとしている。つまり俗流経済学者は、疎外された現象を本来のあり方と思い込むことによって、仮象を本質だと錯覚しているのである。そして俗流経済学者が囚われている「疎外された」仮象に代えて、資本主義的本質の「疎外されざる」現象形式を明るみに出そうというのが、

『資本論』におけるマルクスの試みなのであった。

　明らかにマルクスは、本来そうであるところ本質からの疎外という思考様式によって、俗流経済学を批判している。すなわちここでマルクスが従っているのは、「現存在と本質との区別に、また人間の現存在が彼の本質から疎外されており、現実には人間が、彼が潜在的にあるところのものではなく、あるいは別の表現をすれば、人間は人間が本来あるべきところのものではなく、人間は彼が本来ありうるところのものであるべきだという事実に、基礎をおいている」(Fromm 1961: 47) ところの、疎外論的思考様式なのである。

　だから引用の文章は『資本論』の基本的な方法論を示すのみならず、『資本論』においても『経済学・哲学草稿』のような初期著作に見られる本質と現象の区別に基づく、本来そうであるところのあり方からの疎外という疎外論が展開されている一例となっている。「周知のように」廣松は、『資本論』においては初期のマルクスに見られた疎外論が消失していると主張している。従って廣松は件の文章に見られる「疎外」という言葉が、本質的概念ではないことを論証する必要がある。ところが実際に廣松が行ったのは、何のコメントも付さずに、「俗流経済学は、ブルジョア的生産関係に囚われた当事者たちの表象を教義的に通弁し体系化し弁護論化することしかしない」。「俗流経済学は経済的諸関係の他様化せる現象形態に安住してしまう。……俗流経済学にあっては……社会的関係が事物として捉えられてしまう」というように、極めて不正確に省略しつつ、訳出して見せたことだけである（廣松 1986: 4）。

　しかもここではentfremdeteに"他様化"という意味不明な日本語があてがわれている。ところが廣松は、この言葉の意味についてどこでも説明していない。"Entfremdung"には、"疎外"という既に慣用化した訳語がある。それにもかかわらず、これを使用せずにあえて造語を用いるのならば、それ相応の説明を加えるのが学問上の常識だろう。この"他様化"は"疎外"をただ言い換えただけなのか、それとは本質的に違う意味なのか。恐らく後者らしいが、いずれにしてもこの言葉を使わなければならない積極的な理由は皆目分からない。これは多分、『資本論』に疎外論があっては困るという廣

第六章 マルクスの物象化論と廣松の物象化論

松の気持ちの表れなのであろう（本書第十二章参照）。

　先に引用したように、廣松とて物象化が Versachlichung の訳であることを正しく認識してはいる。しかし彼は前節で我々がしたような、Versachlichung を含むマルクスの文章を引用提示し、それを解釈することを通して自らの物象化論を根拠付けるという作業を全く行っていない。廣松は物象化を説明すると称して、当の Versachlichung 概念が全く使われていない『資本論』最初の数章、特に商品フェティシズム節の解釈に終始する。つまり実際には廣松は物象化を説明してないのである。これは廣松が物象化を事実上フェティシズムと同一視している[4]ために、フェティシズムを分析することがそのまま物象化の説明になると思い込んでいるということである。しかしフェティシズムはあくまで物象化の「表現」に過ぎない。表現された現象の説明が直ちに本質の概念的把握になるのならば、「全ての科学は余計なもの」になるのである。

　物象化というのは、廣松にとって本当にキータームである。廣松の多くの著作で、この言葉は用いられている。それはマルクス論のみならず、四肢的構造論という彼独自の構想を展開した哲学的著作においても、最も重要な概念として登場する。ところがそれらの著作では、物象化という用語はまるで「周知」であるかのように、既に読者にその意味が完全に共有されているかのように、定義することなしに用いられるのが殆どなのである。

　廣松はマルクスその人の Versachlichung に依拠することもなければ、Versachlichung と Fetischismus の同一視という錯覚に基づくにせよ、やはりマルクスのフェティシズム論を引用提示しつつ自らの物象化概念を十分な理論的説明と共に定義するという作業を行っていない。そのため、廣松は彼の考える物象化を巡っては長大な文言を費やすが、物象化概念そのものについては断片的で不十分な説明しかしていないという、ちぐはぐなことになっている。

　廣松の物象化論が最も詳細に展開されているのは、テーマ上『資本論の哲学』のはずだが、物象化周辺の話は多く語るが、物象化そのものは殆ど語らないという事情のためか、この著作を読んで分かることは結局、廣松がマル

クスの Fetischismus を「物象化的錯視」(廣松 2010: 271) と言い換えていることに過ぎない。それどころか、僅かに散見される定義的説明も、廣松がマルクスの基本概念に関して混乱していることを指し示すだけである。例えば次の文章などは、やっと発見できた定義的説明の一例である。

> 商品の価値性格――商品体が「価値実体」「価値量」「価値形態」を自体的に備えているかのように、そして、そのようなものとして商品が相互関係を結びつつ自己運動するかのように仮現する事態――この物象化的な倒錯現象は、要言すれば、社会的総労働の分業的編成が即自的であって、総労働への参与、総労働の諸個人への配分が私的生産物の商品としての交換（マルクスは物神性論に引き続く「交換過程論」において是を論考するのであるが）によって媒介されているごとき生産関係の在り方に淵源している。商品の物神的性格は、決して単なる妄念ではなく、かかる現実に基盤を有するものであって、商品世界の間主体的・対自然的な編成の屈折した投影なのである（廣松 2010: 277-278）。

廣松が物象化を「倒錯現象」という、専ら認識論的な枠組みで捉えていることは明確である。このことは、「物象化的な倒錯現象」が当たり前のように商品の「物神的性格」と言い換えられていることからも確認できる。予想通り、マルクスその人と異なり廣松の中では、物象化と物神崇拝の概念的区別は存在しないのである。それでもここで廣松が「物象化的な倒錯現象」や「商品の物神的性格」が単なる妄念ではなくて、「現実に基盤を有する」と見ていたのは興味深い。廣松においては物象化そのものが根源的な概念であるため、物象化より深い概念は存在せず、基盤となる現実は「生産関係の在り方」という没概念になってしまう。が、マルクスその人は、フェティシズム概念の前提として結び付けるために、「生産関係の在り方」を独自に概念規定していたのであった。それは資本主義が持つ転倒性の告発だった。それが前節で我々が幾分詳細に追跡した、「人格の物件化と物件の人格化」だったのである。つまり廣松は彼のいう「物象化」がよって来るところの現実こそ

がマルクス自身の規定する物象化＝物件化だと知らずに、彼独自の「物象化」を定義しているのである。それは認識論的に一面化され、認識の源泉である現実存在を捨象した抽象であり、唯物論者であるマルクスには相応しくない主観主義的な観念である。普通に「生産関係」と言えば済むところを態々「間主体的・対自然的な編成」などという現象学を連想させる用語を交えているのは、衒学趣味たるに留まらず、廣松の哲学自体が現象学に通ずるような主観主義的な面を持っていることと無関係ではないように思われる。

このように、廣松の物象化論は口先の上では Versachlichung と Verdinglichung が、マルクスの指摘する Fetischismus や Fetischcharakter と密接な関係にあることを念頭に置いた、各概念の区別を明確にした上での有機的関係を明確化した理論であることを匂わせながら、その実 Versachlichung を Fetischismus に解消する、主観主義的な認識論的一面化である。そのため結局、廣松のいうところの物象化とは本当は何なのかは最後まで分からず、それは Fetischismus を「錯認」とか「倒錯視」と言い換えただけのものにしか見えない。このことの証拠に、まさに物象化を主題にしたはずの著作である『資本論の哲学』で、驚くべきことを言うのである。

> 著者は「物象化」プロパーとそれの特殊形態の一つたる「物神性」とを当然区別して考えてきたとはいえ、種差的区別が奈辺に存するかを明示的に規定することなくすごしてきた。——この機会に一言しておけば、著者自身としては「物象化」という概念をマルクスの用語法よりもさらに拡張して使用している——（廣松 2010: 289）。

これによると「物神性」というのは「物象化」の特殊形態の一つなのだという。ところが、このことを廣松自身が「明示的に規定することなくすごしてきた」せいか、我々が読むことのできる廣松の文章からは、廣松が「物象化」を「物神性」と同一視しているようにしか読み取れないのである。しかし実は、廣松の物象化というのは「マルクスの用語法よりもさらに拡張して使用している」ものだという。廣松は自ら物象化がマルクスの Versachlichung

だということを「周知のこと」としながら、実際にはマルクスに依拠していないと言っているのである。ではどう「拡張」しているのかと言えば、"勿論"説明はなしである。そこで、代わって我々が廣松「物象化論」の真意を推し量る必要がある。廣松は折に触れてドイツ語の単語を提示し、原典主義的な模範的研究態度の外観を示している。ところがこと最重要概念であるこの物象化に関しては、原語であるVersachlichungと関係なく、「物象化」という日本語の語感に専ら依拠して、彼の言うところの「拡大解釈」、我々の見るところの勝手な解釈を行っているのではないかと思われる。先に見たように、物象化という日本語からは、「物が現象する」→「物のように現象する」という類推は自然に行える。物のように現象するものは、元々は物ではないものである。ここから物ではない「関係」が物のように現われるという、廣松が構想する哲学の後ろ盾にマルクスの「物象化」がなりうると、廣松には思われたということになる。

　この推定を確かめることは、物象化を主題にしているはずなのに物象化について殆ど語らない『資本論の哲学』に拠っては出来ないが、他の著作では例えば次のように物象化が定義されている。

　　マルクスのいう物象化は、人間と人間との間主体的な関係が物の性質であるかのように倒錯視されたり（例えば、貨幣のもつ購買力という"性質"）、人間と人間との間主体的な関係が物と物との関係であるかのように倒錯視される現象（例えば、商品の価値関係や、多少趣を異にするが、「需要」と「供給」との関係で価格が決まるというような表象）の謂いである（廣松 1972: 125）。

まさに我々の予想通りである。廣松のいう物象化とはマルクスのVersachlichungとは関係なく、人間と人間との間主体的関係（またしても現象学！）が物の性質や物との関係として「倒錯視される」（つまり「物神性」！）現象を、「関係」が物として「現象」することを意味するのである。
　ではマルクス本来のVersachlichungは、「人格の物件化と物件の人格化」はどうなってしまったのだろうか？

第六章　マルクスの物象化論と廣松の物象化論

　廣松によると、人々が物化ないしは物象化ということを語る場合、一般には三層が含まれているそうである。それは第一に、人間が「機械体系の付属物になっているような事態」といった、「人間そのものの物化」であり、第二に、「自分たちの行動が個々の自分ではコントロールできない」という、「人間の行動の物化」であり、第三には、「主体的なものが物的なものになるという」という、「人間の力能の物化」である。廣松のいうには、これら"通俗の""常識的な"物象化＝物化の考え方においては、主体（人間）と客体（物）という二元的区分の図式が大前提にあって、「主体的なものが物的なものに転化する」という発想で物化が表象されているそうだ。そして初期のマルクスもこういう意味で物化を語っていたことがあるし、後期においても「比喩的」にはそういう語法を用いている場合があるらしい（廣松1971: 62-63）。

　ところが廣松はここから何の論証もせずに、後期マルクスの物象化はこれらとは異質な発想に基づいていると断言するのである（廣松 1971: 64）。そしてその「異質な物象化」が、人と人との関係が物と物との関係として倒錯視される現象だというのである。

　しかし前節で見たように、マルクスその人の物象化＝物件化論は、まさに廣松がいうところの通俗的で常識的な理論であって、廣松によってマルクスその人が退けたことにされた"近代的な主客二元論"に基づいて、主体的な人格が客体的な物件に転化する転倒した事態を告発していたのである。それは引用で示したように、全くもって概念的な資本主義の本質把握であり、少しも「比喩」などではないのである。

　こうして廣松の物象化論とは実に奇妙なファンタジーである。それはマルクスその人の物象化＝物件化論を、常識の段階に留まった通俗的な理論だと揶揄して、マルクス自身によってマルクスを否定した上で打ち出された、マルクスの「拡大解釈」なのである。しかし拡大解釈というのは普通、元の理論を継承している。元の理論と発想を異にして断絶している場合は、拡大解釈とは言わない。だから廣松の物象化論とは、マルクスの名を語りながら、その実マルクスとは異質な、マルクスとは「断絶」した発想の上に拵えられた、廣松自身の哲学ファンタジーなのである。

4．存在と認識を区別する意義

　マルクスは Versachlichung という概念を用いて、資本主義における「人格の物件化と物件の人格化」という転倒を告発した。この場合、人格とは主体であり、物件は客体である。だからマルクスが批判したのは、資本主義によって「主体の客体への転倒及びその逆の転倒」が生ずるような、疎外された物件化の構造なのだった。このマルクスの基本的な思考枠組みである主体と客体の弁証法を、廣松は"近代的な主客二元論"等と戯画化して、当のマルクス本人によって否定させてしまう。

　こうして廣松のマルクス解釈は、マルクスが言ってないことを言ったといい、行ってないことを行ったと言い募る虚言によって成り立った虚妄である。こうした虚妄の体系である廣松の物象化論それ自体の説明原理としての有効性の検討は、冒頭に断ったように本稿の主題とはしないところだが、ここでは最低限注意する必要がある論点のみ、蛇足的に説明することにしたい。

　廣松はマルクスの主体と客体の弁証法を近代主義的な二元論と揶揄する。主客図式が近代哲学固有なものなのかは大いに疑問だが、ここでは問わない。問題は、この図式を退けることによって何が得られるか、どのような理論的アドバンテージがあるのかということである。廣松によると、初期マルクスの主客二元論的な疎外論は、後期マルクスによって主客図式を乗り越えた「物象化論」に取って代わられたことになっている。ではその物象化論からは、どのような未来展望が拓け、その未来を実現するための基本的な戦略や有効な戦術が、如何様な形で打ち出されているのか。そしてそれらの展望、戦略、戦術いずれにおいても、疎外論的な理論構成よりもどういった形で魅力的になっているかということが、重要である。ところが廣松は、物象化は語るが物象化の「止揚」は殆ど語らない。廣松のいう物象化の止揚というのが、疎外の止揚に比して魅力的なヴィジョンであることが、マルクス主義哲学としての廣松哲学の生命線であるはずだが、この肝心な問題に関して廣松の基本的態度は沈黙若しくは寡黙である。

第六章　マルクスの物象化論と廣松の物象化論　115

　それだから、我々は素朴に次のような疑問を抱く。近代的な主客二元論を超えなければならないと廣松はいう。廣松がいうところの「マルクス」は、近代を超えた新たなパラダイムである「物象化論」を拓いた。だから何だというのか？我々は主客図式が是非とも必要だと思う。というのは、我々の社会が未だに資本主義であり、資本主義においては主客が転倒しているからだ。主客図式を退けて、どうして資本主義の基本矛盾を批判することができるのか。認識の構図ではなく、現実的な転倒を変えることこそが重要なのだ。近代的な主客二元論で概念化できるような資本主義の現実をそのままにしておきながら、そうした認識の構図を不要なものとすることは、結果的には資本主義の現実を不問に付すということになる。これでは無批判的な現状肯定論ではないか！

　見てきたように廣松は、物象化とフェティシズムを事実上混同することによって、本質と現象の区別を曖昧にしてしまった。廣松のいう物象化とは、存在論的なマルクスの物件化と異なり、基本的に認識論的なカテゴリーである。それはマルクスの Versachlichung 概念の、不当な認識論的一面化である。このような一面化からは、理論と実践の問題に関する危険な歪曲が生じる可能性がある。「私的所有の思想を止揚するためには、考えられた共産主義で全くこと足りる。現実的な私的所有を止揚するためには、現実的な共産主義的行動が必要である」(Marx 1982a: 289)と、常に思考と現実を区別し、主観的認識と客観的諸条件の区別を曖昧にすることを戒めたマルクスの注意を無視することによって、客観的な物件化の問題を《倒錯視》という認識の問題に一面化してしまうからだ。その結果、物象化の克服も、単なる"思考の"問題に局限されてしまう。

　このようなマルクスを観念論的に歪曲した理論からは、様々な誤った実践が導き出される。一方で党派などの実践主体が、物象化による倒錯視を頭の中で"十分に認識した"結果、現実的な転倒構造を直ちに克服できるという確信に抱き、無媒介なテロリズムに活路を見いだそうとするかも知れない。他方で"現実的な物象化を克服することなどとうていできない"という敗北感に浸っている人々は、物象化の克服を単なる頭の中だけの《倒錯視》の問

題に還元しようとする廣松哲学に、ささやかな慰めを見いだすかも知れない。現実の変革にはもはや何の展望も見いだせないにもかかわらず、変革主体としてのポーズを取りたい向きには、廣松式物象化論はまさにお誂え向きである。片や冒険主義的であり、片や敗北主義的である。しかしこれらの実践主体は、組織の面においては共通する性格をもつ。一方で物象化克服のための《秘密の鍵》を持つ賢者たるイデオローグ層と、他方で同志の崇高な理論を頭上に戴く代わりに自己決定を放棄し、自らは何も考えない構成員に二極分裂する。急進主義的な実践主体ならば、何も考えない人達がテロルを行い、敗北主義的な実践主体ならば、何も考えない人達は、諦めているから何もしない。どちらにしても、"現実的な"問題に直面したくはないけれども、一角の活動家気分に浸りたい向きには、廣松哲学はうってつけである（田上 2000: 223-224）。

　こうして存在と認識を区別しない廣松式「物象化論」からは、極めて有害な実践的帰結が導き出される可能性がある。そうした有害な帰結は、存在と認識しっかりと区別するマルクスの物件化論によっては生じない。このことからも、我々が採用すべきなのは廣松ではなくてマルクスの方であるということが分かる。

おわりに

　本稿では廣松の物象化論をマルクスの物件化論と対比させるのを主要課題としたため、物件化論に関する主要概念の内、専ら物件化そのものであるVersachlichung の検討に終始し、Verdinglichung やその他の重要概念を扱うことはできなかった。後日を期したい。

　また、今回改めて廣松を読み返したが、かつてのように否定的な内容しか見出すことができなかった。しかし廣松の有効性を認識できないのは私の浅慮かも知れない。もしあるのならば是非、「廣松哲学の可能性」を知りたい。ただ、廣松支持者の諸氏には、そのような可能性をマルクスの名の下に喧伝するのは止めて、マルクスとは異なる廣松独自の構想だと主張して貰いたい

と願う。

註
（1）物件化という訳語を最初に提起したのは、故芝田進午氏（芝田 1975）だと思われる。芝田氏に倣って物件化を採用する山本広太郎氏の著書（山本 1985）では、Versachlichung 等の基軸概念が概ね適切に処理をされており、本稿作成において最も参考になった。
（2）「彼が生産の行為そのものにおいて自分自身から疎外されないとしたら、どうして労働者は自分の活動の生産物から疎遠に対立することができようか？」（Marx 1982a: 238）。疎外された生産物である資本はだから、疎外された労働過程から生じるのである。
（3）「かくして、疎外された、外化された労働によって、労働者は労働にとって疎遠な、そして労働の外に立っている人間の、この労働に対する関係を生みだす。労働への労働者の関係は、労働への資本家の、或いは労働の主人を何か他に名付けようと、関係を生みだす」（Marx 1982a: 244）。つまり、物件化された転倒関係は、労働者が自らを疎外することによって生み出されるのである。
（4）石塚正英氏も次のように指摘する。「マルクスに即して言うと、商品のフェティシュ的性格なりフェティシュとしての商品は廃棄されねばならない。ところで、この廃棄すべき性格なり商品なりは物象化によって成立したものである。よって、物象化現象は廃絶の対象である。これがマルクスの読みです。ところが廣松さんは、物象化を認識論のレヴェルに拡張する。この世界はすべからく物象化された世界なんだ、世界はすべて関係としてあり、人はそれを物として認知するんだ、と。／しかし物象化というのは、マルクスにおいては認識一般の問題じゃないですよ。人と人との関係がたんに物と物の関係として成立するだけでなく、認識主体間で廃絶すべき対抗的な物的対象として立ち現れてきたときに、物象化というものが議論されるんです」（石塚＋やすい 1998: 87）。

第三部

認識と規範

第7章　反映論の意義

はじめに

　本章では、マルクス主義の認識論が反映論である主張することは、マルクス主義のスターリン主義的歪曲ではなく、マルクスの理論が唯物論であることからくる単なる理論的帰結に過ぎないことを明らかにする。そして反映論とは、哲学で普通に言われるところの真理の対応説を、マルクス派的な言い方で表明したものであることを明確にする。

1．反映論とスターリン主義

　マルクス主義哲学の認識論は反映論である。これは言い古された命題ではあるが、真理であることには変わりない。
　しかし、マルクス主義の認識論＝反映論というこの命題に関してはまた、古くから様々な批判が投げかけられてきた。興味深いことは、これらの批判の多くは、その動機に関しては、正当なものだったということである。すなわち反映論の批判者は、彼／彼女がコミットしたマルクス主義者であればあるほど、哲学のスターリン主義的な枠組みへの批判の一環として、反映論を批判していたということだ。反映論批判を通してのスターリン主義批判、スターリン主義批判という動機そのものは、完全に正しい。確かに旧ソ連東欧の官許マルクス主義哲学者たちに代表される新旧スターリン主義者たちの唱導した認識論は反映論だった。その限りでは反映論批判はスターリン主義批判の役目を——哲学の分野ではあるいはむしろ"主要に"——果たしたといえる。しかしながら、だからといって、スターリン主義批判とともに、反映

論そのものの放棄を帰結するのは、拙速である。

　なるほどスターリン主義的に硬直して一面化された認識論に対して、マルクス主義本来の、現代諸科学との対話の中で常に自己の認識を深化させていくことに腐心する柔軟で、認識を《宇宙の中にある我》と、《我と対峙する汝》の如く、現実の歴史的で具体的な生活過程とは独立に、単に普遍的で抽象的な主体－客体関係を超歴史的な枠組みの中でのみ考察するのではなく[1]社会諸科学との常なる緊張において、社会的存在者としての人間独自の次元としての認識を追及するという意味で全面的な、そのような認識論を対置すべきと主張することは、全く正当な行為である。しかしこうした行為がスターリン主義的反映論に代えて、反映論ではないマルクス主義的認識論を定礎すべきだという形式で行なわれるとすれば、この行為は所期の目的に到達しないであろう。スターリン主義的に硬直して一面的になってしまった反映論に代えるべきは、柔軟で全面的な形に発展させられた反映論であるべきなのだ。

　スターリン主義批判という正しい動機と、反映論批判という正しくない方法の不幸な結合は、非常に広く見られた傾向だった。例えば、戦後世界のマルクス主義思潮の中で、哲学の分野において最も重要な貢献をした旧ユーゴスラヴィアの『プラクシス』グループの哲学者たちにも、誠に残念な事ながら、こうした傾向が見て取れる。この学派の代表者の一人ガーヨ・ペトロヴィチは、既に1950年1月という非常に早い時点で、ソ連の代表的哲学者の一人であるローゼンターリへの批判という形で、スターリン主義批判を展開していた。これはペトロヴィチ自身が自負するように、哲学におけるスターリンおよびスターリン主義へのユーゴスラヴィアの最初の大規模な批判である（Petrović 1967: 6．ペトロヴィッチ 1970: 4）のみならず、社会民主主義者の諸々の批判やサルトルの『唯物論と革命』などのマルクス主義外部での先駆的な試みを別とすれば、マルクス主義内部での最初の大規模なスターリン主義批判といってよい[2]。

　「弁証法的唯物論とマルクスの哲学」という論文でペトロヴィチは、弁証法的唯物論とはエンゲルスによって創始されプレハーノフやレーニンへと受け継がれて行った哲学であり、これはマルクス本来の哲学である実践の哲学

とは排他的に対立すると前提する。そしてこの前提の上に彼は次のように反映論を批判する。

> 反映論が弁証法的唯物論に属しているのは、単にそれがエンゲルスとレーニンによって支持されたからというだけではなく、またそれが意識に対する唯物論的テーゼの最も適切な補足であるように見えるからでもある。だが反映論は、一方では精神に対する物質の第一次性という理論には良く適合しているが、しかし他方、人間は実践的な存在者であるというマルクスの見解には適合しないのである。もしも人間が実際に自由で創造的な存在者であるとすれば、一体どうして人間の認識活動がたんなる現実の反映でありうるのだろうか？反映論は、マルクスの人間概念に明白に矛盾している。さらに重要なことは、反映論は意識の諸現象、認識、真理などを十分に説明することができないということである（Petrović 1967: 63. ペトロヴィッチ 1970: 84)。

同じ本に集録された「真理と反映」では、自らの反映論批判を次のように補足している。

> 反映論を救済するために、あるマルクス主義者は、反映とは創造的な行為であると主張してきた。しかしながら、「反映」という用語は物理学に起源を持っている。それは、「音、光、熱などが面によって投げ返されること」を意味している。odras（refrextion, 反射、反映）は、sraz（collison, 衝突）の必然的で正確に予見可能な結果である。それについてはなにも創造的なものなどは存在しないのである[3]。

ペトロヴィチのように反映論を全面的に否定して行こうとする傾向が『プラクシス』派の中で主流を形成していたように思われるが、他方で、限定的にではあっても、反映論を擁護して行こうとした傾向も、『プラクシス』派内には存在した。ペトロヴィチと並ぶ『プラクシス』派の代表者であるミハ

イロ・マルコヴィチは、実はそのような一人である。確かに彼は次のように反映概念に対して批判を加えている。

「反映」の概念はマルクス主義の能動的な哲学的な考え方を特徴づけるものではまったくない。その概念は、人間の認識の能動的契機に、われわれが真であると語る多くの人間的創造物のもつ記号的な性格に、てんで注意を払っていない[4]。

真理を「反映」という概念によってそのように規定することは、「真理」という概念の範囲を定め真なものを真でないものから分離する可能性を与えないほど、不十分なものでしかない[5]。

一読した限りではコプニンがそう見なしたように、マルコヴィチがペトロヴィチ同様に、反映論を全面的に退けるべきだと主張しているように見えるのは無理からぬことだろう。しかしマルコヴィチは、「自然ならびに一般に物質的世界は、人類の発生以前に存在したのであり、そして、われわれの意識から独立して存在している」(マルコヴィチ 1970: 41)と述べて、反映論の前提である意識から独立した客観的実在の承認という唯物論の原則を堅持している。従ってマルコヴィチの反映論批判は、反映論そのものへの批判というよりも、反映概念に潜む問題点をあぶり出して、反映概念の不当な拡張による混乱を防ぎ、反映論をその本来の位置に収める試みと評価されなければならないと思う。それは不当に歪曲された「反映」概念への批判であって、反映論そのものと、その根底にある認識に対する唯物論的アプローチそのものへの批判は含意していない。

もしも概念一般が(定義上)「対象の本質の反映」であるのならば、そのことは、十全ではない、空想的、神話的等々の、概念にも妥当しなければならない。しかしながら、そのさいに不明瞭なのは、一体どのような意味で真ではない判断や空想的概念を現実の反映だといわなければならない

第7章　反映論の意義

のか、ということである。どんな犠牲をはらっても反映論にくみしたいと思っている人々は、思考のこのような産物が、個々の階級の利害、個々人の社会的地位等々を「反映している」と主張している。明らかにここでは、二つの概念、つまり反映と表現が混同されている（マルコヴィチ 1970: 27）。

ここで言われていることは反映概念を、レーニンが示唆した[6]ように、反映を物質の普遍的機能を示す概念として解釈し、それをあたかも相互作用（寺沢 1984: 20-21）や運動[7]といった物質の基本的存在構造を指示する概念として存在論的に解釈するところから来る種々のアポリアに注意を促しているのではないかと思われるのである。ゆえに、「このカテゴリーは、基本的なものではなく、また基本的な認識論的カテゴリーの一つでもない」（マルコヴィチ 1970: 50）と述べたからといって、ここでマルコヴィチは反映論的思考の放棄を意図しているのではない。むしろ彼によると、唯物論的なマルクス主義の認識論は、マルクスが具体的な歴史状況にある諸個人の実践を全ての議論の出発点に据えたように、実践概念を中核に据えながら、自然存在としての人間的主体が同じく自然存在としての客体（ここに唯物論的理解がある）に実践的に関わって行く過程として捉えられる。そして彼によると、認識の領域を制限[8]した上で、「われわれの認識が、われわれの実践的活動を効果的に、われわれが実際に期待している成果を獲得するように、定位する」（マルコヴィチ 1970: 50）という問題設定を行う限りでは、反映論は積極的な意味を持ちうるのである。

われわれの知識がわれわれに正確な予言ならびに実り豊かな実践を可能にさせたという事実は、このわれわれの知識が所与の場合に実在的世界の客観の諸関係や諸性質の十全な反映であったのだと考えることによって、もっとも合理的に説明される、と。したがって、この意味でわれわれは、アポステリオリに、すべての真なる知識は現実の十全な反映であるという見解を持ちうるのである（マルコヴィチ 1970: 50-51）。

このようにマルコヴィチは、確固としたスターリン主義批判者であるにもかかわらず反映論を擁護する。しかしその擁護は、かつてのスターリン主義者のような全面的な受容ではなく、批判的な留保を付けながらのものであった。我々はこのようなマルコヴィチのスタンスを一つの模範として、反映論への批判的ではあるがその生けるものの積極的な受容という態度を確立しなければならないだろう。そこで以下に、ごく断片的ではあるが、様々な留保を付けるとしてもなお、マルクス主義が唯物論である限り、その認識論は反映論でなければならないということを示唆したいと思う。

2．反映論と「哲学の根本問題」

マルクス主義の認識論を、いかなる留保をつけようとも反映論として理解しなければならないのは、マルクス主義が唯物論だからである。唯物論とは何か？我々はこの問に明確な答えを与えるものこそ、いわゆる「哲学の根本問題」に関する議論だと考えている。ただし、はっきりさせておきたいのは、「哲学の根本問題」は、なるほどゆるがせにできない根本的な問題ではあるけれども、それこそが哲学最高の問題であるというのは過大評価だということだ。またかつての一部の教条主義的な哲学教科書に見られたように、《唯物論＝進歩的》⇔《観念論＝反動的》という一面的に単純化された図式で哲学史を裁断することに如実に示される、まるで哲学には唯物論か観念論かという問題しかないような議論を正当化する根拠として「哲学の根本問題」が云々されるとすれば、これは問題の歪曲である。

哲学史は、精神が先か物質が先かという問題を非常に古くから根本的な問題の一つに措定してきたが、これだけが哲学の根本問題でもなければ、これこそが哲学の全性格を適切に規定するための最も根源的な問題設定でもない。むしろ哲学とは、次のようなものとしてその根本的な性格が規定できるものである。

哲学は、人間が生きている世界ならびにかれの活動の原則的な諸目標につ

いての人間の総体的な、理性的な、批判的な意識である（マルコヴィチ 1970: 3）。

　もしこうした規定が適切であるとすれば、哲学とは人間と彼を取り巻く世界との関係の問題としてその根本的で全体的な性格が規定できるようなものなのである。
　ところが、こう言ったからといって、精神と物質の関係という「哲学の根本問題」が何か二義的な議論として背景に退くというわけではない。むしろ反対に、人間と彼の属する世界との関係の問題を適切に設定し、問題の解決を誤った方向に導かないためにも、「哲学の根本問題」を明確に回答しておくことは、決定的な重要性を持っているのである。なぜなら、人間と世界の関係を唯物論的な観点から考察するのと、観念論的な観点から考察するのとでは、具体的に導き出される様々な回答も、根本的に性格が異なるものになるはずだからである。唯物論者として我々は、問題を唯物論の立場から考察しなければならないと考えるし、観念論の立場からの考察では、満足のゆく回答が引き出されないだろうと考える。要するに我々は、精神が先か物質が先かという問題は、まさにその回答如何によって哲学のその根本性格が観念論であるか唯物論であるかを規定するような問題として——それだけが哲学の問題ではないが、しかしやはり哲学の一つの根本的に重要な問題として——考えるのである。結局、ある哲学の性格を観念論的であるか唯物論的であるかと適切に規定するための最適なメルクマールとして、「哲学の根本問題」を考えて行こうということである。
　こうした観点から、改めてエンゲルスのテキストを見てみたい。

全ての、特に近代哲学の、大きな根本問題は、思考と存在とはどういう関係にあるかという問題である。非常に古い時代から……人々は、この魂と外的世界との関係についていろいろ思い巡らさずにはいられなかった。……自然の諸力の擬人化によって最初の神々が生じた。この神々は、諸宗教がさらに発達していく内に、ますます超世界的な形態を取るようになる。

ついには、精神が発達していくにつれて自然に発達していく抽象作用の過程、むしろ蒸留過程と言いたいような過程を通じて、多かれ少なかれ制限されており、かつたがいに制限しあっている神々から、一神教的諸宗教の唯一神という表象が、人間の頭に生じたのである。思考と存在との、精神と自然との関係という問題、哲学最高のこの問題は、こういうわけで、全ての宗教に劣らず、人類の野蛮時代の無知蒙昧な観念の内に根をもっている。しかし、この問題は、ヨーロッパ人がキリスト教的中世の長い冬眠から目覚めた後に初めて十分に明確な形で提出され、完全な意義を獲得できるようになったのである。……この問題にどう答えたかに応じて、哲学者たちは二つの大きな陣営に分裂した。自然に対する精神の根源性を主張し、従って結局は何かの種類の世界創造を認めた人々は……観念論の陣営を形作った。自然を根源的なものとみなした他の人々は、唯物論の様々な学派に属する。観念論と唯物論という二つの表現には、元々これ以外の意味はない（Engels 1962: 274-275. エンゲルス 1972: 24-26）。

　余りにも長くなってしまうので、引用の省略部分やその後に続く部分を引用できないのが残念なほど、エンゲルスの文章は生気に豊み、興味深い内容を含んでいる。確かに、様々な問題はある。唯物論か観念論かという問題が哲学全体の最高の問題だというのは、先に述べたように誇張であるし、宗教の生成や古代人や未開人の精神構造に対する認識、中世社会の評価などは、今日の宗教学、文化人類学、歴史学の水準からすれば、明らかに一面的であり、明確な誤謬である部分も多い。しかし、彼の唯物論と観念論の本質的な特徴の把握、唯物論と観念論の闘争史としての西洋哲学史の把握などは、かなり正確な哲学史理解に裏打ちされている秀逸な議論だといえる。
　哲学史を唯物論と観念論の闘争史だとみるエンゲルスのアイデアの直接の源泉は、『フォイエルバッハ論』の直接的な論評対象であるシュタルケの『ルートヴィヒ・フォイエルバッハ』であるとする研究も現われて来ている（田畑 1995）が、むしろヘーゲルの『哲学史講義』の中の近代哲学への序論に典拠が求められるだろう（牧野 1995a: 125-126）。ヘーゲルは次のように近代哲

学の根本的な問題意識を位置付けている。

> 近代哲学は、古代哲学が到達した原理、現実的自己意識の立場から出発する。……それは中世の立場、思考されたものと存在する宇宙との区別を対立へともたらし、この対立の解決に専念する。……近代哲学の原理はだから不偏不党の思考ではなく、思考と自然との対立を自身の前に持っている。精神と自然、思考と存在は理念の二つの無限な側面である。理念は、それらの側面が対自的にその抽象性と全体性において捉えられるときに、初めて真実に現われうる。……この対立は不偏不党のもの、すなわち、それらの対立の意識とともにあるものではなく、思考によって克服されるべきものであり、このことはこの統一を概念的に把握することを謂う。これが哲学的意識一般の立場であるが、——しかしこの統一をもたらし、思考し、概念的に把握するための道は二通りある。この時代の方向は二つに分かれている。経験が第一の方向であり、思考から、内的なものから出発する哲学が第二の方向である。哲学はかくして、実在論哲学と観念論哲学という対立の解決の二つの主要形式に分裂する（Hegel 1971: 65-67）。

ここではエンゲルスと異なりヘーゲルが経験論に基づく実在論と唯物論を混同しているようにも読めるが、ヘーゲルは別のところで経験論の原理の徹底が「唯物論」をもたらしたと述べている[9]のであるから、ここでヘーゲルが述べていることは、そのままエンゲルスの言う唯物論と観念論の対立と同趣の哲学史理解だといえる。

さらに、古代から唯物論と観念論の対立が一つの大きなメルクマールであったというエンゲルスの哲学史の理解が正確であるのは、当の古代人自身の証言からもわかる。プラトンは後期著作『ソピステス』で、エレアからの客人の口を借りて、断固として唯物論を拒否し、自身の観念論を擁護している。

エレアからの客人 まことに彼らの間では、実在についての相互の論争のために、いわば神々と巨人族との戦いにも比すべきものが行われているよ

うに思われる。
テアイテトス どのようにですか？
エレアからの客人 一方の側の人たちは、すべてのものを、天上の目に見えない世界からこの地上へと、引きずりおろそうとする。文字通り岩々や木々を両手で抱き抱えながらね。というのは、この人たちは、すべてのそのような事物をしっかりとつかまえながら、何らかの手ごたえと手触りを与えるもの、ただそのようなものだけがあるのだと、強硬に主張しているのだから。つまり彼らの規定によれば、物体と実在とは同じものであって、もし彼ら以外の誰かが、物体性をもたないような何らかのものがあることを主張しようものなら、彼らは頭から軽蔑して、もはやその他のことにはいっさい耳を貸そうとはしないのだ。
テアイテトス まったくのところ、あまたのおっしゃったのは、恐ろしい人たちですね。というのは、この私もこれまでに、たくさんのそういった人たちに、出くわしたことがありますので。
エレアからの客人 そう、だからこそ、彼らを相手に論争する人たちは、きわめて用心深い態度で、どこか上方高く目に見えない世界を拠点として身を守ろうとするのだ、真の実在とは、思惟によってとらえられる非物体的な或る種の〈形相〉であることを、何としてでも認めさせようとがんばりながらね。そして、先の人たちが奉じるもろもろの物体、彼ら反対派が真実在と説くところのものを、議論のなかでばらばらに粉砕して、それは実在ではなく、動きつつある成り行き（生成）の過程にすぎぬもの、と呼んでいる。両陣営の間には、こうした論点をめぐって果てしない闘いが、テアイテトス、つねにたたかわれてきているのだ（プラトン 1976: 94-95）。

プラトンの代弁者がエレア人にされていることから明らかなように、ここで巨人族に擬されている「大地の友」たちは、ミレトス派に始まりヘラクレイトスをへて、デモクリトスにおいて完成させられた、万物のアルケーを運動する物質的な究極原理とみなした古代唯物論の伝統に属する哲学者達であり、オリュンポスの神々に擬されている「形相の友」たちは、ギリシア本土

を挟んでイオニア地方とは対岸の地、マグナ・グラエキアで展開された哲学の伝統、「我々は、あるとともにあらぬのである」と、万物の根底にある弁証法的運動を認めたヘラクレイトスに対して、「ありかつあらぬというのは、死すべきもののドクサである」と、運動は真実在ではなく仮象に過ぎないとした、パルメニデスに代表されるエレア派の伝統を継承すると自負するプラトン自身に代表される古代観念論の哲学者達であることは明らかである。このようなプラトンの哲学史の把握は、ディオゲネス・ラエルティオスにそのまま踏襲され、より明確にされた。

> 哲学（知恵の愛）については、その起源は二つあった。一つは、アナクシマンドロスから始まるものであり、他は、ピュタゴラスからのものである。前者はタレスから教えを受けたし、ピュタゴラスのほうはペレキュデスがこれを指導したのである。そして一方はイオニア学派と呼ばれたが、それは、タレスがミレトスの人であって、それゆえにイオニア人だったからであり、また彼がアナクシマンドロスを教えたからである。もう一方はピュタゴラスから始まり、イタリア学派と呼ばれたが、それはピュタゴラスが主としてイタリアの地で哲学の研究を行ったからである（ディオゲネス・ラエルティオス 1984: 21）。

そして、このように、ミレトス派にその遠源を持つ唯物論の認識論が、必然的に反映論であらざるをえないことは、古代唯物論の完成者であるデモクリトスの認識論が、その思考枠組みからすれば明らかに反映論と呼べるものだったことからも明らかである。

デモクリトスにとって真実在とはアトムとケノン（空虚）でしかない。従って認識における一切の事象は、全てアトムの作用でしかない。彼の真性断片には次のようなものがある。

> ノモスにおいて甘さ、ノモスにおいては辛さ、ノモスにおいては温かさ、ノモスにおいては冷たさ、ノモスにおいては色。しかし真実にはアトムと

ケノン (B125)。

　この断片がノモスとピュシスという重要な対概念の貴重な実例であるということをここで詳論することはできないが、このような存在論に基づいてデモクリトスは、認識をそれ自身がアトムによってなるエイドーラ (剝離像) が、やはり同じくアトムよりなる人間身体に働きかけるときに成立すると説明している。すなわち、認識とは、主体の外に客観的に実在する客体のエイドーラを通した主体への反映なのである。ここでは、素朴な形ではあるが、事実認識の客体は主体から独立した客観的実在であるという唯物論的認識論の原則が確立されていたと見てもよいだろう[10]。言わばデモクリトスは、「物が視神系に与える光の印象は、視神系そのものの主観的刺激としては現われないで、目の外部にある物の対象的形式として現われる。……しかし、視覚の場合には、外的対象である一つの物から、一つの別の物である目に、現実に光が投げかけられる。それは、物理的な物と物との間の一つの物理的な関係である」(Marx 1991: 71-72) というマルクスの認識論を、素朴な形であっても先取りしていたのである。無論古代の認識論と、現代の唯物論が全く同じだというのではない。そこには違いもある。それにもかかわらず、事実認識の客体は経験を通さずして認識されることはないものの、認識の客体そのものは経験から独立した、経験の外にある客観的実在であることを力強く宣言したところに、デモクリトスの認識論が永遠に唯物論的認識論の模範例たりうる理由がある[11]。

3．唯物論と経験論の異同

　唯物論の認識論である反映論においては、認識される対象は認識する主体が何らかの形で経験しない限りは、あるいは何らかの形で経験可能ではない限りは、認識の対象たりえないという点で、経験論と前提を共有している。しかし、唯物論と経験論とは同じではない。唯物論は、世界は経験されようがされまいが、具体的で現実的で豊かな実在として確固として存在している

という確信を前提にする。我々が認識した世界が真に豊かな世界なのではなくて、我々の外にある世界こそが真実に豊かなのである。我々はまさにその豊かな世界に一歩一歩近づくためにたゆまず努力するのである。レーニンが何度も強調しているように、真理が絶対的なものとしてあるからこそ、我々は当面の認識は相対的なものでありながらも、原理的には真理を把握することができるのであり、相対的な真理はたゆまず絶対的真理に近づくことによってその認識内容の豊かさを増大させていくのである。なぜなら唯物論は、経験の外にある客観的実在の世界そのものこそが、汲めども汲つくしきれぬ豊かさをたたえた世界であって、その世界へのアクセスを増やす程度に比例して人間の認識が豊かになっていくと考えるからである。

　唯物論は経験を最大限重視するが、経験そのものには真理の根拠を求めない。経験は重要ではあるが真理の根拠とはなり得ない。こうした命題の妥当性は、ごく簡単な例によっても分かる。例えば、テーブル上に二杯のコーヒーが入れてあるとしよう。これらは全く同じ豆を使い、同じ方法で挽き、同じ水を使って、全く同じ濃度で入れてある。どんな優秀なテイスターも両者の違いを見分けられないと仮定しよう。この二杯のコーヒーの片方に、オウム真理教事件で有名になったVXガスのような毒物を混入したとする。この毒物は、それ自体無味無臭であり、しかも致死量は非常に僅かにして、極少量の致死量が片方のコーヒーに混入されているとしよう。

　この毒物の量は余にも少なく、舌を初めとした人間の受容器官では絶対に感知できないものである。しかし、毒物を入れた結果二杯のコーヒーは、一方はただの美味しいコーヒーではあるが、他方は全く同じ味がするのだから当然同じように美味しいものの、飲む者に確実な死をもたらす毒物である。もし感覚や知覚などの自らの経験こそが真理の基準ならば、我が経験論者は自らの五感に基づいて、毒入りコーヒーを避けなければならない。自らの経験に基づいて毒物を避け、コーヒーという真理に到達しなければならない。経験論者によれば、対象が根本的に違うものならば、その対象は主体に何らかの違った知覚をもたらすはずである。しかし二杯のコーヒーは当初は、経験論者に全く同じ知覚しか与えない。それらは全く同じ味がするのは勿論、

香も色も全て同じだからである。事情を知らない哀れな経験論者は、どちらか一方を、ただのコーヒーだと思って飲み干すだろう。もし運が悪ければ、彼は間もなくこの世を去ることになる。もし彼が彼の経験に基づいて異常を察知し、直ちに毒入りコーヒーを吐き出して応急手当をすれば、あるいは彼は助かるかもしれない。しかしこうした可能性は、第六感などといった、神秘的な用語を持ち出さない限りは、絶対にありえない。なぜなら人類のテクノロジーの皮肉な結晶である毒物は、如何なる五感にも察知されない高性能なものだからである。

　こうした例え話から分かることは、毒入りのコーヒーは、それを飲む主体の経験とは一切関係なしに、それ自体で毒入りコーヒーという客観的実在だとしなければならないということである。つまり、我々はそれを直接的に経験することによって知るのではなくて、それを適切に記述することによって知るのである。毒入りのコーヒーという真実を知ることは、誰かが毒を入れたという事実を知ることによってしか可能ではない。その事実を直接見たり聞いたりして経験したか、誰かから聞いて間接的に知ったかは、この場合どちらでもいい。そうしたことによっては、毒入りコーヒーという事実そのものは変化しないからである。

　とすると、我々が対象の真実を知るということは、対象の本質を直接的知覚を通して直観したりすることでもなければ、ましてや知覚に現われる所与をまるごと事実として受け入れることでもない。真理とは主観の意識内容に属する問題ではなくて、むしろ対象を指示する命題の性質である。事実に対応する命題もしくは陳述が真理なのである。つまり、「物事がかくかくしかじか（things are such-and-such）であり、そしてある陳述がそれらはそうなっている（that's the way they are）時には、その陳述は真である。あるいは、あなたが正しいのは、必ずしもあなたがそう考えたからではなく、あなたのいう通りならば、世界は正しいのである」(Dunham 1953: 185. ダンハム 1959: 67-68)。この場合、ある陳述が真であるための条件は三つであり、それはその陳述と空間、時間の中にある状況への指示、その状況自体である。その上で、「その状況が存在している時、それを指示する陳述は真である。

そして状況が存在していない時、それを存在しているものとして指示する陳述は偽である」(Dunham 1953: 185. ダンハム 1959: 67)。

こうした議論は、余りにも当り前でありふれたものかもしれない。しかしこのような見解を取ることこそが、唯物論と経験論を混同して、反唯物論的な諸帰結を導かないための防波堤を築くことなのである。このような真理論が強調することは、レーニンが常に強調していた「真理の非人格性」である。そしてこの真理の非人格性こそが唯物論的認識論である反映論のアレテーである。真理の非人格性の承認は、人間生活にとって最適な政治形態である民主主義の認識論的基礎を提供するからである。しかし、今日ではむしろ、反映論こそが民主主義の敵であるという論調が跡を絶たない。そこで次に、ごく手短で不十分ではあるが、民主主義と反映論の関係について考えてみることにしたい。

4．反映論と民主主義

ある論者は1989年の時点で「反映論の民主主義的性格」などを無邪気に語る「マルクス主義哲学者」が我が国にいることに驚いている[12]。しかし先に確認したように、マルクス主義が唯物論であり、唯物論という存在論的立場は自ずと反映論という認識論的立場に帰結せざるを得ないのであるから、反映論の民主主義的性格について語ることは、ある歴史の時点で有効だったり無効になってしまうような時事的な問題ではなく、マルクス主義と民主主義との本質的な親近性を主張したいのならば、常になされなければならない普遍的な課題である。

ともあれ、反映論と民主主義を結び付けることを小馬鹿にするような態度の延長線上に、「スターリン主義哲学＝反映論」（谷口 1987: 15）といった短絡的な図式や、「反映論哲学はスターリンとスターリン主義たちによって悪用されたのではなく、スターリン主義の思想に完全に照応する理論体系なのである」（橋本 1990: 41）という極論があるのだろう。確かに反映論がスターリン主義の根本原理だというのならば、民主主義を圧殺したスターリン主義

の根本原理である反映論が、「スターリン主義体制下の粛正と虐殺のイデオロギー論的根拠」(橋本 1990: 37) になったという暴論も、形式論理的には成り立つのだろう。

　なるほどスターリンが反映論を強調していたことは事実である。しかしそれは、スターリンより前にレーニンが強調していたからであって、スターリン主義といえど、歪曲された変種であるといえども、それがマルクス主義であり、マルクス主義は唯物論であることには変わりないからである。なるほどスターリン主義の巨悪の根源をスターリンの哲学にまで遡ってえぐり出していこうという方向は正しい。しかしながらこの場合、彼がマルクス以来の真理を不器用にパラフレーズしたに過ぎない部分と、はっきりと歪曲したという部分を冷静に分析しなければならないのであって、スターリンが反映論を擁護したこと自体は、マルクス主義が唯物論である限りは正しいのである。やはり問題は、反映論批判者の意図とは裏腹に、スターリンによる反映論の歪曲という形で立てられなければならないのである。こうした方向での立論が議論を建設的な方向に向かわせると思われる。

　このような建設的な方向での反映論批判としてカルブィスィツキーの議論がある。カルブィスィツキーは一方で、芸術は現実の反映であるというドグマに対して、「『科学は現実の反映である』のような類似の定義はほとんど何もイデオロギー的役割をもっていない」(カルブィスィツキー 1991: 75) と述べて、反映概念そのものではなく、反映概念の美学の領域での反映概念の不当な拡大適用を問題にする。そして反映論の不当な適用による弊害を次のように告発している。

　　芸術に関してばかりではなく、人間の心理全体、人間のありかた、および
　　人間の全ての能動性をも、現存するものの「反映」とみなすこの見解は、
　　人間を宿命化し、人間の実存的関連体系をイデオロギー的な効用に還元す
　　る。人間自身の外部にある物質的実体の命令の単なる執行者としての人間
　　は、たしかに精神の重荷から解放されるが、ただちに新しい神話に従属さ
　　せられる。というのは、人間は物体という固い実存空間を押し付ける「自

然のなかへ」置かれてしまったのだから。人間はもはや「自然の前に」立っているのではない。というのは、人間は唯物論的形而上学風の規定のゆえに、いかなる批判的な社会意識を所有することも許されないからである。人間の存在に強制された二極性においては、この二極性が人間をかれの現実的で実在的な関連の場のもつあらゆる好ましくない諸力から保護するように求められており、人間は、結局のところ、主体と客体との間の緊張の上に成立する基本的に「二極的」に認識する実存さえ奪われている。人間のために用意されている客体は挑発として作用することはゆるされない。人間はただ、「きっぱりと認識されたもの」だけを反映すべきであり、批判的に反映すべきではないのである（カルブィスィッキー 1991: 15-16）。

反映論批判者は短絡的に、こうした議論から反映論は人間から批判的な思考能力を奪う貧困な議論だと決めつける。しかしカルブィスィッキーが上の文章に続けて、「たしかに、芸術は現実の模写と定義されるが、芸術が実際に自由に現実を模写することは許されない」（カルブィスィッキー 1991: 16）と述べていることを考えあわせると、問題になっているのは決して反映論一般ではなくて、不当に拡張された結果、イデオロギー的神話化の役割を担わされ、一面的な諸帰結を産出する貧弱な説明原理にまで堕落させられてしまった反映論なのである。

　従って、反映論批判者が、「弁証法的唯物論はマルクス＝レーニン主義党の世界観である」（スターリン 1968: 7）というスターリン主義哲学の命題を、真理を反映した党が人民に無理やりその真理を反映することを強制するイデオロギーの機能を果たしたというかどで批判し、ここに反映論の本質的な否定面を浮き彫りにするというようなことは、実は議論をあべこべにしているのである。確かに、ここで万人に遍く共有されるべき真理である世界観が、マルクス＝レーニン主義的《党》という特定の政治集団の専有物であるかのように規定されている点、このことが、真理を知らない無知蒙昧な大衆に対する、真理の体現者たる《党》による強権的な弾圧の正当化につながったのではないかという点はないがせにできない。しかしこうした抑圧は、反映論

の原理から来るものではなく、より立ち入って見るならばむしろ反対に、反映論の原則を踏みにじることから来るのである。そもそも真理を人々に反映させる、反映するように強制させるといった表現が、反映概念と矛盾している。反映論の、従って唯物論の認識論の最も重要な命題は真理の非人称性という命題である。ところが、真理を反映させるだの反映するよう強制させるだのといった表現は、真理の認識過程に人為的な力を不可欠のモメントとして介入させることにつながる。しかし真理が対象の反映であるということは、こうした人為的介入が不当であるということ、真理の内容は人為的に操作できないということを含意しているのだ。だから我々は次のようなダンハムのコメントに注意深く耳を傾けなければならない。

> ある真なる命題の絶対的な真理性、またはある偽なる命題の絶対的な虚偽性は何者も破壊することはできない。……真理は客観的で非人称的（impersonal）なものである。それだから、政府が変えたり、宣伝家たちがそれを政府が喜ぶように発明したりすることはできない。人々がどのくらいの数の真なる陳述を真なるものとして知ることになるかは、彼らの努力によって決まるだろう。彼らは科学を促進（cultivate）させることもできれば、神話を慈しむ（cherish）こともできるだろう。しかし、彼らは可能性として、真なる命題を偽にしたり、偽なる命題を真にしたりすることはできない。この点では彼らは無力である。そして彼らがそうであることは、最大の祝福なのである（Dunham 1953: 180-181. ダンハム 1959: 60-61）。

もし真理がこのようなものではなく、究極的には複数の主観の相互主観的一致や同意で決まるものだとしたら、真理は現実には、実際に権力を握っている人々の相互主観で決まることになるだろう。スターリン時代のソ連社会であるならば、具体的には真理は科学アカデミーやそれを指導する共産党によって決まることになるだろうし、最終的には党中央委員会のメンバーの相互主観によって決まるということになるだろう。そして言うまでもなく、中央委員会の最終決定権は、スターリンその人にあるわけだから、結局真理は

スターリンという唯一人の人間の主観によって決定されるということになるのだろう。

こうして事実上は、スターリンという唯一人の人間にのみ決定権のある《真理》を、真理というものの一般的イメージに適合するように偽装するために、真理は権力を握っている一握りの人間のものではなく、客観的実在の反映としてあまねく万人に開かれているのだと言っておくことはできる。しかし、こうした反映論に、その真理を無理やり信じ込ませるという人為的介入があらかじめインストールされている限り、それはそうした反映論が真実には反映論ではなく、偽装された反映論である証拠である。

このような反映論は確かに民主主義の敵である。そもそもそれは反映論ではないからである。真実の反映論は、真理の基準を主観に委ねることによって、真理を権力者の恣にする余地を与え、民主主義に代わる強権的政治の根拠となることは決してない。真実の反映論は、真理の客観性と非人称性を訴えることによって、真理の下に開かれた認識空間を作り出すことを要請する、民主主義の真の友である。

おわりに

このように、反映論は認識論におけるマルクス主義のスターリン主義的歪曲ではなくて、マルクス主義が唯物論であることからくる単なる論理的帰結に過ぎない。問題なのは、反映論そのものではなく、反映論を不当に拡大解釈して、本来この概念を用いて説明すべきではない事象にまで適用しようとすることである。

反映論はあくまで認識論であり、反映論は普通の哲学でいう真理の対応説の一つのあり方である。その限りで反映論は正しいのであり、スターリン主義批判の一環としてこれを捨て去ることは、産湯と一緒に赤子を流すに等しいのである。

註
（1）言うまでもないことだが、ここで私は主体－客体図式で認識を考えてはいけないと述べている訳ではなく、主体と客体の関係を超歴史的な"主体なるもの"と"客体なるもの"の関係として捉えてはならないと述べているだけである。実際にはむしろ認識する主体と、認識される客体を明確に区別することは認識論を唯物論の土台に据え付けておくためには必須の思考作業であって、もしもこうした主体と客体の関係を曖昧にしてしまうと、様々な観念論的歪曲が生じてくる。近代的主体－客体の二元論的図式を超克したと自称していた廣松渉の「物象化論」がその代表例である。認識する主体と認識される客体の区別を曖昧にすることは、実践論の場面においては変革されるべき社会の客観的情勢と、変革せんとする主観の意識との間にあるギャップを的確に処理する道を誤らせる。個々人の意識とは独立に厳に存在する物象化と、主観の側によるその反映である物象化された意識との区別を曖昧にすることで、物象化の意識次元での克服が直ちに物象化そのものの克服であるかのように描いて見せた廣松は、次のような真理論の持ち主だった。「体制内的には別の"正しい基準"が存在しないからこそ、もはや論理上理論闘争では決着がつくべくもなく、ゲヴァルトという非理論的な・実践的な"解決"法しかないわけである――言い換えれば、マルクスが別の正しい基準を提示して、両者の対立を理論的に裁決・調停することは不可能である」（廣松 1983: 136）。廣松にかかるとマルクスは、正義は強者の利益であると喝破したソフィストのトラシュマコス（プラトン『国家』第1章343c）の如き反道徳論者にされてしまう。こうした議論が、変革の客観的諸条件を無視して無媒介なテロリズムに活路を見い出そうとする一部勢力の非合理主義的暴力に何らかの免罪符を与るかも知れないということは、ないがしろにしてよい論点ではない。

（2）ペトロヴィチがこのような早い時期にスターリン主義批判が展開できた背景には、1948年におけるチトーとスターリンの路線対立がある。ユーゴの哲学会においては47年の時点まではむしろスターリン＝ミーチン流の硬直した哲学体系が主流を占めていた。ユーゴの独自路線の哲学的表現としてスターリン主義哲学に代わる、マルクス本来のマルクス主義哲学体系の構築が要請されたのである。これがユーゴスラヴィアの哲学者たちがマルクス主義哲学に独自な貢献をなしえた社会的前提条件であった（vgl. Petrović 1969）。しかしこれは『プラクシス』が、ソ連版官許哲学に対するユーゴ版官許哲学だったことを意味する訳ではない。「オリジナルなマルクスの思考」を追及し、マルクスの原像に基づく社会主義を提唱し続けた結果、『プラクシス』

誌は1975年にユーゴ当局により印刷を禁止され廃刊に追い込まれたのである（マルコヴィチ他　1987: 108）。
（3）(Petrović 1967: 197. ペトロヴィッチ 1970: 269)。こう述べることでペトロヴィチは、「人間の意識は、たんに客観的世界を反映するだけではなく、またそれを創造しもする」という『哲学ノート』のテーゼに対して、次のように注釈する。「不注意な読者には、このようにしてレーニンが創造的反映論を弁護しているかのように見えるかもしれない。実際に、彼が、人間の意識は単に世界を反映するだけではなく、またそれを創造しもする、と述べているとき、レーニンは、明らかに反映と創造を同一視しているのではなく、それらを区別し、さらにそれらを対照させてさえいるのである」(Petrović 1967: 197. ペトロヴィッチ 1970: 269)。このようなレーニンのテーゼの解釈は、我が国においても反映論批判の主要論拠として盛んに用いられていた。
（4）ミハイロ・マルコヴィチ「弁証法的人間主義的真理論の基礎」、『プラクシス』1965年第2号、179ページ。但し、（コプニン　1973: 121）より引用。
（5）マルコヴィチ、前掲論文、同ページ。コプニン、同前書、162-163ページ。
（6）「全物質は、その本質上感覚と同類の性質、すなわち反映するという性質を持っている、と推測することは論理的である」（レーニン　1975: 115）。
（7）（仲本　1993: 153）。故仲本氏は、反映概念を物質の普遍的機能にまで拡張することから来るアポリアを次のように率直に語っている。「認識は、もともと、客観的実在の、現実的世界の反映であった。とすると、私たちの認識内容はすべて真理であるといってよいはずである。ところが、周知のように誤謬というものがある。真理とは、マルクス主義哲学においては、客観的実在、現実的世界と一致した認識内容である、ということになる。たが、反映論からすれば、誤謬ですら客観的実在、現実的世界の反映でなければならない。だから、誤謬も、すくなくとも客観的根拠をもっているはずである」（仲本　1993: 158-159）。この難問に対して仲本氏は当該書では、様々な具体例を出すことで問題提起に代えるに留まっているが、結局最後まで明快な解答を見い出せなかったようである。
（8）「われわれすべての知識は、人間化された自然、すなわちわれわれが実践的にコントロールできる、われわれの（人間の）世界の、部分に関わっているのである」（マルコヴィチ　1970: 41）。すなわち、「マルクスが関心をもった唯一のもの、そしてかれが言明しうると考えた唯一のものは、人間と関係している自然であり、人間の実践的活動の先行条件としての、その活動の素材ならびに産物としての、自然である」（マルコヴィチ　1970: 45）。しかしこういった理解からは、実存的主義的なマルクス主義解釈者の多く

が強調したような、意識から独立した客観的実在の否認という帰結は導き出されない。「かれ［マルクス］のテキストのなかには、そこからつぎのような結論を引き出せるようなものは何も存在しない。すなわち、自然に人間の外部に存在しない、あるいは、自然は、それを体験する人間が存在しないところでは、運動やその法則性を欠いている、と。逆に、実践そのものは、その活動の客体が先在していることを、『自然的物質』が存在していることを、理論的にも実在的にも前提しているのである」(マルコヴィチ 1970: 45)。

(9) (Hegel 1970: 111)。ただし同じ箇所でヘーゲルは、次のようにはっきりと唯物論を批判している。「唯物論にとっては 物質そのものが真実に客観的なものである。物質はしかし、それ自身既に一つの抽象物であって、それは知覚されないものである。だから、物質が現存在するときそれは常に規定された、具体的なものであるのだから、物質は無いと言うことができるかもしれない」(Hegel 1970: 111)。

(10) 次のようなデモクリトス評価は示唆的である。すなわち、デモクリトスの理論の内には既に、「人間の知覚をこれの対象となる物体の映像とみなす、反映論の考え方の原形が見られるばかりか、知覚の限界と思考の役割、知覚から思考への伝達の仕組と過程、事物自身がそなえる第一次的諸性質と事物が人間の感官を刺激することによって感官の側に生ずる第二次性質との区別、そして同一の種類の原子の刺激に対して刺激を受ける側の知覚と印象が異なりうるという、人間の知覚の主観性の問題さえもが論じられていた」(奥谷 1992: 29)。

(11)「哲学の根本問題」に関して、次の文献が参考になった。(牧野 1995b)、第1章「精神と物質」。

(12) これは、中野徹三氏が牧野広義氏に対して驚いているのである。(中野 1990: 11)。

第八章　マルクスの分配的正義論

はじめに

　ある社会全体の富が、その社会の全員に均等に割り当てられた時に、全員が等しく貧困に陥ることのない水準以上に存在するにもかかわらず、富の偏在により貧困が生じているとすれば、その社会の富は適切に分配されていない。この際、そうした富の分配のあり方は、「正義に適っていない」と考えられる。

　許容されざる経済格差とは、全員に必要な量だけ配分可能な富が存在するにもかかわらず、不適切な分配によって不当に不利な状態に追いやられている一群の人々がいる状態である。これは分配における正義、すなわち「分配的正義」(distributive justice) が実現されていない状態である。つまり、格差問題の核心とは分配的正義の問題である[1]。

　本来の社会主義、すなわち資本主義の内的矛盾の止揚であるような社会とはそれ故、搾取する者とされる者に分断される資本主義においては原理的に不十分なものに留まらざるを得ない、正義に適った富の分配を可能にする社会であると規定することができるだろう。分配的正義の全面的な実現は、「分配的正義の完成としての分配的正義の止揚」である共産主義への過渡期社会である社会主義においてのみ可能である。ということは、資本主義と比べて正義に適った分配を実現しているかどうかが、その社会が社会主義であるかどうかの一つの指標になる[2]。

　こうしてみれば当然、これまでの社会主義思潮、取り分け他の思潮に対して自らの理論体系の科学性を誇りとする、科学的社会主義であるマルクス主義にあっては、分配的正義が来るべき未来社会をめぐる中心問題として議論

されてきたと思慮される。ところが実際は、「社会主義と分配的正義」という問題は、ごく一部の専門研究者の関心を引くに留まり、「マルクス主義の主要問題」の一つとして設定されるには程遠い有様だった。

　これはマルクス主義の古典家たち、誰よりもマルクス自身が、自らの理論に含まれる理論的可能性を示唆の形にのみ留めていたということが大きい。そのためマルクス以降のマルクス主義において、社会主義で目指されるべきは富の正義に適った分配であるという形で問題が設定されず、それどころかむしろ、分配など重要ではなく、正義に至っては、そもそも問題にすらならないという軽蔑的態度が支配的だったように思われる。

　しかし、分配の問題を軽視し、正義に関する問いには一瞥すらくれないという旧来の態度では、マルクス主義を現代に相応しい水準での科学的社会主義として展開することはできない。

　本稿では、マルクスが資本主義を、富を正しく分配できないシステムであるがために不正な社会であると価値判断していたことを明確にし、こうした社会全体に対する価値判断が、社会主義的オルタナティヴを構想する際の前提となるべきことを提起する。

1．マルクスにおける分配の問題

　分配的正義という概念は、文字通り「分配」と「正義」という概念が組み合わさった複合概念である。そのため、マルクスの分配的正義論を理解するためには、一方でマルクスにおける分配を、他方で正義の問題を考える必要がある。先ずはマルクスが分配をどう捉えていたかという論点である。

　マルクスは基本的に分配を経済学的カテゴリーとして、生産との関連の中に位置付けていたように思われる。マルクスによれば、生産には通常の意味の他に、生産から始まり消費に終わる生産のプロセス（過程）全体の意味がある。生産とは、生産に始まり、分配と交換を経て消費に行き着き、再び生産へと戻って行く循環過程であり、再生産過程としての生産過程である。このような再生産過程全体を意味する広義の生産概念は、物質的な生活過程で

ある経済そのものを意味するカテゴリーである。分配はこの意味で、経済活動のプロセスの一契機として、後に続く交換と消費のあり方を規定する要素として位置付けられる。

　しかし、マルクスの経済理論においては、分配は生産に従属する概念として捉えられていた。というのも、分配が後に続く交換と消費のあり方を規定するように、分配は先行する生産によって規定されるからであり、生産は再生産過程全体の概括的契機（übergreifendes Moment）として、生産→分配→交換→消費の四契機からなる円環構造の基本性格を与えるからである（Marx 1983: 34）。

　このようにマルクスが生産を重視した一因には、生産様式の歴史的可変性を否定して、生産を不変の自然的所与とした上で、分配を改善するのみで問題が解決できると楽観したブルジョア経済学への批判がある。マルクスからすれば、生産そのもののあり方を変えない限り、分配問題の真の解決はない。資本主義を変革しなければ、分配的正義は実現しないということである。

　では、マルクスの経済理論からは、分配はそれ自体として問題にならないのかといえば、そうではない。マルクスは生産の目的が消費であることを強調しているからである（Marx 1983: 27）。経済活動とはそもそも、個々人の生のあり方を目的とする。何が作られ配られるかということは、最終的には経済主体である個人がいかに財を消費するかということを目的としている。社会全体の富がいかに豊富にあろうとも、それが個々人のために用いられるのでなければ、意味を成さないのである。

　従って分配は、確かに生産によって規定されるけれども、生産された財が適切に消費されるための確かな筋道を与える役割を果たさなければならない。理想的な生産様式が実現すれば、生産された財は「自動的に」個々人の理想的な消費をもたらすと考えるのは、生産様式を変えずに分配様式のみを変えれば問題が解決すると思い込んでいたブルジョア経済学者同様の、過度の楽観主義だろう。

2．マルクスにおける正義の問題

　このように、マルクスは分配を生産に従属する契機としつつも、生産の目的を消費とすることによって、適切な消費を実現に向けての独自の役割を果たす要素として捉えていた。では正義の方は、マルクスはどう考えていたのであろうか。

　先ず、マルクスが倫理学者のように、正義の一般理論の構築を目指していたと考えることはできない。それどころか、正義それ自体に関する議論そのものが、彼の問題意識の埒外にあるといえるだろう。しかし、正義の問題は、マルクスの理論的営為の核心に関る。それは、彼の経済学が、経済現象の単なる説明ではなく、説明を通した批判を意図していたからであり、資本主義の本質を説明するだけではなく、その否定性を批判的に抉り出すことも目的としていたからである。だからマルクスにおける正義（justice）の問題は、彼が資本主義を批判したのは、それが正しくない（unjust）と考えていたからではないかという問題として、焦点化される。

　勿論マルクスは、資本主義を道徳的に非難だけすれば足りると考えた訳ではない。かつて若きマルクスは、「人間」が実現される社会こそ真の社会主義であるとの主張を行っていた「真正社会主義」者たちと論争していた。それは、若きマルクスの『独仏年誌』での立論が、彼らの主張と混同されるのを恐れてのことであった（田上 2000: 200-201）。同じように「人間が人間らしさを失っている」現実を批判するにしても、真正社会主義者は「人間にとって人間が最高の存在である」という、それ自体は正しい命題を、しかし単なるスローガンとして繰り返したに過ぎなかった。マルクスにとって重要なことは、それ自体としては適切な形式を無内容な Phrase（空語）に留めずに、豊かな内容で満たすことであった。人間が人間性を失っているという現状はどのようなものかを社会科学的な分析によって具体的に解き明かし、今失われている人間性を回復する方途を指し示すような歴史観を確立することが、マルクスにとっては重要であった。『資本論』に結実する経済理論と、社会科学

的分析のための前提的視座となる唯物論的な歴史観という内容によって、それ自体としては正しい形式を満たすことが必要だった。そのため、マルクスの正義論は、あくまで資本主義に対する具体的言及という文脈の中から、解釈によって析出されるものとなっている。ではマルクスは資本主義の正邪をどのように考えていたのであろうか。

マルクスの正義論が資本主義に対する価値判断の問題としてとして主題化されるということは、彼の正義論を考えるための前提として、マルクスが資本主義の本質をどう捉えていたかを確認する必要があるということである。すなわち、経済活動のどのような要素が、その経済秩序の基本性格を資本主義的なものとして規定するのかという論点である。我々の見るところ、それは「自由な労働者たちの生産手段からの分離」(Chattopadhyay 1994: 13. チャトパディヤイ 1999: 24) である。次のような文章が、マルクスの資本主義認識の核心を指し示す。

> 貨幣あるいは商品が現実に資本に転化する前に、第一の過程それ自体においてかくして貨幣や商品に初めから資本の性格を押し付けるのは、それらの貨幣としての性質でもなければ商品としての性質でもなく、また生活手段や生産手段として役立つというこれらの商品の素材的な使用価値でもなくて、むしろそれは、この貨幣やこの商品が、これらの生産手段や生活手段が、それらの所持者において人格化されている自立的な諸力として、一切の対象的な富を奪われている労働能力に立ち向かうということであり、つまり、労働の実現に不可欠な物的諸条件が労働者自身から疎外されていて、むしろ固有の意思と固有の魂とを与えられたフェティッシュとして現れるということであり、商品が人格の買い手を演じるということなのである (Marx 1988: 101-102)。

これによれば、資本とは対象的な富を奪われている労働者に対立しているような貨幣や商品であり、労働者に敵対している生活手段や生産手段である。そして、人格化された自立的な諸力が一切の対象的な富を奪われている労働

者に立ち向かうということは、労働者が「疎外されている」ということである。従って資本とは疎外された生活手段や生産手段であり、疎外された商品や貨幣である。こうして、「資本主義的生産関係は基本的に労働者と労働諸条件との分離の関係」(Chattopadhyay 1994: 13. チャトパディヤイ 1999: 25頁)である。そのため、資本主義においては労働の基本性格は疎外されたものになる。

> 労働の実現過程はそのまま労働の現実性剥奪過程でもある。労働は自己を客体的に措定するが、しかし労働は自己の客体性を、自己自身の非存在として、あるいは自己の非存在の——すなわち資本の——存在として、措定する (Marx 1982b: 2239)。

だからマルクスは、資本主義における「労働の実現過程」をはっきりと「労働の疎外過程」(Marx 1988: 85) だとしている。そしてマルクスによれば、この疎外過程の中で、労働者は資本家よりも「高い立場」にある (Marx 1988: 85-86)。というのは、「資本家はこの疎外過程に根差しこの疎外過程の中で絶対的な満足を見いだす。その間労働者はこの過程の犠牲として、初めからこの過程の中で、この過程に対して反逆的な関係に立っていて、この過程を隷属化の過程と感じている」(Marx 1988: 86) からである。労働者は労働の疎外過程を「隷属化の過程」として、「克服すべきもの」として感じているがために、「高い立場に立っている」ということである。何故高い立場にあるのかといえば、労働者は人間を隷属化する資本主義的労働過程の悪を悪として把握できるのに対して、資本家の方は自己欺瞞の内に現実から目を逸らしているという理由で、道徳的に高い立場に立っているということである。

ということは、資本主義的な「労働の疎外過程」は、克服されるべき「悪」であり、資本主義はそこにおいて労働が疎外されるが故に「正しくない」ということになる。だからマルクスは、この過程を「自由な人間的社会の物質的土台を陶冶することができる社会的労働の容赦ない生産諸力の創造を、多くのコストの上に強行するための必然的な通過点」(Marx 1988: 85) として

位置付けるのである。

　こうして、マルクスが資本主義を批判したのは、そこにおいて人間が疎外されているからであり、資本主義は人間を疎外するがために正しくない(unjust)社会であると価値判断していたと考えられるのである。

　そして、マルクスの正義論が単なる道徳的な非難でないのは、彼の正義論の核心を成す「労働の疎外」という概念が、資本主義に対する道徳的批判のために価値概念であるだけでなく、同時に資本主義に対する社会科学的分析の礎となる、資本主義の基本性格を規定する概念でもあるからである。

　このように、マルクスの資本主義批判の前提的視座となる労働疎外論は、資本主義の不正を告発するだけでなく、その不正の本質を明確にし、その不正を克服する方途を指し示す豊かな内容を持った正義論としても捉え返すことができる[3]。マルクスは一般的な倫理学理論としての正義論を展開していたとはいえないまでも、疎外論の枠組みの中で確かに正義に関する本質的な議論を行っていたといえるだろう[4]。

3．ロールズ正義論の意義と限界

　マルクスは資本主義を不正な社会だと考え、正義に適った富の分配にその不正を是正する方法を求めていた。従ってマルクスの立論は、市場経済を自生的秩序と見なすハイエクや、私的所有を根源的な権利である「権原」(entitlement)として絶対視するノージックに代表されるような、政府の再分配機能に否定的な新自由主義的イデオロギーとは鋭角的に対立する。そして現代地球環境問題は、生産力の野放図な拡大により環境破壊を加速させている新自由主義的経済秩序の持続不可能性を告げ知らせている。持続可能な未来のためには、生産力を持続可能な範囲内にコントロールしつつも、必要十分な地球上の富の総量が偏在しているために生じている貧困問題を解消できるような、国際的規模での分配的正義の実現が求められる。その意味で「物質的生産力にたいする人間の意識的な全世界的な管理のみが、生産力がますます自然と文化を破壊する力に変質していくのを阻止することができる」（マンデル 2000:

327) というマルクス主義の基本観点が、益々輝きを放ってゆくことは疑い得ない（田上 2001: 187）。

とはいえ、社会主義の立場とまでは言えないまでも、新自由主義のように市場と私的所有の物神崇拝に陥ることなく、分配的正義の重要性を訴える倫理学説が現在様々な形で提唱されている。その代表がジョン・ロールズの正義論であり、現代倫理学において正義を巡る議論は、ロールズを参照枠にして行われている感がある。

ロールズは不平等に関する正義の原理を次のように提起する。

社会的及び経済的不平等はそれぞれ、それらが(a)最も不遇な（advantage）人の最大の便益と、(b)公正な機会均等の条件下で全員に開かれた職務や地位に付随するものとして整えられる（Rawls 1971: 83）。

確かに不平等の存在そのものは容認されるものの、その不平等が各人の実質的な平等を奪わないように配慮されるべきだという倫理則である。このような原則を提起するロールズは間違いなく、不遇な生まれによって経済的弱者へと追い込まれざるを得ない人々を、単に「不運」だとして片付ける新自由主義的冷淡さの対極にある。予めフェアな競争から締め出されているような不遇な人々に、恵まれた人々と同じ結果責任を押し付ける非人間的な資本の論理に対して、ロールズの原則が積極的な意義を持つことは間違いない。しかし問題は、ロールズの提起した原則が、それが依拠する前提において本当に実現できるのかという点にある。

というのは、この原則はあくまで正義の「第二」原則であり、「各人は他者の同様な自由と両立する最も広範な基本的自由への平等な権利を持つべきである」(Rawls 1971: 60）という第一原則に反しない範囲での履行が許されるに過ぎないからだ。

問題は、「最も不遇な人の最大の便益」を満たすためには、大胆な所得の再分配や私的所有権の大幅な制限というような施策が必要になり、それが「最も広範な基本的自由」を侵害することにならないのかということにある。仮

に順番が逆で、第二原則の方が第一原則ならば、認められる自由は「最も不遇な人の最大の便益」を損なわない限りでの自由である。従って「自由」は、原理的に不平等を生み出さない範囲内に制限される。しかしロールズの場合はあくまで、最初に広範な自由を認めておいて、その枠内で不可避的に生ずる困難を除去するという論理構成になる。許されないのはアンフェアな競争であって、競争そのものではない。ロールズの理想に最も近い構想としてJ. E. ミードの「財産所有民主主義」(property-owning democracy) が紹介されている (Rawls 1971: 274) ように、予め認められる「広範な自由」に、私的所有権が含まれている公算は大である。

だから生産手段の私的所有を前提に、市場における自由な競争を推奨する資本主義的エートスも、競争が「フェア」である限りは「正義」として通用することになる。そのため第二原理において、経済的不平等は必ず存在するものとして前提されているのである。

しかし我々に必要なのは、経済的不平等自体を生み出さない社会ではないか。そのためには、私的所有権という「自由」は場合によっては制限されるという、「財産所有民主主義」の枠を超えた民主主義が要請されるのではないか。つまり、不遇な経済的弱者を生み出さないというロールズ的理想の実現のためには、たとえそれがフェアなものであっても、予め弱者を生み出さざるを得ないような競争の自由を容認するロールズ自身の思考の枠組みから、「分配的正義を実現する社会としての社会主義」というマルクス的問題設定へ飛躍することが必要ではないか[5]。ここにこそロールズを超えるマルクス主義的正義論の展望があるとは言えまいか。

4. イデオロギーとしての道徳と規範の相対性

マルクスにはロールズが展開したような体系的な正義論はないが、マルクスが資本主義を分析する際の前提的視座を成す疎外論には、正義論と言ってよい理論内容が含まれている。

ところで、正義は道徳の問題であり、道徳は周知のように『経済学批判』

「序言」(Vorwort) の「唯物史観の定式」において、イデオロギー的上部構造を構成する諸要素の一つに数え上げられている。ここから、道徳は上部構造として、その基本性格は土台によって決定され、あくまでその都度の生産様式に照応したイデオロギーとして歴史的特殊性を刻印されるのであって、時代を超えた普遍的な理論内容を持ち得ない、道徳とはあくまで「封建道徳」や「ブルジョア道徳」であり、道徳一般はありえないという思い込みが生じるのではないか。

この考えを突き詰めると、次のような認識に至る。

> 何が正当で正義であるかということの唯一の正しい規範は、現存する経済システムと首尾一貫しているかということである。どの生産様式も、それ固有の分配様式とそれ固有の平等の形式を持っていて、それを抜かした何か他の観点からの判断は無意味である (Tucker 1969: 46. タッカー 1971: 45)。

つまり、「ある生産様式の文脈においては正しい (just) 幾つかの制度は、別の生産様式の文脈においては不正 (unjust) であるだろう」(Wood 1985: 160) ように、マルクスいう「正義」はあくまで相対的なものであり、普遍的な価値規範ではあり得ないという認識である。

このような、マルクスを道徳的相対主義者に数え上げようとする見方はしかし、受け入れることはできない。道徳的相対主義には、致命的な欠陥があるからである[6]。

道徳的相対主義の落とし穴にはまることなく、正義に関する諸概念のような規範的概念が理論的有効性を持ち得るためには、それが普遍概念である必要がある。従って、道徳がイデオロギーであるといっても、それはあくまで歴史的状況に規定されることを指すまでであって、その理論内容が丸ごと全て土台によって決定されているとまで読み込むのは、不当な拡大解釈である。そもそも私的所有の絶対性を主張するような典型的なブルジョア道徳であっても、私的所有が人間の権原であるというように、普遍的な形式において主張されている。道徳というのが一般命題として表わされなければ理論として

成り立ち得ないこと自体は、ブルジョア道徳に取って代るべき「プロレタリア道徳」であろうとも変わりないのである。

では何故マルクス主義において道徳を相対主義的に考えるという謬見が広まっているかといえば、既に後期エンゲルスにおいて、マルクスが疎外の止揚という普遍的な規範から資本主義を否定的に評価したような思考スタイルからの離反が見られるからである。エンゲルスは若き日の諸著作ではマルクス同様に資本主義を普遍的な規範の観点から批判していたが、後にそうした立場を自己批判し放棄してしまった（田上 2000: 215-217）。『空想から科学へ』の著者として、後のマルクス主義に与えた影響力の巨大さのために、道徳の問題は「科学」の外側に弾き飛ばされてしまったのである。

しかし、道徳を歴史的文脈に規定されるという意味でのイデオロギーと見ることは正しくとも、イデオロギーは歴史に還元されるとまでするのは、過度の実証主義的一般化である。

確かに正義を超歴史的な形而上学的原理として主張することは、正義を道徳的イデオロギーとして捉えるマルクス主義的観点からの離反である。だが正義の問題は、その都度の土台に「規定」（全面「決定」ではなく）されるものでありつつも、その理論内容自体は普遍的な形式において主張される必要があるのである。

おわりに

こうしてマルクスには資本主義を不正な社会として価値判断する正義論があり、その不正は、社会の富が適切に分配されているかどうかという、分配的正義の問題と関ることが明確になった。そして分配には、生産に規定されつつも、生産の目的である消費を媒介する契機として、果たすべき独自の役割があることもまた、明らかになった。

ここから、資本主義の不正の源泉は確かにその生産様式にあるものの、生産のあり方が望ましいあり方——社会主義的生産様式——になれば自ずと正義が実現すると考えるのは、素朴に過ぎるという認識が帰結する。

従って、社会全体の富の不適切な分配に由来する経済格差もまた、生産のあり方が肯定的なものになれば自動的に解決するような問題ではなく、たとえその生産様式が望ましい社会主義的なものであっても、分配的正義の観点から再検討する必要がある[7]と考えられるのである[8]。

註
(1) 分配的正義は資本主義にあっては主として課税による再分配政策として問題になる。資本主義では必然的に市場競争によって生じる諸矛盾の事後的な調整に留まらざるを得ないため、分配的正義を全面的に実現することは原理上できない。正義に適った分配が制約を受けることなく施行されるためには、市場の完全な制御が必要であるが、完全に制御された市場が最早市場と言えるのか疑問である。少なくともそのような市場は、資本主義における通常の市場観念と合致はしないだろう。この問題は当然「市場社会主義は社会主義なのか」という根源的疑問を引き起こす。
(2) 資本主義においては社会的生産過程の主体は資本であり、労働過程の主体である直接的生産者は生産過程全体の中では客体に転化させられている。従って社会主義とは定義上資本主義とは反対に、労働過程の主体として本来社会的総生産関係全体の主体であるはずの労働者がその本来性を「取り戻す」ことができた社会である。労働者が総過程の主体であるということは、実際には個々の労働者が連合（アソシエート）して協議しながら社会的生産過程を管理するということである。つまり社会主義とは労働者自主管理社会である。労働者自主管理社会である社会主義において、資本主義以上の労働者間格差が認められるとは考えられない。社会主義では労働者が客体として資本にコントロールされるのではなく、主体として社会の基本方針を決定できるのであるから、労働者自身が総意として資本主義以上の格差を認めるのならば、社会主義は資本主義以上の格差社会になる。しかし、そのような格差を労働者が求めるはずもなく、また寄生者のいない社会で実際に極端な格差が温存できるとも思えない。従って、少なくとも理念としての社会主義においては、格差は資本主義よりもはるかに低減されているはずであり、深刻な格差のある社会主義というのは形容矛盾である。ただし以上はあくまで理念論であり、現実の社会主義に直ちに適用できる話ではない。とは言え、理念論には理想が現実に対して果たす役割、即ち現実を測定しより望ましい方向へと導く批判原理としての役割を果た

すことが期待できる。
（3）このように、マルクスの資本主義分析の中には、同時に資本主義の不正を糾弾する価値判断が含まれている。この暗黙の価値判断をテキスト解釈によって可視化し、規範理論として一般化することによって再構成されるのがマルクスの正義論である。「労働の疎外過程」である資本主義的労働過程において失われる労働者の人間性を『経済学・哲学草稿』の若きマルクスは、「類からの疎外」という議論によって明確にしようと努めていた。もし"マルクス主義正義論"という理論構築が可能だとすれば、それは若きマルクスの問題意識を継承し、人間性を疎外する諸悪の克服方法を提起する規範理論として再構成されるべきだろう。マルクス主義正義論からすれば、格差が何故悪いかといえば、格差は分配における正義を損なうことによって、諸個人が若きマルクスの言う「人間的な人間」としての自己を実現するためのリソースを得ることができず、そのために自己の人間性が疎外されるからだということになろう。こうして、格差問題の核心としての分配的正義論は、マルクスその人の理論に基く「マルクス主義正義論」としては、「人間性を疎外することのない分配とは何か」という形で再定式化される。無論貧困というのが人間性を疎外する最大の契機なのであるから、絶対的な貧困を生み出さない分配が要請されるのは言うまでもない。
（4）以上の議論は当然ながら、マルクスが疎外論者であるということを前提にしている。マルクスが疎外論者であることを論証したのが私の博士論文（田上 2000）であり、私自身はマルクスが疎外論であることは既に確認済みのことだと考えているが、念のため博士論文で展開した論拠の幾つかを簡単に紹介する。先ず、そもそも先に引用したように、『資本論』の準備草稿である『直接的生産過程の諸結果』に「労働の疎外過程」という表現があること自体、成熟したマルクスが疎外論的思考を放棄していない証拠である。同じように、『資本論』及びその準備草稿には随所に疎外論的な表現や論理展開が見られる。マルクスが若き日に抱いていた疎外論的思考を後になって放棄するという「疎外論超克説」が一般に、何らかの断絶が起こったと主張する『ドイツ・イデオロギー』においても、よく読むと、むしろそれ以前の著作との連続性が強調されていることが分かる。例えば『ドイツ・イデオロギー』の著者たちは、ドイツ・イデオローグに対置される自らの「唯物論的で批判的な見方」は、既に『独仏年誌』において「示唆されていた」と述べている。しかしそれにもかかわらず、確かに『ドイツ・イデオロギー』には一見して疎外論に否定的なように受け取れる表現がある。ところがその同じ『ドイツ・イデオロギー』にはシュティルナー批判の文脈で、

「疎外論の曲解」を問題にしている件がある。「曲解」を咎めるということは、「正解」を求めているのである。つまり、マルクスが批判しているのは疎外論そのものではなく、「曲解された」疎外論なのである。ということは、疎外論超克説の支持者たちは、マルクス自身の疎外論と、マルクスが批判しているドイツ・イデオローグらの曲解された疎外論の区別が出来ずに、両者を混同した上で、マルクス自身に「正解」を放棄させようとしているということである。しかし疎外論超克論者のような誤解は、既にマルクス自身が危惧していた。つまり、真正社会主義者のような空論家と自らを、類似した言葉を使っているという表面的な理由で混同されることへの恐れを、マルクスは感じていたということである。そのため『ドイツ・イデオロギー』では、一見して「疎外」や「類的存在」への哲学的思弁そのものを批判するかのような印象を与えることになっている。だが、マルクスが批判しているのは、哲学的な思考そのものではなく、まさに「思弁的」な、すなわち現実への回路が閉ざされた自己完結的な哲学への批判なのである。このような「混同されることの恐れ」を、マルクスは後年まで持ち続けたように思われる。そして、この「混同への恐れ」が、『資本論』とその準備草稿との「文章表現の違い」の源泉になっているのではないか。『経済学批判要綱』や『直接的生産過程の諸結果』のような準備草稿では、疎外及び疎外に関連する諸概念が頻出し、疎外論的思想が縦横に展開されている。ところが、『資本論』では、「よく探さないと分からない」「うっかりすると見過ごしてしまう」レベルにまで「トーンダウン」している。先ず確認しておきたいのは、トーンダウンしているとはいえ、確かに「存在している」ということである。『資本論』のマルクスは疎外論を放棄などしていないのである。とはいえ、もし『資本論』が『経済学批判要綱』と同じ文体だったら、そもそも「疎外論超克説」が提唱されることなどなかったであろう。では何故「草稿」では目立つ要素が完成稿では後退するのか。それは「人目」を気にする必要があるからである。たとえそこに込められた内容が異なるとも、哲学的な概念を多用することによって、思弁にふける観念論的なブルジョア学者と自らが混同されることを恐れたからではないか。ということは、マルクスの「本音」はむしろ草稿の方にあるといえる。マルクスの草稿研究の意義は、この点でも確認されるのではないだろうか。

(5) ロールズ理論の基本性格は、アリストテレスの『政治学』同様に、ある特定の社会体制の優位性を打ち出すというよりも、社会体制を所与のものとして前提し、どの体制にも適合するような正義の一般理論を提示しようとしたものだと考えられる。とはいえ、どのような経済体制であっても、個

第八章　マルクスの分配的正義論

人の自由を抑圧する政治体制は、正義に適った社会に相応しい諸価値の実現を妨げるため、認められない。専制君主がいるような社会では、正義は実現されないということである。ここから、ロールズは、特定の社会体制の優位性を排他的に主張することはないが、正義の原理をよりよく実現できる「条件」として、望ましい社会体制のモデルを提起している。それはどうやら本文でも述べたように「民主的社会主義」が次善で、「財産所有民主主義」が最善というもののようである。前者ではなく後者をより望ましい体制だとしているのは、生産手段の私的所有を認めないことが、諸個人の基本的価値を制約するという理由からのようだ。確かに、社会主義おいては個人や私的集団が資本家として生産手段を所有するという「自由」は認められない。社会主義においては、共同体の価値の前に諸個人の価値は相対化される。ということは、仮にロールズが"リベラルな"「民主的社会主義」を認めたとしても、その「社会主義」が共同体の価値よりも諸個人の価値を優先している場合、そのような「社会主義」は画餅に過ぎない可能性が大である。何故なら、資本主義から社会主義への移行というのは、資本家という個人の「所有の自由」を剥奪することを前提とするからだ。一方で所有の「自由」を個人に内在する価値だと認めておいて、他方でその個人が「資本家」である場合は所有の自由を認めないというのは、「体制から独立に個人の自由を絶対的権利として認める」というリベラリズムの原則と矛盾する。だから、ロールズが認めるような「リベラルな」社会主義というのは、原理上実現不可能である。確かに、個々人に内在する「基本的人権」は認められるべきであり、どんな政治権力も介入できない個人の尊厳の領域はある。支配者の恣意によって命が奪われてしまうような前近代的価値観を復活すべき余地はない。だが、問題は所有権である。そもそも所有を目的ではなく手段として考えるべきである。結果的に必要な財が得られるのならば、所有を「不可侵の権利」とする理由はないのではないか。生産手段の私的所有権を認めないことが、結果的に個人の「自由の領域」を拡張するのであれば、そのような所有権はむしろ制限されるというのが、社会主義的な価値観だと思う。要するに、所有権を個人の基本的価値に含めないことが社会主義の立場からは帰結するが、この点に関するロールズのスタンスが明確ではないこと、どちらかといえば所有権の絶対性を支持する方向性を感じさせるところが、ロールズの限界ではないだろうか。やはりロールズのリベラルな「財産所有民主主義」からマルクスの「分配的正義を実現する社会としての社会主義」への飛躍が求められるのではないかということである。

（6）私は別のところで道徳的相対主義の欠陥について概略次のように述べた（田上 2006: 31-34）。先ず相対主義は往々にして各文化間の価値の共訳不可能性を主張する文化相対主義として提起されるが、こうした相対主義の多くが文化的な相対性を「絶対的」に強弁することによって自己矛盾に陥っているということ。そして、相対主義というのは、仮に自己矛盾することなく首尾一貫して主張されると、確定的な価値判断の単なる回避として、無責任で無力な空論に過ぎなくなるということである。

（7）この観点からすると、『ゴータ綱領批判』での「共産主義の第一段階」の議論を、財の希少性を前提にした上での分配的正義論として捉え返すことができるだろう。

（8）本稿は2007年11月1日に「中国共産党第17回大会と中国社会主義市場経済の発展」の統一テーマの下、北京の中国共産党中央編訳局にて行われた中日学術交流会での「マルクスの分配的正義論」という発表の要旨に、2008年1月24日に首都大学東京にて開催された日中学術交流会「グローバル化時代の経済格差・公正正義問題——日中比較——」での発表、「マルクスの正義論と疎外論」の要旨を適宜組み合わせて成ったものである。中央編訳局での発表要旨は既にその中国語版が「马克思的分配正义论」として、同局の機関誌である『国外理論動態』に掲載されている（第383号、2008年1月刊）が、要旨の全文ではなく抄訳であり、日本語版は未発表である。

第九章　トロツキーの道徳論

はじめに

　マルクス主義において倫理や道徳（ここでは区別しないで用いる）がどのように位置付けられるのか。この問題は哲学の立場からマルクスを検討しようとする多くの論者によって扱われてきたが、マルクス理論の哲学的側面を探求しようとする本書にとっても無視することのできない論点である。
　本章では主としてトロツキーの道徳論を批判的に検討することを通して、マルクスにおける倫理や道徳の位置を探ることを試みる。

1．マルクスとエンゲルスの道徳観

　マルクス主義において道徳はどのように位置付けられるべきか。この問に答えるためには、先ずマルクスその人がどのような道徳観を抱いていたかということを解明する必要があろう。マルクスの道徳観に関して私は別のところで、『資本論草稿集』からの幾つかの引用[1]に依拠して次のように述べたことがある。

　これまでの僅かな引用だけからでも、マルクスが資本主義社会の本質をまさに疎外論の論理に基づいて概念規定していたということは明らかになったといえるだろう。その際マルクスは、一方で資本主義の本質を事実として、記述し説明しようと努めていると言える。ところが、その事実は、他方で労働手段が労働者を使うというような事態から明らかな通り、転倒した事態として示されているとも言えるだろう。であるから、その事実が転

倒したアブノーマルな事態であるということを暴き出すということは、その事態がノーマルな本来のあり方からすれば文字通りアブノーマルな事態であるがゆえに、まさにそれは否定的な、我々が批判すべき事態であるということをも、同時に明るみに出すということにもなるのである。つまり、マルクスの説明は一方で完全に記述的であるが、資本主義社会という、考察対象そのものの否定性により、同時に規範的な理論としての機能をも果たしているということである（田上 2000: 210）。

思うに、マルクスは資本主義のメカニズムを徹底的に把握しようとしていたのみならず、それを不正なものとして、道徳的に批判すべき対象として評価してもいた。評価基準は、資本主義における人間の疎外という現実認識と対応する「疎外されざる人間」であり、疎外されざる人間という規範は、いかなる社会体制にも適用できる普遍的基準である（故に「社会主義における疎外」という問題設定が成り立つのである）。従って、私の理解は次のような解釈と対立する。

何が正当で正義であるかということの唯一の正しい規範は、現存する経済システムと首尾一貫しているかということである。どの生産様式も、それ固有の分配様式とそれ固有の平等の形式を持っていて、それを抜かした何か他の観点からの判断は無意味である（Tucker 1969: 46. タッカー 1971: 45）。

すなわち、マルクスの正義観は相対的なものであり、「ある生産様式の文脈においては正しい（just）幾つかの制度は、別の生産様式の文脈においては不正（unjust）であるだろう」[2]。

上のような解釈は起きるべくして起きた誤解だと思う。というのも私は、エンゲルスは若き日の『国民経済学批判大綱』（1844年）や『イギリスにおける労働者階級の状態』（1845年）ではマルクス同様に資本主義を普遍的な規範の観点から批判していたのだが、後になってそうした立場を自己批判して放

棄してしまったと考えているからである[3]。つまり『空想から科学へ』の著者である成熟したエンゲルスは、資本主義の不正を道徳的に非難するという観点を放棄しているということだ。そして、後の時代におけるマルクス主義の「科学的社会主義」(この言葉自体はマルクスも使っている)としての体系化に『空想から科学へ』や『フォイエルバッハ論』といった啓蒙的著作が絶大な威力を発揮したという事実が改めて強調するまでもないとするならば、上のような道徳論は、後期エンゲルス以来受け継がれてきた道徳に対するマルクス主義の通念を洗練した形で表明し直したものと言えるのではないか。そうであるなら、エンゲルスの啓蒙的著作の影響を受けた古典家たちが、資本主義を普遍的な規範から道徳的に批判することに対するエンゲルスの拒絶を共有しているのではないかと推測されるのである。

　このような観点からエンゲルス以降の代表的なマルクス主義者の道徳論を検索してみたときに、エンゲルス以来のパラダイムを共有した代表的な道徳論の一つとして、トロツキーの「彼らの道徳と我々の道徳」(1938年)が浮かび上がってくる。そこで本稿ではこの古典的論考をたたき台にしてマルクス主義と道徳の関係について考察する。

　マルクス主義は道徳をどう位置付けるべきかという問題は勿論大きな問題であり、小さな論文では十分に論じることはできない。ただここでは倫理学を専攻する者として、マルクス主義的な道徳論を構築するための前提を問い直したいと思うのみである。そして、予め断っておきたいのだが、私は上に示したような、私の理解する限りでのマルクスの立場に立っている。つまり資本主義に対する社会科学的把握と規範的批判はどちらかが一方に還元されるべきではなく、両方とも必要だという立場である。すなわち一方で、資本主義のメカニズムの真摯な追求を疎かにして、資本主義に対して道徳的非難を浴びせることに終始するような態度でもなく、他方で実証主義的議論のみで規範的議論を蔑ろにするような態度でもないということである。そのため、規範的な議論を必要以上に退けようとするトロツキーに対して、勢い批判的な言辞が多くなってしまっている。しかし、私が低く評価するのはあくまで道徳論なのであって、他の問題については、トロツキーには学ぶべき多くの

理論的遺産があるのではないかと思えるのである[4]。

2．彼らの道徳と我々の道徳

トロツキーは先ず「永遠の道徳の理論は、神なくして生き残ることはできない」(Trotsky 1969, 1973a: 18. トロツキー 1973: 343) として、普遍的な道徳理論の不可能を宣言する。

アングロ・サクソン型の道徳家たちは、彼らが合理主義的功利主義、ブルジョア簿記の倫理学に留まらない限り、ヴィスコント・シャフツベリーの意識的あるいは無意識的な学徒として現れる。シャフツベリーは——18世紀の始まりに！——人間性に多分一度だけ与えられた特殊な"道徳感覚"から道徳的判断を演繹した。超階級的道徳は不可避的に特殊な実体の、"道徳感覚""意識"の、神に対する哲学的に臆病な偽名以外の何ものでもないある種の絶対者の承認へと導く。"諸目的"——つまり社会——から独立した道徳は、我々がそれを永遠の真理から引き出そうと"人間の本性"から引き出そうと、結局"自然神学"の一形式であることが分かる。天は依然として弁証法的唯物論に反対する軍事行動のための唯一の堅固な立場である (Trotsky 1969, 1973a: 18-19. トロツキー 1973: 343)。

道徳感覚論と功利主義を混同している前半は不正確であるが、ブルジョア的特殊を普遍化しているイデオロギー的な転倒性を言いたいトロツキーの主旨は理解できる。問題は「超階級的道徳は不可避的に特殊な実体の……ある種の絶対者の承認へと導く」という論断である。"超階級的道徳"論とは、「"諸目的"——つまり社会——から独立した道徳」ということらしい。社会から離れた道徳が超階級的であるという見方は、社会とは階級闘争の世界だという原則的認識から出てくるようだ。だから道徳とはトロツキーによれば結局は次のようなものである。

ブルジョア進化主義は、それが社会形式の進化における原動力である階級闘争を認めようとしないために、歴史社会の入口で留まる。道徳は階級闘争のイデオロギー的機能の一つである。支配階級は社会にその目的を押し付け、その目的に逆らう全てのそれらの手段を不道徳と考えることを躾ける。それが公認道徳の主要な機能である（Trotsky 1969, 1973a: 23. トロツキー 1973: 348）。

それどころか、道徳はイデオロギーの他のどの形式より階級的性格を持っているのだという（Trotsky 1969, 1973a: 18-19. トロツキー 1973: 343）。そのため"超階級的"なカントの定言命令でもってマルクス主義を補足せんとする試みはベルンシュタインのように修正主義につながらざるを得ないとされる（Trotsky 1969, 1973b: 62-63. トロツキー 1973: 387）。確かに階級闘争の現実から目を背けた超歴史的道徳が時として神学的様相を帯びることはあるだろう。しかし、階級闘争という現実を見据えつつ、なお普遍的規範をア・プリオリな超越的原理に基づかない形で構想することはできないのか。超階級的でもないがしかし神学的でもない普遍的道徳理論は不可能なのだろうか。このような疑問に関するトロツキーの言葉は次のようなものである。

しかし人類性の発達の中でもたらされ、あらゆる集合体の存在にとって不可欠な基本的道徳的教訓は存在しないのか？疑いもなくそういう教訓は存在するが、しかしその作用範囲は極端に限られていて、不安定である。"万人の守るべき"規範は、階級闘争によって帯びる性格が尖鋭になればなるほど、それだけ非力になる。階級闘争の最高の形式は、敵対階級間の全ての道徳的紐帯を空中に吹き飛ばす市民戦争である（Trotsky 1969, 1973a: 23. トロツキー 1973: 348）。

ここで「あらゆる集合体の存在にとって不可欠な基本的道徳的教訓」と言われているものが、普遍的な道徳原理にあたるものだろう。とすれば確かにトロツキーはそうした原理が存在するといっている。しかしそうした原理は、

それでもって社会が維持されているような根源的で確固としたものではなく、階級社会のイデオロギーとして、その都度の社会情勢に決定的に左右される「その作用範囲は極端に限られていて、不安定」な存在である。道徳的戒律とはトロツキーによれば結局次のようなものに過ぎない。

> いわゆる"一般に認められた"道徳的教訓とは、本質において代数的、つまり不確定的性格を持っている。それらは単に、人々がその個人的行為の中で、彼らが社会の一員であるということから発する一定の共通な規範によって結ばれているという事実を表しているに過ぎない。これらの規範の最高の一般化はカントの"定言命令"である。しかし、それが哲学のオリンパスにおいて高い地位を占めているという事実にもかかわらず、それが具体的には何も体現していないがために、この命令は何のカテゴリーも体現してはいない。それは内容のない殻である（Trotsky 1969, 1973a: 24. トロッキー 1973: 348-349）。

カントの定言命令が無内容なのは、いついかなる人間にでも遍く適用できるために内容が伴っていてはならず、形式的でなければならないためである。つまりカントからすれば何らかの絶対的なものを体現するために敢えて具体的な何ものをも体現しない抽象的な道徳原理を定立したのである。従ってカントに対して具体的な何ものをも体現していないという理由で絶対的な概念を体現していないと言うだけでは、「絶対的なものは具体的な何か」だという論証なしの予断からの「絶対的なものは形式的である」という異なる立場へのレッテル貼りに留まり、反対者の心に響く批判には成り得ないと思われる。

ともあれ道徳的教訓は人間が「社会の一員であるということから発する一定の共通な規範によって結ばれているという事実を表しているに過ぎない」ということから、トロツキーによれば道徳原理はあくまで社会常識の枠内に留まることになる。ある個人が他人を自己の奴隷とすることは我々からすれば非常識な犯罪行為に見える。しかし奴隷制社会においては、誰かが誰かを

自己の奴隷にすることは常識である。もし奴隷制社会で奴隷制度を激しく非難する人がいれば、その人の方が「非常識」の廉で非難されるだろう。常識はあくまでそれが通用している社会の基本前提を越えることはない。だからトロツキーは常識を激しく非難する。「知力のこの最低の形式」(Trotsky 1969, 1973a: 26. トロツキー 1973: 351)、と。

> 常識を袋小路に持って行くには、一つの単純な資本主義的恐慌で十分である。そして革命、反革命および戦争のような破局の前では、常識は完璧に馬鹿をさらす。諸事件の"正常"な進行の破局的侵害を理解するためには、より高度な質の知性が必要であり、そしてこれは現在までただ弁証法的唯物論によってのみ哲学的に表現されている (Trotsky 1969, 1973a: 27. トロツキー 1973: 351)。

つまり常識はある社会の基本構造を根本的に変化させないまま再生産するため、社会の成員にその社会の正当性を得心させるためのイデオロギーとしての機能を果たすというわけだ。その意味で常識は本質的に反革命的である。なぜなら革命とは社会の基本構造が変化することだからである。だから道徳原理というものが単に"常識"の抽象的表現に留まるのなら、道徳の機能とは詰まるところ革命への反動的な妨害ということになってしまう。

> 階級意識の完全さと非妥協性においてプロレタリアートをはるかに凌駕するブルジョアジーは、被搾取大衆にその道徳哲学を押し付けることに現実的な関心を持っている。ブルジョア・カテキズムの具体的規範が宗教、哲学、あるいは"常識"と呼ばれるあのハイブリッドによって保護された道徳的抽象の下に隠されているのはまさにこの理由のためである。抽象的規範へのアピールは、私欲のない哲学的誤謬ではなくて、階級的詐欺の仕組みにおける必要な要素なのである。数千年の伝統を保持しているこの詐欺の暴露は、プロレタリア革命家の第一の義務である (Trotsky 1969, 1973a: 24-5. トロツキー 1973: 349)。

要するにトロツキーによれば、抽象的基準に訴える道徳は、実は支配階級の利害という極めて具体的な要請を抽象的言説の偽装の下に詐欺的に被搾取大衆に押し付けるためのイデオロギーの一形態である。そして抽象的な道徳原理から出発する道徳哲学はなべて支配階級のためのイデオロギーであり、今日では支配階級であるブルジョアジーのためのイデオロギーだということになる。端的に言って通常の道徳哲学は本質的にブルジョア・イデオロギーであって、通常の道徳はブルジョア道徳に他ならないということである。

　これが"彼らの"、すなわちブルジョアジーの道徳の在り方である。それに対してプロレタリアートの、すなわち"我々の"道徳はどのようなものとして想定されるのか。それは当然にしてプロレタリアートの歴史的使命を表明するものとしてである。プロレタリアートは歴史的に決定された特定の目的を実現するための手段を明確にする必要がある。プロレタリアートにあって必要なのは抽象的な道徳原理ではなくて、具体的な目的と手段の弁証法である。それ故トロツキーにとって、我々が目指すべきなのは、人間が人間である限りで等しく目指すべき抽象的な道徳原理ではなく、プロレタリアートという具体者が具体的な歴史の場面において具体的に実現するべき特定の目的である。しかしトロツキーの説明は、倫理学的に見ると、原理的に成立不可能な立論構造を成している。そのことを説明するためには、「自然主義的誤謬」という概念を理解して貰う必要がある。

3．自然主義的誤謬について

　自然主義的誤謬という言葉はイギリスの哲学者ムーア（G.E.Moor）が『倫理学原理』（1903年）の中で提起した言葉である。ムーアは善（good）は分析不可能な単純概念だとした。分析不可能ということは定義不可能ということでもある。善を定義しようとしても、それは常に何らかの「善いもの」についての説明を積み重なることに終始する。ところが「善いもの」はあくまで「善い」「もの」であって、何かが善いものだという説明には、善そのものは

定義されないままに前提されている。このような結果は善が「もの」のような自然的な性質を有さない概念であるところから不可避的に帰結する。ところが古来倫理学（道徳哲学）は善を何らかの具体的な事実として説明しようとしてきた。すなわちその本性からして単純で、何ら具体性を持たない善を何らかの複合的な性質を有するものとして説明しようとしてきた。かくしてこれまでの倫理学説は、説明不可能な善そのものを何かしら具体的な善から説明できるという自然主義的誤謬に陥っているとされた。それに対してムーアは、善はただ直観（直覚）することができるのみだという直観説を唱えた[5]。

以上が自然主義的誤謬の元々の意味であるが、今日倫理学では一般にこの言葉は「is/ought（ある/べき）問題」において自覚的ないし無自覚的に ought を is に還元しようとする倫理学説を批判するために用いられている。is/ought 問題とは一般的に言えば事実と価値との関係の問題である。is/ought 問題という名称はデヴィッド・ヒュームが『人性論』（1739-40年）の第三巻第一部第一節で次のように示唆したことから由来する。

> 私が今まで出会った道徳性のどの体系においても、私はいつも著述家がしばらくの間は推論の通常の方法で進み、そして神の存在を確立したり、あるいは人間の事柄に関して意見を述べたりするのに気付いてきた。その時突然私は、である、そしてではないという命題の通常の連結の替わりにべきあるいはべきでないと結び付かない何らの命題とも出会わないことを見出して驚く。この変化は、しかしながら、最後の帰結まで気付かない。このべきあるいはべきでないはある新しい関係あるいは確信を表現しているために、それは必ず観察され説明されるべきであり、そして同時にどのようにこの新しい関係がそれとは完全に異なる他の関係から演繹されることができるのか、この全く思いもよらないように思われる理由が与えられなければならない。しかし著述家たちは共通してこの用心をしない。私は敢えて読者にこのことを勧めたい。そして私は確信するのだが、この小さな注意が全ての俗流的な道徳性の体系を転覆させるだろう（Hume 1978:

469-470)。

「〜である」「〜でない」と言及される対象と、「〜べき」「〜べきでない」と言及される対象は異なった次元に属するため、相互に区別しなければならないはずなのに、両次元の言及は容易に混同されてしまうという注意である。そしてヒュームが注意したように、事実と当為の次元の違いを理解せず、当為を事実から演繹しようとする誤りを批判するために、今日の倫理学では自然主義的誤謬という言葉が用いられるようになっている。勿論自然主義的誤謬という批判は、(道徳的)規範が自然的な性質を持たないという観点からするものであって、公平を記すために付言しておけば、規範はあくまで自然的性質を持つとする(倫理学的)自然主義の立場からの反批判も行われている。しかし、ここで詳論することはできないが、これらの反批判は反駁され得ると考える。重要なことは、これまでマルクス主義で道徳について語られるとき、その多くが無造作に規範を事実から説明しようとして自然主義的誤謬に陥っていたということである。我が国のマルクス研究において、次のような観点が広く受け入れられていないことが問題なのだ。

大事なことは、「人間は…である」という文章からは「人間は…であるべきである」という文章に通ずる論理的な道は開かれていないということである。「人間は…である」という文章をいくら増加させても、つまり人間についてどれほど知識を積み重ねても、そこから「人間は…であるべきである」という文章を、人間についての願望や理想を、演繹することはできないし、後者を前者に還元することもできないのである[6]。

トロツキーの道徳論もまた、「人間は…である」から「人間は…であるべきである」を導き出そうという誤りを犯しているのではないか。トロツキーは次のように述べる。

手段はただその目的によってのみ正当化されうる。だが今度は目的が正当

化される必要がある。プロレタリアートの歴史的諸利害を表現するマルクス主義の見地からは、目的は、もしそれが自然に対する人類の力の増大と一人の他者への力の廃棄へと導くならば、正当化される。／"ならば我々は、この目的を達成するためには何ごとも許されると理解すべきなのか？"とペリシテ人は嘲りながら詰問し、彼が何も理解しなかったことを示している[7]。現実に人類の解放へと導くものが許される、と我々は答える。この目的はただ革命を通じてのみ達成されるがため、プロレタリアートの解放の道徳は必然的に革命的性格を帯びる。それは単に宗教的ドグマとばかりではなく、あらゆる種類の観念論的フェティシュ、支配階級のこれらの哲学的憲兵とも和解し難く対立する。それは社会の発展法則から、かくして第一に、この全ての法則の法則、階級闘争から、行為のための規則を演繹する（Trotsky 1969, 1973a: 49-50. トロッキー 1973: 374-375）。

　しかしトロツキーは、ここで自らが不可能な提言をしていることに気がつかない。行為の規則、為す"べき"規範を、法則という事実から引き出すという主張である。「弁証法的唯物論は手段と目的の間の二元論を知らない。目的は歴史的運動から自然に流れ出る」(Trotsky 1969, 1973a: 51. トロッキー 1973: 375)。なすべき目的が歴史的運動という事実から出てくるということはあり得ない。なぜならそれは明らかな自然主義的誤謬だからである。規範は事実からは演繹されない。例えば、極端な話、もし人類が破滅に向かっているという法則的事実が発見されたとしたら、我々あきらめて法則を受け入れて、破滅に向かう進行に従う他ないのか。そうではなくて、実現可能性の多寡にかかわらず破滅を回避するよう「法則に逆らった」努力をすべきではないのか。なぜプロレタリアートが自己解放するという法則だけが、規範との一致を主張できるのだろうか。何故マルクス主義だけが無造作に規範と合致する歴史の法則を主張できるのか。

　トロツキーは階級闘争から行為の規則が引き出せるという。つまり階級闘争という事実から行為の規則という規範が導き出せるという（倫理学的）自然主義の立場に、それとは気付かずに立っていたように思われる。しかし私

は、マルクス主義の道徳論が可能となるために原理的に、(無自覚的なという意味で) 素朴な自然主義に留まっていてはならないと思う。規範は事実に還元すること無しにそれ自身として考察されなければならないのだ[8]。

4. 道徳論のあり方をめぐって

　トロツキーの道徳論は自然主義的誤謬を犯しているがために、原理的に不可能であるということを見てきた。しかし、トロツキーが述べている規範的な言葉自体は、理論全体の綻びにもかかわらず極めて魅力的であり、多くの説得力を持っているように思われる。思うに、トロツキーの言葉の持つ説得力は、規範が階級闘争から演繹されるという理論構造にではなく、彼の掲げる規範そのものの魅力に由来しているのではないだろうか。自然に対する人間の力の増大と人間に対する人間の力の廃棄という規範は、その実現が歴史法則によって担保されずとも、それ自体として掲げるに値するのではないか。

　"真の人間解放" はプロレタリアートによって歴史的使命として担われるから目指されるのか。そうではないだろう。人間的解放はそれ自体として目指されるべき規範である。だからそれを実現する主体をプロレタリアートに見た場合は、人間的解放という理想のために、プロレタリアートの立場に立つのである。もしブルジョアジーが人間解放の主体ならば、ブルジョアジーの立場に立つのは当然のことである。プロレタリアートかブルジョアジーかという二者択一が何の基準もなく与えられたとしたら、選択はあやふやな実存的決断の類に頼らざるを得なくなってしまう。これに対して、人間的解放という概念が基準として与えられれば、我々は人間的解放という目的を実現するための手段は何かという合理的な問題設定の上で、あるいはブルジョアジー、あるいはプロレタリアートと選択できるのである。このことはまた、倫理的規範の独自の機能をも説明する。それは、特殊な状況に共通の土俵を与えることによって合理的に選択可能な選択肢を与えることである。

　一体何故トロツキーは次のようなことを言えるのか。

第九章　トロツキーの道徳論

　　労働者の、特にストライキ労働者やバリケード戦士の連帯は、人間的連帯
　　一般より比較にならぬほどより"絶対的categoric"である（Trotsky 1969,
　　1973a: 24. トロツキー 1973: 349）。

　それはここであるべき連帯というものがあって、そのような連帯をストライキ労働者やバリケード闘士が、人間的連帯一般なるものよりもよりよく実現するからではないのか。とするとここでトロツキーは「人間的」という言葉を適切に用いてはいないのではないか。というのは、連帯とは人間と人間とのつながりであり、各人が他者と友愛の内に自己確証することであるはずだからだ。そして共同性というものが人間にとって目指されるべきものだとすれば、連帯するということは人間が人間らしくある一つの在り方ということになり、連帯というのは人間にとって"人間的"なことであるはずだからだ。とすれば、上にいう「人間的連帯一般」なるものは、その実《非人間的》なのである。そして、「ストライキ労働者やバリケード戦士の連帯」の方が言葉の正しい意味で「人間的」ということになる。だから我々は人間的連帯一般という空語よりも、ストライキ労働者やバリケード闘士の連帯の方を、真に《人間的》であるという理由で、高く評価すべきなのである。前者よりも後者の方が真の人間的連帯という普遍的規範に適っているのである。トロツキーはまた同じようにロマンチックに問いかける。

　　狡猾と暴力によって奴隷を鎖につなぐ奴隷所有者、それと狡猾あるいは暴
　　力によって鎖を断つ奴隷──卑しむべき宦官をして、道徳性の法廷の前で
　　は両者は同じだと言わせないようにしよう！（Trotsky 1969, 1973a: 40. ト
　　ロツキー 1973: 364）。

　一体何故言ってはならないのか。奴隷所有者と奴隷が同じであるという道徳とは一体何なのか。奴隷と奴隷所有者は絶対的に同じではないと言える場こそが道徳の法廷ではないのか。いついかなる場合でも絶対的にある個人は別の個人の所有物になってはならないという普遍命題以上に、奴隷制の悪を

徹底的に反駁する基準があるのだろうか。奴隷制が悪であることは、いつい かなる社会状況にも依存しない。奴隷制社会は社会全体が絶対的な悪に囚われている社会であり、民主制社会は奴隷制を絶対的に認めないという限りでは、絶対的な善をコンセンサスにできた社会である。奴隷制の悪を社会意識という可変的な要素に委ねるわけには行かない。奴隷と奴隷所有者を道徳という共通の法廷の前に立たせることこそ、奴隷所有者の奴隷所有者である限りでの絶対的な悪を確定できる手段なのである。

　トロッキーはレーニンの立場に立っていると自負する。

　レーニンは奴隷所有者によって彼らの奴隷のために創られ、奴隷所有者自身によっては決して守られない道徳規範を認めることを拒否した (Trotsky 1969, 1973a: 46. トロッキー 1973: 371)。

当然のことだ。ある特定の人々によって守られある特定の人々によって守られないような基準はそもそも道徳規範ではないからである。「〜しなければならない」という定言命題は、それが単なる命令一般ではなく道徳的指令であるためには、普遍化可能でなければならない。普遍化可能であるとは、ある状況に関して判断を行う場合その判断が道徳判断だと言えるためには、その状況と正確に類似した他の状況に関しても同じ判断を下す用意がなければならないということである (Hare 1981: 42. ヘア 1994: 64)。トロッキーが、道徳は誰か特定の人々の利害に関すると考えているとしたら、彼は"道徳"という同じ名の異なったものを考えていたことになる。その意味で、次の素晴らしくロマンチックな言葉を私は、しかしトロッキーとは違った角度から同意することにしたい。

　レーニンの"非道徳主義"、すなわち、彼の超階級的道徳の拒否は、彼の全生涯を通じて一つの同じ理想に忠実に留まり、彼の全存在を被抑圧者大衆の大義に捧げること、思想の領域での最高の誠実さ、行動の領域での最高の大胆さを示し続け、"通常の"労働者、無防備の女性、子供に対して少し

の優越感にも汚されない態度を保持し続けることを妨げなかった。この場合の"非道徳主義"は、ただ最高の人間道徳のための仮の名であるように思えないか？（Trotsky 1969, 1973a: 47. トロッキー 1973: 371-372）

恐らくトロツキーはレーニンを"我々の"道徳である「非道徳主義」の体現者と捉えているのだろう。その規範の内容は、「全存在を被抑圧者大衆の大義に捧げること、思想の領域での最高の誠実さ、行動の領域での最高の大胆さを示し続け、"通常の"労働者、無防備の女性、子供に対して少しの優越感にも汚されない態度を保持し続けること」といったものである。しかし、被抑圧者大衆の解放、思想に対して誠実である、行動の領域で大胆であることは、被抑圧者に対して高踏的に振る舞わないこととともに、普遍的ではなく相対的な《単なる》階級道徳にのみ留めておくべきではないのではないか。このような規範はあるべき人間一般の規範としてこそ相応しいのではないだろうか。従って、レーニンのような傑物を理想とするような道徳は確かに最高の人間道徳と言うに相応しい。しかしそれは、ブルジョア道徳でもプロレタリア道徳でもなく、道徳一般の望ましい方向性である。

おわりに

トロツキーの道徳論はレーニンに体現された革命的人間像の言語化の試みであったと言えるだろう。それは社会の階級的基盤を捨象してしまうブルジョア道徳に対する非道徳主義のプロレタリア道徳として構想された。しかしこれは誤った道である。なぜなら階級闘争の法則という事実から規範を導き出すプロレタリア道徳論は、自然主義的誤謬を犯しているからである。だから我々はマルクス主義の道徳論を自然主義的なプロレタリア道徳論としてではなく、マルクス主義の立場からする道徳哲学として、他の道徳哲学と討論可能な理論として構築しなければならない。その際トロツキーの言う自然に対する人類の力の増大や、人間に対する人間の力の廃棄や人類の解放といった規範は、マルクス主義的な道徳哲学の、最高の規範の内に数えられるだろう。

註
（1）次のような文章である。「資本主義的生産を特徴づけているのは一般に、労働諸条件が自立化し、人格化し、生きている労働に立ち向かうということ、労働者が労働諸条件を使うのではなくて、労働諸条件が労働者を使うのだ、ということである。まさにそのことによって労働諸条件は資本になるのであり、労働諸条件を所有している商品所持者が労働者に対立して資本家になるのである」（Marx 1982b: 2014）。「資本主義的生産は、初めて大規模に……労働過程の諸条件を、その対象的諸条件も、主体的諸条件をも発展させるのであるが、しかしそれらの諸条件を、個々の労働者を支配する諸力として、また労働者にとって疎遠な諸力として、発展させる」（Marx 1982b: 2163）。「この関係は、その単純性において一つの転倒、事物の人格化であり、人格の物件化（物象化）である。というのもこの形態を以前の全ての形態から区別するのは、資本家が何らかの人格的属性において労働者を支配するというのではなくて、それはただ彼が"資本家"である限りにおいてのみ労働者を支配するということだからである。資本家の支配はただ生きている労働に対する対象化された労働の支配に過ぎないのであり、労働の生産物の労働者に対する支配に過ぎない」（Marx 1982b: 2161）。「この実現過程は、そのまま、労働の現実性剥奪過程でもある。労働は自己を客体的に措定するが、しかし労働は自己の客体性を、自己自身の非存在として、あるいは自己の非存在の——すなわち資本の——存在として、措定する。労働は、価値措定あるいは価値増殖の単なる可能性として自己自身に帰ってくる。なぜなら現実的富の全体が、現実的諸価値の世界が、そしてまた同じように、労働それ自身の実現の現実的諸条件も、労働に対立して、自立的な諸実在として措定されているからである」（Marx 1982b: 2239）。
（2）（Wood 1985: 160）。このような主張は提唱者の名前を冠してタッカー＝ウッド・テーゼと呼ばれたりもする。この命題に関して、詳しくは（松井 2012: 66-70）参照。
（3）エンゲルスの自己批判の証拠として、彼の1871年4月13日付けヴィルヘルム・リープクネヒト宛手紙と、『イギリスにおける労働者階級の状態』1892年ドイツ語版序文に注目した。なお、詳細は（田上 2000: 215-217）参照。
（4）例えば『裏切られた革命』（1936年）は、今日でも我々に多くのヒントを与えてくれるのではないか。傾聴すべき意見として二つほど挙げてみたい。

第九章　トロッキーの道徳論　175

「大衆にとって無名の存在であったスターリンが完璧な戦略計画をいだいて舞台裏から突如として出てきたなどと考えたら素朴であろう。否、スターリンが自分の道を探しあてる前に官僚がスターリン自身を捜しあてたのである。スターリンは古参ボリシェヴィキとしての威信、強靱な性格、狭い視野、みずからの権勢の唯一の源泉としての党機関との密接な結びつきなど、すべての必要な保証を官僚に与えた」（トロツキー　1992: 124-125）。「野党の禁止はフラクションの禁止を招いた。フラクションの禁止は、無謬の指導者と異なる考えをもつことの禁止に終わった。党の警察的な一枚岩体制は官僚の専横を招き、それがあらゆるたぐいの堕落と腐敗の源となった」（トロツキー　1992: 139）。

(5)（Moore 1988. ムーア　1973）。特に「第一章　倫理学の主題」参照。
(6)（岩淵 1996a: 36）。同じ雑誌に掲載された「社会主義と正義論」という論文で、故石井伸男氏も次のように述べている。「正義や自由・平等などは、社会的価値規範を問う、規範概念だということです。したがって正義論も規範的理論だということです。『～すべし』ということであって、『～である』ということではありません。逆に科学的認識・科学的理論というのは『～である』という、事実について（あるいは多くの事実にふくまれる法則性について）なにかを陳述する命題という形をとります。『資本論』も科学的理論の一つですから、近代市民社会という現実を目の前にして、それを理論的に把握しようとしています。そこで出てくる商品とか貨幣・資本はみな科学的概念です。これに対して正義や自由・平等・友愛などは規範的概念であって、性質が違うものです。この二つを扱うそれぞれの理論は、論理として違うことに注意しておかなければなりません。重要なのは、マルクス以降の社会主義学説では規範的概念の位置づけが弱かったということだと思います。これは少なくとも30年ほど前からちらほら指摘されてはきた（たとえばミハイロ・マルコヴィッチら旧ユーゴの『プラクシス派』の哲学者たちによって）ことですが、いまだにマルクス主義の中で全体としては克服されていない弱点だと言わなければなりません」（石井 1996: 8）。
(7) これは恐らくジョン・デューイのことを指していると思われる。英語の philistine には教養のない実利主義の俗物という意味があるが、まさにプラグマティズムというデューイの哲学的立場への皮肉となっている。
(8)「われわれは、このように価値を事実から分離する見地を堅持しなければならない。さもないと、われわれは道を誤るであろう」（北村 1999: 106）。

第四部

マルクスの正しい理解のために

第十章　生産力概念についての一提言

はじめに

　マルクス主義が生産力の野放図な拡大を旨とした成長至上主義であり、地球環境の有限性を前提とする現在世界では根本的に時代遅れの思想だというのは、よくなされる批判の一つであるが、本章ではこの批判が妥当かどうか、マルクスその人の生産力概念にまで遡って検討することにしたい。

1. マルクスは生産力主義者か？

　しばらく前からいわれてはいたが、最近とみに強くいわれている言葉に"生産力主義"という言葉がある。ところが、この言葉を批判のキーワードとしている論者たちに共通なこととして、彼等がこの言葉を正確にはどういう意味で使っているかが分からないという困難がある。一つだけハッキリとしていることは、彼等がこの言葉をかつて教条マルクス主義者が、

> ただ生産力（主として生産手段を指す）の発展だけが人類社会発展の原動力であり、社会の発展は生産力発展の自然的な結果である。この基本的立場から出発して、それは、資本主義国家はただ生産力が十分に発展しさえすれば、平和に社会主義社会に移行することができると考えている……一種の修正主義的な反動的謬論である（松村 1976:「唯生産力論」項、288）。

というように使っていた意味ではなく、むしろもっと広く且つ根源的に、生産力の発展に基づいた文明の発展そのものに否定的な見方をするために使

っているということである。そして、マルクス主義の本質をかような進歩主義としての"生産力主義"として捉えて、これに批判を加えて行こうとするのが論者たちの目論見のようである。

このような論者の内、反マルクス主義ないしは非マルクス主義的な論者については、マルクスの著作の熟読を勧めることで足りるが、問題なのは、自他共にマルクス主義に精通していると認める論者が、自己批判のつもりで、マルクスその人に生産力主義の汚名を着せていることである。というのも、私のように多少なりとも初期マルクスのテキストに親しんでいる者にとっては、このような批判が、批判の前提である生産力の概念の正しい理解がなされていない上での批判であるがために、上滑りなものにしか見えないからである。

しかしながら、批判者達の無理解には、長い歴史的背景がある。それは、批判者たちが自明なものとしている唯物史観のカテゴリーの規定が、スターリン主義時代に確立されたマルクス主義哲学体系——いわゆる〈弁証法的唯物論と史的唯物論〉型の体系——における規定と、スターリン主義批判の時代をとっくに経ているはずなのに、根本の所で連続性を保っているということであり、唯物史観のこのスターリン主義的理解が、本来のマルクスの唯物史観と相入れないものであるにもかかわらず、パラダイムの強制力のおかげで受け入られ続け、ために生産力概念についても正しい理解を妨げる結果になっているという点である。

そこで、次に、生産力の概念が本来のスターリン主義（旧スターリン主義）者によってどのように規定され、スターリン批判後にどのように批判されて行ったのかをざっと見ることによって、生産力概念の不適切な理解の普及の出自を探ってみることにしたいと思う。

2．スターリン主義的生産力概念とその克服の試み

本来のスターリン主義者は、その本質がスターリンその人のエピゴーネンであることにあるので、彼らの認識を云々するためには、スターリンの著作

そのものを検討することが、アルファにしてオメガになる。ここでは、「人間の思惟の生活はじまって以来、最高の論文である」（スターリン 1951:「発行者の言葉」、3）などといった誇大な賛辞が付せられるのを常とした、『弁証法的唯物論と史的唯物論』（1938年）が、唯物史観に関する最もまとまった叙述を含んでいるので、これを取り上げるべきだろう。

この著作で生産力は、

> 生活するためには、食物、衣服、ハキモノ、住居、燃料などをもつ必要があるし、これらの物質的財貨をもつためには、それらを生産する必要があるし、それらを生産するためには、食物、衣服、ハキモノ、住居、燃料などの生産に使う生産用具をもつ必要があるし、これらの用具を生産する技能が必要であり、これらの用具を使う技能が必要である。物質的財貨の生産に使われる生産用具のおかげで、また一定の生産上の経験と労働の習練とのおかげで、生産用具を活用し、物質的財貨の生産を実現する人間——すべてこれらの要素がいっしょになって、社会の生産力を形成する（スターリン 1968: 32）。

と規定されている。この概念規定に対してスターリン批判後は、自然ないし労働対象が除外されていることを批判するのを常とするようになった（仲村 1979: 203）が、スターリンの概念規定のこの欠陥はしかしながら、既に旧スターリン主義者たちにも自覚され、この欠陥を逆にメリットに転じて擁護して行こうとする動きさえあったのである。例えばスターリン主義の立場で貫かれた代表的な教科書では、次のように言われる。

> しばしば「生産力」という概念に、生産用具と労働力だけでなく、労働対象（原料、資材）までが含められている。しかしこれには根拠がない。問題は、ひとびとが生産過程においてそれに働きかけるところのまわりの自然も、広義における労働対象だということである。鉱業においては——それは鉄鉱石や炭層であり、漁業においては——それは水中の魚類、等々で

ある。それゆえ、生産力のなかに労働対象を含めることは不正確といわねばならない。つまり、それは、生産力の概念のなかに地理的環境の一部分をもちこむことを意味するからである。もちろん、このことから、われわれが労働対象を生産力のなかにいれないことによって、それを計算から除外し、それにたいして生産上の意義を与えない、ということにはけっしてならない。すべての労働対象は、すでに労働の作用をうけたものをもそのなかにふくめて（たとえば、半製品——綿屑や紡糸）、生産用具とともに、生産手段を構成する（コンスタンチーノフ 1951: 109）。

ところで、スターリンの生産力規定の妥当性のこのような仕方での検証は、我々の本当の興味を引かないものである。というのも、スターリン擁護者ばかりでなく批判者も、真実のスターリン主義批判者として、「スターリン主義の構想の中には、人間のための何らの場所もない……弁証法的唯物論も史的唯物論も、スターリン主義者によって構想されているものとしては、人間としての人間についてのいかなる言葉も含んでいない」（Petrović 1967: 22. ペトロヴィッチ 1970: 24-25）という見方を視座にして、生産力概念の分析に向かっているのではないからである。殆どの分析は、いかにスターリンの生産力概念の規定が社会科学方法論における説明原理として適切であるかどうかという、著しい実証主義的な視座にのみ基づいている[1]。それゆえ、生産力に労働対象が含まれるか否かなどというような、概念の外延の確定が主要な問題でもあるかのように勘違いすることになるのである。

が、スターリンのこの論文では、我々が今問題にしている文脈においてこそ、人間の概念が扱われているということを考えに入れなければならない。この哲学体系では人間は出発点にして中心点にされるどころか、「社会発展の決定的な力としての社会の物質的生活の具体的な諸条件」（スターリン 1968: 25）を説明するためにやっと出て来るに過ぎないのであり、生産力の一要素以上のものではないのである。しかもその扱い方たるや先の引用文に見られるように、生活手段を悟性的に列挙した後で、まるでそれらと同じく、物のように、生産という目的に対する手段のように扱われているのである。端的

に言えば生産手段の一つに数えられているような印象を受けるのである[2]。

　しかし生産とはそもそも人間の本質の対象化であり、人間の自己実現の過程であるというマルクスの思想をちゃんと踏まえていれば、人間こそが生産の目的であるという認識に必然的に導かれるはずである。そして、このような認識があれば人間に対するスターリンのような扱いは決して出て来ないはずである。スターリンにおける生産の目的と手段のこの転倒は、生産力を人間のために発展させるのではなく、生産力の発展それ自体が目的であり、人間をそのための手段と見なすことによって、生産力の発展を物神化してしまった。そしてこの物神崇拝は、ヒューマニスティックな感性をマヒさせ、ラーゲリの強制労働も「生産力の発展のため」美化されるという帰結をもたらしたのではないだろうか[3]。こう考えるのは拙速だろうか。

　とまれ、このようなスターリンの生産力概念に対して、本質的な乗り越えの一歩を踏み出そうとしたのが、旧東独のいわゆる《哲学論争》の台風の目になった、H・ザイデルの論文である。そこにはこういう件がある。

　史的唯物論と弁証法的唯物論の分離と、弁証法的唯物論の考察方法の史的唯物論による転用は、私の考えでは、史的唯物論の叙述の上にもまた、否定的な作用を及ぼしている。それは、主観性を殆ど反省しない一面的に客観的な考察方法の中に示されている。例えば生産諸力等も、人間の本質諸力として叙述されねばならないのに、この点が全く不十分である。生産諸力の事物的諸契機（技術）と人間的諸契機への無思想な分割は、事物的諸契機それ自体が人間化された性格を担っているということを忘れている（Seidel 1966: 1180. 芝田 1970: 85）。

　引用の前半が、スターリン的体系──「史的唯物論は弁証法的唯物論の諸命題を社会生活の研究におし拡げたものであり、弁証法的唯物論の諸命題を社会生活の諸現象に、社会の研究に、社会史の研究に適用したものである」（スターリン 1968: 7）──構想を批判したものであり、そしてこの「適用説」を克服し、新たな哲学体系を構築して行くことが、そもそも論争のメイン・

テーマであったということは、言うまでもないだろう。続けてザイデルは、このような適用説が生産力の概念規定にも否定的な作用を及ぼしている点を強調している。このザイデルの問題提起を受けてか、論争の主要成果の一つであるA・コージング編集の哲学『教科書』では、次のように概念規定される。

> 生産諸力は、マルクス主義の偽造者の側でしばしば行われるように、技術と、あるいは労働過程の事物的－対象的諸要因と同一視されたり、これに還元されてはならない。生産諸力とはむしろ、事物的－対象的諸要因と、人間的諸要因の一つの具体的な複合体を表現しているのであって、それは、相互作用する生産諸要因の全システムを通じて客観的に与えられた、技術的なそして経済的な最適原理に規定されて協働するのである。何よりも、全複合体の内部における主観的－人間的契機の役割、人間労働力の役割が強調されなければならない。なぜなら人間が生産を進行させるのだから。……人間──その度ごとに歴史的具体的に規定された生産者類型として──は、最も重要な生産力である（Kosing 1967: 183）。

見られるように、生産力を対象的諸要因に還元して行くような見方を退け、生産力を人間的契機と対象的契機の相互作用のシステムとした上で、人間的契機の方を主要規定因とすべきことを宣言している。こうして見ると、かなり注意深い読者でも、『教科書』が生産諸力を人間の本質諸力として叙述すべきだというザイデルの問題提起を正当に受け留め、さらに具体化することによって発展させているとの印象を受けるかも知れない。しかし、この印象は正しくない。その理由は、数多いザイデル批判者の一人、H・レーマーの論文を丹念に検討することによって明らかになる。

先ず、レーマーは「ザイデルは、彼がいうところの生産諸力の事物的諸契機と人間的諸契機への無思想な解体に対して論難する際に、人間的本質諸力の対象化というはっきりしない、より詳しく規定されていない概念を引き合いに出している」（Römer 1967: 986. 芝田 1970: 148）と問題を整理し、ザイデ

第十章　生産力概念についての一提言　185

ルが批判している生産力の事物的契機と人間的契機の分割にはむしろ積極的な意味があるとして、次のように言う。

> ところで、生産諸力の事物的諸契機と人間的諸契機との分節化は、人間が生産諸用具を作って来たということから常に出発している。そしてこの分節化の内、生産諸用具が最も重要な分肢と見なされている。なぜなら生産諸用具が人間活動の事実上の生産性を決定するからであり、また生産諸用具の産出と、人間的諸能力の発展との間の相互作用の関係が成立している中では、新しい生産諸用具の産出が決定的であり、規定的だからである。この分節化には、いかに人間の諸能力が生産諸用具の産出によって、そしてそれを使用する中で歴史的に発展して来たか、いかに生産諸用具の大規模な普及と製作が、人間諸能力の新しい大規模な育成を前提にして来たかということの証明が含まれている。けれども、その際、人間的諸能力の育成のためには、新しい生産諸用具の実際の産出がいつでも規定的であった (Römer 1967: 986-987. 芝田 1970: 148-149)。

なるほどここでは生産用具を主要規定因にしている点で、『教科書』と決定的に違っているように見えるかも知れない。しかし、ここでも、人間は生産用具の発展の前提として、生産の全体システムの主要契機と見なされている。つまり、まず生産を全体的な社会システムと捉えた上で、人間をそのシステムの一契機に位置付けている点では、両者に差はないのである。すなわち、この両者にもまた、生産という行為自体が目的とされ、その目的に対して人間をどう位置付けて行くかという、スターリン流思考がパラダイム的な前提になっているのであり、ただレーマーでは生産用具が強調され、『教科書』では人間が強調されるという、同じ地平の上での重点の位動があるだけである[4]。

それに対して、ザイデルのように生産諸力を二つの契機に分けないで、生産諸力の事物的契機の人間的性格を強調し、生産諸力を人間の本質諸力の強力な展開の表現として叙述するように要求すること (Römer 1967: 987. 芝田

1970: 149）は、人間の本質諸力の対象化という概念の神秘的な取り扱い[5]を導き出し、それによって実践的な振る舞いの純粋に主観的な契機を絶対化し、実践の個人的な現象形態を物神化することによって、最終的には実存主義流の主観的観念論に行き着く（Römer 1967: 988. 芝田 1970: 151）と、レーマーによって手厳しく批判されるのである。

　我々は以上のようなレーマーの批判は、ザイデルが彼自身の論文でははっきりと述べなかった彼の生産力理論の真意をくみ取り、その理論の背景を明確にした上で批判している誠に興味深いものだと考える。ザイデル自身は、レーマーの指摘した、生産力を対象化概念に結び付けて行くという方向へは進むことはなかった（できなかった）が、ザイデルが提起し、レーマーがその真意を明らかにし、ザイデル自身は躊躇した生産力を対象化概念に密接に関連させるという道こそ、マルクスの生産力概念の実像を明確化する方向であり、それは実存主義的な主観的観念論へとつながる道ではなく、初期マルクスにおける生産力概念の誕生の場に立ち合うことによって、多くの論者によって忘れ去られていたマルクスの生産力概念の本質を再び獲得するための道なのである。

3．疎外される生産力

　『経済学・哲学草稿』ではまだ生産力という言葉は使われていないが、産業（Industrie）について「普通の、物質的な産業の中に……我々は、感性的な、疎遠な、有用な諸対象という形式の下に、疎外という形式の下に、人間の対象化された本質諸力を目の当たりにしている」（Marx 1982a: 271）と述べられている。これはザイデルが言うような生産力を人間の本質力と捉える見方との根原的な連関を予想させるものである。しかも、ここには、ザイデルにはなかった点として、人間の本質諸力は一定の状件の下では（ここでは産業という人間の本質諸力の疎外された対象化においては）、疎外されるという見方がある。

　事実、このように生産力を人間の本質諸力として捕える見方は、『ドイツ・

イデオロギー』で、「二つの規定された生産様式あるいは工業段階は、常に一つの規定された協働様式あるいは歴史的段階に結びついており、そしてこの協働の様式はそれ自身一つの"生産力"であり、人間達の手にしうる生産諸力の総体が、歴史の状態を制約する」(Marx/Engels 1972: 53)や、「社会的な力、すなわち幾倍にもされた生産力——それは分業において制約された様々に区別された諸個人の協働によって成り立つている——は、それらの諸個人には協働そのものが自由意志的ではなく、自然成長的であるために、彼らに固有の、連合された力としてではなく、一つの疎遠な、彼らの外に成立している強力として現われる」(Marx/Engels 1972: 58-59)という表現でもって、理論化されるのである。

　分業という制約の下にありながらも、そして分業こそは疎外を生み出す主要契機の一つでもあるのだが、協働、すなわち社会的な個人として労働を行っている人間、が生産力の本質的契機というわけである。要するに「諸個人、彼らの諸力が生産諸力なのである」(Marx/Engels 1972: 110)。そして、生産力の性質として、生産力の本質である人間自身の意のままにならないがために、自然成長的であるとしている。しかし、これは生産力の普遍的な属性ではなくて、むしろ歴史的に状件づけられた偶有性なのである。

　なぜなら『草稿』が、人間は疎外を克服できるし克服せずにはおかないという立場で貫かれているのと同じく、『ドイツ・イデオロギーでも』でも、「共産主義は、全てのこれまでの生産と交通の諸関係をくつがえし、そして全ての自然成長的諸前提を、初めて、これまでの人間が扱って来た被造物であるとの意識を持って、それらの自然成長性をはぎとって、そして連合された諸個人の力に服従させるということによって、全てのこれまでの諸運動から区別される」(Marx/Engels 1972: 102-103)という前提に立って、「分業による人格的な諸力（諸関係）の事物的な諸力への転化（すなわち疎外の事である——引用者）は、再び止揚する事ができるためには、（フォイエルバッハらドイツ・イデオローグのように——引用者）それについての一般的表象を頭から外へ追い出すことによってはできないのであって、ただ諸個人がこの事物的な諸力を再び自らの下へ従属させ、そして分業を止揚するのでなければならな

い。このことは共同社会なしでは不可能である」(Marx/Engels 1972: 98)、「全面的依存、諸個人の世界史的協働のこの最初の自然成長的型式は、この共産主義革命によって、これらの諸力、それは、人間達の相互ー作用から産み出されたものだが、これまで全く疎遠な諸力として彼らに畏敬の念を起こさせ、彼らを支配して来た諸力の、制御と意識的支配に変えられる」(Marx/Engels 1972: 63) というように、人間は自己の本質諸力としての生産力の疎外を克服できるし、克服せずにはおかないとされているからである。

おわりに

見られるように、マルクスにとって生産力とは何よりも疎外された生産力であり、疎外による生産力の自然成長性は、人類の「全史」に属するのではなくて、「前史」に属する。そして人類の「本史」とはまさにそれを克服して行く過程の始まりなのである。

しかるに我が"生産力主義批判"者たちは、自然成長性をもって生産力の歴史貫通的な性質と見なすことによって、マルクスを生産力主義者に仕立て上げ、創造的なマルクス主義批判者ないしは批判的マルクス主義者にでもなったつもりでいるらしい。しかしそれは新旧スターリン主義者によってカリカチュア化されたマルクスであって、マルクスその人ではない。確かに、マルクスの思想の歴史的限界を見極め、その生けるものと死せるものとを峻別することによって、その思想を現代に生きる我々の批判原理たるべく再構成して行くという方向は、正しい。しかし、その前に、まずもってカリカチュアを原像に復原しなければならない。

本稿は生産力概念を取り上げたが、それによって（残念ながら）マルクスを批判する前に、本当のマルクスを伝えるという、大きな課題が残っていることを痛感した次第である。

註

(1) そこには次のような認識が欠けているのである。「現代の社会主義運動には……二つの、基本的な、相対立する潮流、官僚主義的国権主義と民主主義的自主管理の潮流が存在する。哲学の分野では、これと同様に、スターリン主義的実証主義と創造的マルクス主義が対立している。スターリン主義的実証主義はマルクス主義ではなく、その否定である」(マルコヴィチ 1987: 83)。確かに代表的な国権主義的社会主義諸国は地上から消滅したが、その負の遺産を払拭するためには、上のような認識を持つことが不可欠である。

(2) 実際には「生産手段(土地、森林、水域、地下資源、原料資材、生産用具、生産用建物、交通。通信機関など)」(スターリン 1968: 37)と数え上げられているのだが、この「など」に人間を入れても違和感がないのがスターリン理論の特徴である。

(3) 「人間は社会の物質的生活の諸条件の不可欠の要素をなしており、人間の一定の最小限が現存しなければ、社会のいかなる物質的生活もありえない」(スターリン 1968: 30-31)。これは見方を変えれば恐ろしい文章である。なぜなら一定の最小限を残しておけば、社会発展に不都合な人間には消えてもらってかまわないと言っているのだから。

(4) こうして見ると、実はスターリンその人も、あくまで生産のための手段という観点からではあるが、人間を「生産力のもっとも重要な要素」(スターリン 1968: 38)としていたのであり、コージングの教科書の後に復活した古いスタイルの教科書でも、「労働する人間が社会の最も重要な生産力である」(レートロー 1972: 366)や、「知識や経験をもつ人間、勤労者は最も重要な生産力である」(ソ連邦科学アカデミー哲学研究所 1975: 285)とされていたのである。

(5) ちなみにレーマーは対象化について「マルクスはこの概念をただ『経済学・哲学草稿』と『ドイツ・イデオロギー』でだけ用いたに過ぎない。後になってマルクスとエンゲルスは、この概念が余りにも漠然としていることをはっきりと感じ取った。というのは、『資本論』においても『反デューリング論』においても、この概念を見い出すことはできないからである」(Römer 1967: 985-986)と述べているが、これは正しくない。レーマーのような見解の持ち主は、例えばグリュントリッセの次のような文章をどう解釈するのだろうか。「資本並びに賃労働の立場の上でこの対象的な活動体の産出が直接的労働能力に対立して行われる限りでは――この対象化の過程は労働の立場からは事実上外化の過程として、また資本の立場からは疎遠な

（他人の）労働の領有（獲得＝Aneignung）の過程として現れる——、この捻じ曲げや転倒は、現実的なものであり、単に私念されたもの、単に労働者と資本家の表象の中にだけ存在するものではないのである。しかし明らかにこの転倒過程は単に歴史的な必然性であり、生産の絶対的な必然性では決してない。むしろ、一つの消えゆく必然性であり、その過程の（内在的な）結果と目的は、この過程の形式とともに、この土台を止揚することである」(Marx 1983: 722)。ここでは対象化の過程が資本主義においては外化の過程として現れるという、『経済学・哲学草稿』と同じ論理が展開されている。次の一文は決定的である。「自己実現、主体の対象化、それ故真実の自由として、この活動こそがまさに労働である」(Marx 1983: 512)。これはもう殆ど、『経済学・哲学草稿』から抜き出してきたに等しかろう。

補論　生産力の質と疎外

「マルクス主義古典著作と現代社会発展」という今回のシンポジムのテーマに即して私は、社会発展に関する最も重要なカテゴリーである生産力を、マルクスその人の著作にまで遡って検討することにしたい。

生産力は唯物史観（史的唯物論）の基本概念である。マルクス主義教程等の教科書や通俗的な解説書では、一定水準の生産力と結びついた生産関係が社会の土台となり、その上にイデオロギー的上部構造が聳え立つというように解説される。言うまでもなくこれは『経済学批判』「序言」(Vorwort) のいわゆる「唯物史観の定式（公式）」に則った説明であり、その限りで間違いではない。問題は、マルクス自身は明言しなかったが、マルクスの文面からは明らかにそのように受け止められても仕方のないようなある解釈が流通していて、それがためにマルクスの理論が今日において「時代遅れ」であるというような知的雰囲気が、取り分け日本のような高度に発達した資本主義諸国で蔓延しているという点である。一言で言えばそれは、マルクスが「生産力の自律的な無限発展」ともいうべき観念を抱いていたということである。これは一体どういうことであろうか？

第十章　生産力概念についての一提言

　唯物史観の定式では、「人間たちの意識が彼らの存在を規定するのではなくて、反対に彼らの社会的な存在が彼らの意識を規定する」との前提から、「物質的生活の生産様式が社会的、政治的及び精神的生活過程一般を制約する」というように、存在の意識に対する規定性を強調し、人間の存立根拠である物質的生活の領域が、人間活動のその他の領域、特に意識活動の場であるイデオロギー諸分野のあり方を規定することが確認され、「彼らの生活の社会的生産において人間は、定められた、不可避的な、彼らの諸々の意志から独立した諸関係に、彼らの物質的生産諸力の一定の発展段階に照応した生産諸関係に入る」とされる。

　つまり、生産力もまた生産関係同様に「意思から独立」しているのである。生産力が意思から独立しているということは、生産力はそれ自体として自立的に展開＝発展してゆくものだということである。上の引用文に続く、「社会の物質的生産諸力は、それらの発展がある段階に達すると、これまでそれらがその中で動いてきた現にある生産諸関係、あるいはそのための単なる一つの法的表現に過ぎない所有諸関係と矛盾に陥る」という文章は、生産力が社会変化の主要な原動力であり、そのようなものとして生産力は、人間の意思から独立に、それ自体として自律的に発展を続けることを確証させる。そして生産力の発展が既存の生産関係を桎梏に変え、新たな生産関係への革命的変化を必然化させるということになる。

　ここから、資本主義後の生産力のあり方もまた資本主義までと同様に、「人間の意思から独立」に「自律的に成長」し続けるものだとの印象を受けるのは、無理からぬことである。しかし資本主義までとは決定的な違いがある。ポスト資本主義社会では生産力の発展は、決して既存の生産関係の桎梏にはならないということである。この最終的な生産様式では、生産力は無限に発展することができる。最早遮るものはないのである。共産主義においては、生産力の在り方そのものは資本主義同様に自律的であるものの、資本主義と異なり、生産力は無限に発展してゆくのである。これが「生産力の自律的な無限発展」ということの理論内容である。

　このような理論に対して今日的な観点からそのアナクロニズムが指摘され

るのは、無理もないことである。たとえ共産主義が実現されるとしても、あくまで地球上に築かれるはずである。しかし大地は有限なのだ。それは人間によって無限に汲み続けられる富の源泉ではない。生産力の無限発展という、資源の無制限な利用を前提とするような理論は、環境問題の地球規模での危機を予想する必要のない牧歌的な時代の歴史観であり、今日的な有効性を失っていると批判されがちである。

　このような批判に対しては、生産力というカテゴリーそのものへの誤解だと一蹴することも、あるいは可能かも知れない。つまりここで生産力といっているのはあくまで「生産効率」のことであると。投入に対する産出の割合、どれだけロスが少なく効率よく生産できるようになるかが、「生産力の発展」なのだと。確かにこのような意味では生産力の無限発展は望ましいことであり、生産は可能な限り効率性の上限を目指すべきである。しかしながら、生産力というカテゴリーにはなるほどこのような意味もあるが、専らそのような意味だとは、到底言えない。「定式」の叙述も、生産の効率というよりもむしろ、生産の「総量」を問題にしているように見える。少なくともこれまでの人類の「前史」においては、生産の効率と総量は密接に結び付き、前者は後者のための手段とされるのが基本だったのではないか。生産の総量を増やすことを目的とせず、ましてや総量を減らしつつ効率を高めようというような動きは、環境問題が強く意識される今日ならいざ知らず、少なくともマルクスの生きた時代の生産力のあり方ではなかっただろう。できる限り総量を増やすのが効率化の目的であり、総量の増大こそが生産力上昇の本質的契機を成すとマルクスは見ていたのではないか。

　ならば「生産力の自律的な無限発展」というマルクスの観点は、やはり「反エコロジー的」であり、時代遅れの楽天主義ということになるのだろうか？必ずしもそうとは言えない。それは、定式の最後の箇所が、「ブルジョア的生産諸関係は、社会的生産諸過程の……最後の敵対的な形式である。しかし、ブルジョア社会の懐で発展しつつある生産諸力は、同時にこの敵対の解決のための物質的諸条件をも創出する。だからこの社会構成をもって、人間社会の前史は終わる」となっていることから示唆される。つまり、人類の歴

第十章　生産力概念についての一提言

史はブルジョア社会を境にして、大きな質的飛躍があるのだ。ブルジョア社会までの歴史は「階級闘争の歴史」であるが、それ以降はそうではない。最早社会の基本性格が諸個人に敵対を強いるようなものではなくなっている。社会の土台は生産関係であり、生産関係は生産力によって規定される。社会の性格が変化したならば、何よりも生産力のあり方こそが質的に変化しているのでなければならない。生産力のあり方が旧社会同様では、人類の前史は終わらない。

　ならば生産力はどのように変化するのだろうか。この点を定式のみから伺うことはできない。このためには、マルクスが最初に生産力概念を展開した『ドイツ・イデオロギー』に遡る必要がある。

　『ドイツ・イデオロギー』では生産力は何よりも、「諸個人、彼らの諸力が生産諸力である」というように、人間の本質的な諸力として位置付けられる。生産力が本質諸力だということから、マルクスが人間の本質を論じる際の中心概念である「疎外」との関連が、当然予想される。確かに疎外論が全面展開されている『経済学・哲学草稿』では、未だ生産力というカテゴリーは現われていない。しかし、「普通の、物質的な産業の中に……我々は、感性的な、疎遠な、有用な諸対象という形式の下に、疎外という形式の下に、人間の対象化された本質諸力を目の当りにしている」という一文からは、産業とは人間の本質諸力としての生産力の現われであり、しかもその「疎外された」現象であるということが見て取れる。すなわち、生産力とは人間の本質諸力であるがために、近代ブルジョア的なあり方においては疎外されるということである。

　そして生産力は疎外されているがために、『ドイツ・イデオロギー』では、「それは我々のコントロールをはみだし、我々の予定を妨げ、我々の計算を無効にする」ものであり、人間に「固有の、連合された力（Macht）としてではなく、一つの疎遠な、彼らの外に成立している強力（Gewalt）として現われる」（ここでマルクスはMachtを肯定的に、Gewaltを否定的に用い、「アソシエート（連合）したMacht」と「疎外されたGewalt」という対立図式を打ち出している。非常に興味深い）のだとされている。このような疎外された生産力の基本

性格こそが「自然成長性」(Naturwüchsigkeit)である。これに対して「共産主義は、全てのこれまでの生産と交通諸関係の基礎を覆し、そして全ての自然成長的諸前提を初めて意識的にこれまでの人間の創作物として取り扱い、その自然成長性を剥ぎ取り、そうして連合された諸個人の力（Macht）の支配下に置く」のである。つまり、前史において生産力は自然成長的であり、自律的にそれ自体で展開してゆく。生産力は人民によって十分にコントロールされるものではなく、自律的な生産力は人民にとってはむしろ他律的なものとして対峙する。これに対して前史の後には生産力の自然成長性が剥ぎ取られ、生産力は人民によって自律的なコントロールに服するものとなる。マルクスは生産力が人民によって十分にコントロールされない場合、それが「破壊力」に転化する可能性を示唆していた。つまり前史の後における生産力の在り方は、無限に自律的に発展してゆくようなものではありえない。むしろ生産力は、それ自体としては他律的になり、人民によってコントロールされ得るものになるのである。

　この結論によって、マルクスの理論が反エコロジー的であるという偏見に、確固とした反論を打ち出すことが可能になる。生産力がポスト資本主義社会においても人々の意思から独立して無制限に物質的総量を増やし続けるのだとしたら、そのような「唯物史観」は時代遅れの成長神話の一変種に過ぎない。しかしそれはマルクスその人の歴史理論ではない。生産力は共産主義段階においては疎外的性格が拭い去られ、人民が嘱望するエコロジカルな文明の建設に奉仕するものに転化する。この段階において生産力は、地球環境を破壊するまで総量を増やすことなく、持続可能な文明の土台となる。これがマルクスの生産力についての理論が現代にもたらす、実り豊かな可能性である。

第十一章　曲解されたマルクス

はじめに

　1996年5月から、《現代思想の冒険者たち》と題するシリーズが、大手出版社講談社より刊行され始めた。このシリーズは全31巻の企画である。30巻を越えるということは、かなり大掛かりな企画だと言ってよいだろう。それにしても、全30巻ではなくて全31巻というのはいかにも半端である。なぜこのようなことになっているのかというと、本来のシリーズは今世紀に活躍した思想家を一人一巻づつ取り上げる30巻のシリーズなのであるが、このシリーズの言わば「総序」として、0巻と銘打って、19世紀及び19世紀から20世紀にかけて活躍した思想家の内、20世紀思想史に決定的な影響を与えたと考えられる思想家を、このシリーズの監修者四人がそれぞれ一人づつを担当している巻が含まれているからである。今世紀の代表的な思想家を30人に絞り込むこと自体がかなり無謀な企てであり、さらに四人だけとはどう考えてみても無理があると思うが、時としてこのような鳥瞰的な試みも、木ばかりを見て森を見失いがちな一部の研究者などには一定の裨益をするところがあろうかと思う。
　では問題のこの巻『現代思想の源流』(第1回配本分、5月刊)において取り上げられた名誉ある思想家は誰であろうか。我々にとって喜ばしいのは、社会主義思潮の権威凋落も甚だしいこのご時世に、社会主義的ヴェクトルをもった読者を殆ど想定していないはずのこのシリーズにおいて、マルクスがその名誉ある一人、しかもその筆頭に選ばれていることである。他の三人はニーチェとフロイトとフッサールであり、それぞれ三島憲一、鷲田清一、野家啓一の各氏が担当している。このような多くの人目に触れるであろう著作で

マルクスが最大級の取り扱いを受けていることは、何はともあれご同慶の至りというものである。

そこで我々は、このようなシリーズのかような巻であるがこそ、この「マルクス」の担当者に、少なくない期待を寄せざるを得ない。出来る限り適切なマルクス像を出来る限り効率的な仕方で読者に伝えてほしいというのが、担当者に対する我々の願いである。しかしこの願いは、木っ端微塵に粉砕される。もちろん誰しも自分と全く同じ考えを他人に強要することはできない。しかし、少なくとも、対象についての最大公約数とも言える内容を著者に要求することは、読者の正当な権利である。このような権利を守るためにも、マルクス研究者としての矜持を保つためにも、この《書》に書かれている目茶苦茶なマルクス論を看過することは私にはできなかった。私はこのような人物が、マルクスの真髄を広く一般に伝えるという重責ある任務を行うという現象自体が、我が国のマルクス主義研究の弱体化を象徴しているのではないかと憂う。

この担当者とは今村仁司氏（今は既に故人となっている）とのことである。

1.《書》の意図

この書は、そもそもその意図からして異様である。大手出版社から出版され、全国津々浦々の、少なくとも思想書を扱っている殆ど全ての書店の店頭に並ぶであろう書物の果たすべき、あるいは果たさざるを得ない機能ははっきりしている。それは、研究者とともに一般読者をも適切に問題の思想家の精髄に触れさせるという良心的な啓蒙書としての機能である。事実この本の帯には、「20世紀のすべてがわかる画期的シリーズ」だとか、「来世紀へ、知の基本構造を変革する34人の知的冒険者たち。その思想と人物を、やさしく解説する最新の思想全集」などといったフレーズが踊っている。この書及びシリーズは、啓蒙的役割を果たさんとすることを第一の課題にしていることが伺われる。ところが、このような宣伝文句と、この書の「まえがき」とは、常識的な観点からすれば、共約不可能な齟齬を来している。

「まえがき」ではまずこの書の意図が、「二十世紀思想の激動のいわば震源地ともいえる四人の思想家をとりあげる」（今村 1996: 1）というように、帯の宣伝文句と対応する形で提起される。ところがその後に、「もちろん、この四人の思想家については、これまでもさまざまな視角から、おびただしい頁数の文章が書かれてきた。そういう作業を、ここで現代思想の震源地という視点からくりかえそうというのではない」（今村 1996: 2）と続く。最初に四人の思想家を現代思想の震源地と見なして取り上げると言っておきながら、これらの思想家を現代思想の震源地という観点からは取り上げないと言っているのである。一体著者が何を言いたいのか理解に苦しむが、私の方が誤読をしていると引き下がって、これらの思想家を「現代思想の震源地」と見なしていることは確かだが、その解説を通説どおりに繰り返すのではなく、通説的ではない形で《繰り返す》ことを著者たちがもくろんでいるのだと解釈したい。

　それにしても、ある思想に関する旧来の解釈を繰り返すのは、その解釈が適切であるからであって、その解釈が通説であるからではない。ある解釈が異端的であっても、適切な学問的手続きと信念に基づいて正しいと確信するのであれば、それを繰り返すべきである。ところが「まえがき」の著者は、通説は通説であるだけでもうそれは端から繰り返す価値のないものであるかのように考えているようだ。勿論正統も異端も含めて、これまで誰も唱えて来なかった新解釈を提起するのは自由である。しかしこれら四人の思想家、特にマルクスのように膨大な研究蓄積のある思想家について、細部に関する研究はともかく、その全体像について、全く新しいことを言おうとするのは、極めて困難である。

　それゆえ、このような思想家に関して概観しようとすれば、通説でなくとも、異端的な様々な諸解釈のどれとも少しも類縁性をもたない解釈を意図することは、かなり無謀なことと言えるのではないか。ところが「まえがき」によるとこの書の著者たちは、蛮勇を振るってこの無謀な試みに赴くのだと言う。いわくこの書は、「思想史のなかでこれまであまり論じられてこなかったような視点を設定し、そこから、それらの思考が現在という時点におい

てどれほどのアクチュアルな射程をもっているのかを問うている」（今村 1996: 1）ものらしい。当然「あまり論じられてこなかったような視点を設定」すること自体は自由である。しかしそれは、その視点が正しいからであり、今までの解釈の殆どが誤っているという確信を抱いているときにのみ許されることなのだ。ところが著者たちは、余り論じられてこなかった視点を設定することを理由に、次のようなことを言うのである。

> だから、時には誤りを恐れず大胆すぎるような解釈を提示していることもあれば、ときに思想の内在的な理解よりは文化史的な衝撃の大きさや位置づけにより深くメスを入れている場合もある（今村 1996: 2）。

「誤りを恐れない」というのはどういう意味なのだろうか？解釈にとって必要なのは最大限誤りを恐れることである。誤りを恐れなくなってしまったら、学問的にいい加減なことをいくらでも言えるようになってしまう。「大胆すぎる」というのはどういうことだろうか？彼らの言う《正しい解釈》は、「あまり論じられてこなかった視点」に基づくものであるから、研究者から見れば大胆に見えるのは当然であって、研究者たちに大胆に見えることを恐れても無益なことである。それとも彼らの解釈は、旧来の全ての《誤った》解釈者の顔色によって左右されるものなのであろうか。だったら通説を通説であるという理由だけで初めから退けるようなことを言う必要はないのではあるまいか。

「まえがき」の著者はまた、思想の内在的な理解と文化史的な位置付けを外在的に対立させているように見える。しかし、ある思想の内在的な理解にとって、その思想及び思想家の文化史的な位置付けが必要不可欠な媒介になることは往々にしてあることだし、歴史研究においてある思想及び思想家を文化史的に位置付けようとするとき、その思想の内在的な理解が前提となる場面も考えられなくはない。著者がこんな基本的なことを知らないとは思えないが。

ともかく、ある思想の最大公約数を明確にしようとする啓蒙的研究の役割

第十一章 曲解されたマルクス 199

からすれば、著者たちの意図は余りにも異様である。しかし、これは全くやむを得ないものであることが分かる。と言うのも、著者たちは次のようなとんでもない密約を交わしているのだから。

「すくなくともかれらの思想の最大公約数的な要約をすることだけはやめておこうというのが、わたしたち編集委員がはじめに約束したことである」（今村 1996: 2）。

大多数の読者はこの書に、「やさしい解説」を期待するはずだし、この期待は全く正当である。それゆえこの本を売る側は、ごくごく常識的にやさしい解説をこの本の売り文句にしているのだ。「やさしい解説」とは、「最大公約数的な要約」以外の何なのだろうか？

ところが肝心の著者たちは、要約をあらかじめ放棄してしまっているのだ。これでこの《書》の運命は決まったも同然である。最大公約数的な要約を心掛ければ、膨大な研究蓄積の中の正統及び異端の解釈を十分踏まえなければならなくなるのであり、多くの論点に関して旧来の解釈と類似してくるのは、やむを得ないことである。ところが最大公約数的な要約を放棄してしまえば、これまでの研究蓄積とかかわりなく好き勝手なことを言える広大な余地が現れてくるからだ。あるいは著者たちには何の矛盾もないのかもしれない。彼らはただ《面白い》考えを開陳することによって自らのナルチシズムを満たしたいだけかもしれない。しかし読者はそうは行かない。四人の思想家の基本的観点を、すなわち最大公約数の学習を目指すであろう多くの読者は、「誰も言ったことの無い」「面白い」解釈を、唯一可能な解釈だと信じるかもしれない。そしてもしその解釈が、とんでもない謬論であるとしたら、その悪影響は深刻なものだと考えざるを得ない。

私は他の三人の思想家については何も言わない。それはそれぞれの専門家に任せたい。しかしマルクスは、このマルクス解釈はまさに、最大公約数的な要約を無視した結果現れた、過ちを恐れない、すなわち厚顔無恥な解釈者による、大胆過ぎる、すなわち目茶苦茶な代物である。本来学問は批判するに値する対象の批判を試みることによって、認識の深化を目指すべきものだと言えるが、その意味で言うと今村氏のマルクス論は、正直言って取り上げ

るに値しないものである。しかしこの「大胆な解釈」が及ぼすであろう悪影響を慮るとき、マルクスの原像を明確にするという私の使命の一環として、最小限確認すべきことだけでも繰り返す必要があると信じている。

2．マルクスの読み方

　今村氏の論文は、意外なことに正しい問題提起から始まる。

　ソ連的イデオロギーの解体は、マルクスの思想にとって幸運である。ソ連のイデオロギーはマルクスの思想を歪曲し、社会の変革ではなくて、現存国家の正当化論へと変質させたのであるから、そうした足枷から、マルクスの思想は、いわば自動的に開放されたとも言えるからだ。マルクスの思想を、これまでの参照枠とは全く異なる観点から、冷静に扱える時代が到来したとも言える。その意味でソ連の崩壊現象はマルクス的批判精神の救出には好都合である（今村 1996: 21）。

　「これまでの参照枠」というのが何を指しているのか明確ではないが、もしこれが「ソ連のイデオロギー」を指しているのだとしたら、ここで言われていることは全面的に正しい。しかしもしこれが「まえがき」で示唆されていたような「これ迄の全てのマルクス解釈」だとしたら、正しくない。『プラクシス』派のような我々が模範とすべき「これ迄のマルクス主義」が実在していたからだ[1]。どちらにせよ、ソ連崩壊でなし崩し的にマルクス離れが起きている昨今で、《今こそマルクスを読み返す》という心意気自体は我々と軌を一にしている。

　今村氏のマルクスへのこだわりは首肯できるものである。「次の時代に向けて批判と抵抗の精神を開拓していくときに、われわれの思想的実情では、まだマルクスにとって代わる巨匠はいない」（今村 1996: 21）。そして氏はこのようなマルクスを救い出すためには、「マルクスを読む土台または観点を変更していかなくてはならない」（今村 1996: 22）という。確かに「ソ連のイ

デオロギー」的な読み方の土台を変更していかなくてはならない。が、これまでも『プラクシス』派のような、そして最近では《分析的マルクス主義》[2]のような非教条的なマルクス主義学派が活躍しており、そこには多くの学ぶべきものがあるのだ。それらを一切挙げないで、徒に「新しい読み方」を説くということは、今村氏の教養の範囲を疑わざるを得ない。しかしともかく、氏の言う「新しい読み方」によってマルクスが救い出せるのなら、それはそれで歓迎すべきことである。では氏はどのような読み方を推奨しているのか。

　いまマルクスを読むということは、文献考証的に読むことではないし、好事家的関心からマルクスを読むことでもない（今村 1996: 21）。

　今村氏はまるで文献考証的に読むことと好事家的に読むことは同じであり、ともに退けるべきだと言っているかのようである。これはおかしなことである。次の時代に向けての批判と抵抗の精神を開拓するための古典としてマルクスを読むためには、何よりもまずマルクスを文献考証的に正確に読むことが必須の前提になるはずである。これは決して好事家的に読むことと同じではない。もし文献考証が、それによって次の時代に向けての批判と抵抗の精神を開拓するというアクチュアルな目的を喪失した上で行われるとき、その考証は好事家的なものに堕落しているのである。ところが今村氏はまるで文献考証は直ちに好事家的なものであり、詮無いものであるかのように言っている。これでは文献考証無しで思いつきを披瀝して良いのだと言っているように聞こえる。もちろんそんなことは許されない。しかし、後に見るように、思いつきを良とする非学問的な態度が、今村氏の解釈の前提に横たわっているように思えてならないのである。

3．マルクス対「複数のマルクス主義」

　今村氏は「新たな解釈」によって、マルクスを氏の言う「複数のマルクス主義」から救い出せると信じている。しかし、マルクス主義は「スターリン

主義」のような否定すべき歪曲態から、「分析的マルクス主義」のような創造的形態まで、多種多様なのである。それを唯「マルクス主義」の名の下に一括するなどということは、それ自体無教養な非学問的態度だと言わざるを得ない。しかしこういった教養は今村氏には期待できないことなので、ここは目をつむって、いかに氏がこれまでのマルクス主義を総括しているのか見てみたい。

　マルクスの思想のなかには、後に「マルクス主義」(間違い。「スターリン主義」と言うべきである。——引用者) の名の下で現存権力正当化の教義体系になる可能性あるいは萌芽がはらまれていた。歴史的人物としてのマルクスのなかには「複数のマルクス」があった（今村 1996: 24）。

　今村氏の言いたいことを翻訳すると、マルクスの思想の中には、スターリン主義へと歪曲される要素が潜んでいたということであろう。これは確かなことだ。しかしそれはスターリン主義がマルクス主義を僭称したということであって、スターリン主義の中にはマルクスの哲学的核心であるヒューマニスティクな疎外論哲学が全く継承されていなかったということももまた、確かなことなのである。しかしここは今村氏の話の続きを聞こう。

　マルクスの著作のなかには、ヘーゲルまたはフォイエルバッハから仕込んだいくつかの「哲学的用語」がばらまかれている。若きマルクスはフォイエルバッハの自然主義的唯物論を採用していたが、自然存在の観念と精神に対する優位のテーゼが教義化されるとき、しかもそれにヘーゲル主義の矛盾の弁証法が結合されるとき、ロシア・マルクス主義と同義の「弁証法的唯物論」が捏造される。これは、「神」または「精神」の位置に「物質」または「自然」を入れ替えたものであり、唯物論という名のもとでの観念的形而上学でしかない（今村 1996: 26）。

　《新奇な解釈》を披瀝するはずの今村氏には相応しくなく、「若きマルク

ス」が「フォイエルバッハ主義者」だったというのは晩年のエンゲルスの回想に由来する解釈で、ロシア・マルクス主義者の多くが採用した伝統的解釈の一つである。この解釈は誤りなのだが、ここではそれを論証することはしない。

　後半の文章に注目しよう。先ず第一に、ロシア・マルクス主義と「弁証法的唯物論」が同義なはずがない。アンリ・ルフェーヴルをロシア・マルクス主義者に数える人はいないが、彼の初期の傑作に『弁証法的的唯物論』(1949年)という著作がある。『経済学・哲学草稿』の「全体的人間」概念を中核に据えたルフェーヴルの人間主義的マルクス主義は、およそロシア・マルクス主義の「弁証法的唯物論」と対極にあるものである。

　「神または精神の位置に物質または自然を入れ替えたものであり、唯物論の名のもとでの観念的形而上学でしかない」という規定は、カトリック神学系のマルクス研究者が繰り返し強調して来た規定とそっくりである。例えばその代表者の一人であるボヘンスキーは、有名な著作の中で次のように述べている。

　　彼にとってこの弁証法は、神の排除のための一つの有用な道具であったということを把握するのは容易である。まさにsamodviženijeの理論、すなわち自動説の理論の中で――レーニンによればこの学説の一つの本質的な特徴――、この理論によれば物質の永久運動がその理論の本質的属性であるが、弁証法はそれ自身神の実存の受領への道を閉ざしている。この学説の中で、レーニンは或る別の絶対者を見いだしている。ただ自己にだけ由来する、それ自身無限である、運動する無限の物質である。それが彼の神である。弁証法はまた、あらゆる宗教が想定するようないかなる完全理念への道も塞ぐ。生成はここでは、何の目的も無く、同じように何の終局も無い。弁証法はかくして、全く正当にも《唯物論の魂》と呼ばれる。実はそれは彼の宗教なのである（Bocheński 1950: 123-124. ボヘンスキー 1962: 129-130）。

今村氏は剽窃漢なのだろうか？しかしここは、彼が単に無知だったのだと考えることにしたい。
　今村氏の言う「複数のマルクス主義」には、「疎外論または主体的唯物論」も含まれる。これらはルカーチに由来するらしい。

　最初にジェルジ・ルカーチは、若きマルクスの有名な『経済学・哲学草稿』（別名『1844年草稿』または『パリ草稿』）が公表される以前に、彼の『歴史と階級意識』（1923年）のなかで疎外論の哲学を提唱していた。彼は『資本論』第一巻の商品論にある「物象化」概念を疎外論の意味で受けとめて、同時に疎外克服の歴史的主体をプロレタリアートと呼ばれる階級的主体性に求めた。ルカーチの豊かな才能のおかげで、ヘーゲルとマルクスの思想的関連がかつて以上に明快にされ、ここにはじめて「ヘーゲル―マルクス問題」が研究主題として登場することになった（今村 1996: 28）。

　『歴史と階級意識』が『経済学・哲学草稿』の疎外論を先取りしていたという見解は、今日でもしばしば耳にする。しかしこれは、何よりもルカーチ本人の意向を全く無視した俗論である。ルカーチ自身は自著をその晩年において、最終的に次のように総括していたのである。

　『歴史と階級意識』はところで、そこにおいてもまた疎外が対象化（マルクスの『経済学・哲学草稿』の用語を借りれば）と同一視されている限りでは、ヘーゲルに従っていた。この根本的なそして重大な誤りは、確かに『歴史と階級意識』の成功に多くの寄与をした。既に述べたように、疎外の思想的な暴露が設定され、当時の雰囲気の中で、それはすぐに現代の資本主義における人間の状態を探求する文化批判の一つの中心問題となった。ブルジョア的、哲学的な文化批判にとっては、これはハイデッガーを考えてみれば十分だが、社会批判を純粋に哲学的な批判へと昇華し、その本質からして社会的な疎外を、後に成立した用語を使うとすれば、永遠の《人間の条件》にすることは極めて容易だった。『歴史と階級意識』のこうした叙述

様式が、たとえこの本が別のことを、いや正反対のことを志向していたにせよ、そのような立場を招来したことは明らかである。対象化と同一視された疎外は、確かに一つの社会的カテゴリーとして思念された——社会主義はもちろん疎外を止揚すべきである——のだが、階級社会における疎外の止揚されざる現存在と、そして何よりも疎外の哲学的論証は、それにもかかわらずこのカテゴリーを《人間の条件》に近づけたのである（Lukács 1968: 26. ルカーチ 1972: 191-192）。

疎外と対象化の区別はルカーチによると、『経済学・哲学草稿』の疎外論の根本的枠組みを形成している、マルクスの疎外論をヘーゲルの疎外論から区別するメルクマールである。

ヘーゲルは資本主義における非人間的な疎外を対象化一般と混同し、そして前者を止揚する代わりに、後者を観念論的な仕方で止揚しようとした。……このような根本的に誤った前提の下でヘーゲルは、現実の疎外が資本主義社会全体を支配しているため、また彼の哲学がこの社会の表現であったため、対象性一般、意識から独立に存在する客観的実在性を、精神の外化として、自己意識の外化としてつかまざるをえないのである（Lukács 1954: 336-337. ルカーチ 1958: 146-147）。

要するに、『歴史と階級意識』は『経済学・哲学草稿』のマルクスによって鋭くえぐり出され批判された、疎外と対象化を同一視するヘーゲルの観念論と同一の地平に立っていたということである。すなわち『歴史と階級意識』の物象化論は、『経済学・哲学草稿』の疎外論によって克服されたとルカーチは言っているのだ。それ故、ルカーチが『歴史と階級意識』を過去の著作だと事あるごとに述懐していたのは、全く本心からなのである。なぜなら彼は、『歴史と階級意識』を克服することで自らの認識を発展させた信じていたからである。このような事情を知れば、「若きマルクスの『草稿』が発見されるに及んで（1932年に出版）、ルカーチの見解が実際にマルクスのテクスト

に見いだせることがわかった」（今村 1996: 28）などというのが、いかにぶっきらぼうな俗論であるかが分かろうものである。

　今村氏は、「疎外論は、マルクスの片言隻句ではなくて、文字どおりマルクスの思想であった」（今村 1996: 30）という。これは完全に正しい。これに限定句を付けないのが我々の見解である。しかし今村氏は間違った限定句を付ける。「われわれの見るところ、マルクスはそうした青年期の疎外論または主体性論を後に乗り越えたと了解するけれども」（今村 1996: 28）。ここに今村氏のマルクス解釈上の立場がはっきりとした。氏はあの《疎外論超克論者》の一員なのである。これは新奇なところか、新旧スターリン主義者である《ロシア・マルクス主義者》たちの最もポピュラーなマルクス解釈上の立場である。おまけにその論証形式まで同じだ。『経済学批判』（1859年）「序言」での「以前の哲学的意識の清算」という回想を、疎外論的思考様式の自己批判の証言とする論証形式（今村 1996: 35）である。

　　『ドイツ・イデオロギー』のなかで、フォイエルバッハからシュティルナーにいたるヘーゲル左派への痛烈な批判は、マルクスがかつて共有していた自己意識の哲学への自己批判である（今村 1996: 39）。

　ブルーノ・バウアーの自己意識論を痛切に批判したマルクス（『聖家族』）がなぜ自己意識の哲学者なのか不明だが、ここで述べられている『ドイツ・イデオロギー』による疎外論的思考の自己批判というのは、多くのスターリン主義的な解釈者によって提唱されて来たマルクス解釈上の神話なのである。
　疎外論とは今村氏によると次のような哲学なのだ。

　　人間主体が疎外され、それが主体の変革的実践によって克服されて、矛盾や亀裂のない透明な主体性を回復するという論理的構図をもつかぎり、起源（原理）と目的（自然と人間との和解、我と自己との和解）をもつ歴史の存在論であり、要するに「神」に代わる「人間」を「起源」と「目的」にする「神学的」形而上学である。それは「自然」または「物質」を起源＼目的＼

原理にしたソ連系の「弁証法的唯物論」の反対物であるが、形式的構図は全く同じである。すなわち、両者は同じ土俵の上にあるのだ（今村 1996: 30）。

「矛盾や亀裂のない透明な主体性」とは何のことか？また「回復」するということは、そういう主体性を人間はどこかで持っていたのか？「我と自己との和解」というのは何とも意味不明な日本語である。ともかく、氏の言っていることは、ロシア・マルクス主義者ではユーリ・ダヴィドフ、我が国のマルクス主義者では廣松渉等に代表される《疎外－回復説批判》のかなりユニークなヴァリエーションだと考えられる。しかしこうした疎外論批判は、次のことを理解していない。

マルクスの人間学と歴史哲学における鍵となる諸概念の本性は、彼の理論的思想の性格をもよく示している。それらの概念は、たんに記述的および説明的であるだけではなく、また価値的および批判的でもある（マルコヴィチ 1995: 18）。

そして疎外論において前提されるのは、記述的概念としての人間概念ではなくて、「人間がそれであるべきところのものという意味での価値」（マルコヴィチ 1970: 93）としての規範的概念なのである。だから、「人間がそれから疎外されているところのものは、存在論的な意味で理解されてはならない。つまり、人間がかつて過去において、もっていたが、その後失ってしまった、固定した人間的本質あるいは人間的自然［本性］として理解されてはならない。それは、悪しき形而上学であるか、それとも、原始社会の経験的に誤っている理想化である」（マルコヴィチ 1970: 93）。

確かに、人間がそうあるべき規範としての人間概念を事実としての記述的概念にしてしまったら、そのような《人間》なるものが歴史上のどこかに存在しなくてはならなくなる。そのような《人間》を前提にするような《疎外論》なるものは、確かに一つの「神学的」形而上学だと言ってよいだろう。しかしそれは今村氏の理解する《疎外論》なのであって、マルクスその人の

疎外論ではないのである。

4．「消極的唯物論」の「指差し機能」

今村氏はレーニンやルカーチのように、意識から独立の客観的実在の優先性を議論することを、ボヘンスキーに習って神学的形而上学だとするにもかかわらず、マルクスを唯物論者だと捉えている。

哲学的構図から排除されてきたもの、それが社会的実践と社会生活である。この意味での実践（マルクスの原語ではプラークシス）は、哲学的構図（問と答えの方向を決定する構造）の盲点になっているから、原理的に哲学には、見ることも考えることも禁じられている。そしてこの「外部」または「盲点」を指さすことこそ、マルクスが開拓しようとしていた唯物論であると言える。見えざるものを見えるようにする機能が、指差し機能であり、それによって人間の思考は、伝統的哲学が指示するものとは本質的に異なる道を発見し、考えることができる。こういう機能をさして唯物論的機能と言う。まさにそれが、思考の分野における批判的で「革命的」な活動である。マルクスはこの側面をこそ念頭においていたに違いない（今村 1996: 38）。

伝統的哲学も随分と低く見られたものだ。伝統的哲学者の一人アリストテレスは、学を理論学、実践学、制作学に三分した。そして理論的な学の目的は真理であるが、実践的な学の目的は行為であるとした（『形而上学』）。実践において人々は善きものを目指し（『ニコマコス倫理学』）、善きものの中の最善なものはポリスである（『政治学』）。それゆえ実践的な学の目的は、ポリスの中で優れたエートス（人柄）をどのようにして身に付けるのかという問題になる。ここでポリスを社会一般と読み替えれば、アリストテレスがいかに「社会的実践と社会生活」を深く哲学していたかが分かるだろう。それどころか、社会生活への関心は、アリストテレス（『政治学』）によれば、ソフィス

第十一章　曲解されたマルクス

トたち（パレアスやヒッポダモス等）に遡れると言う。まさに今村氏とは反対に、マルクーゼの言うことの方が正しい。

> わたしたちは──フランクフルトでも、のちに合衆国でも──なんらかの仕方で人間の状態をその具体的状況の中で、つまり社会的政治的状況の中で顧みたことのないような哲学など本物とは考えませんでした。わたしたちにとって哲学は、プラトン以来ずっと、いつでも際立って社会哲学そして政治哲学でした（『マルクーゼとフランクフルト学派』、マギー編 1983: 71-72）。

アリストテレスとマルクスの関係については、次のことだけでも指摘しておこう。

> マルクスは現実態と可能態との間のアリストテレスの区別に新しい生命を与えた。現実の人間存在は、どれほど堕落した疎外されたものであろうと、常に解放と創造のための潜在能力を保持しているのである（Marković 1991: 245）。

ともかく今村氏によると、マルクスの「新しい唯物論」の主要機能は「指差し機能」だというのである。

> 唯物論は理論としては「弱い理論」でなくてはならない。「強い理論」は体系的な形而上学または観念論になる。だから唯物論は、認識の健全さにとって最も大切な見方であるが、それはあくまで「消極的唯物論」でなくてはならない。こうすることで唯物論は、「起源」と目的をもつ観念論＼形而上学＼神学から峻別され、それとは異なる思考の方向を「指差す」ことができる。ところが、こうした考察を欠くとき、「弁証法的唯物論」という名の神学的「唯物論」の化け物が生まれてしまう（今村 1996: 27）。

誰も言ったことのない新奇な解釈を披瀝するという今村氏の意気込みとは

裏腹に、これまで見た限りでは、氏の解釈は何処かで誰かが言ったこと、それも少なくない人々が言って来たことを、出所を明示せずに繰り返すことに終始していた。ところがここに来て俄然様子が違って来た。「消極的唯物論」の「指差し機能」などという話は、確かにこれまでどこでも聞いたことのない話だ。しかし、これは当たり前である。「『指差し（機能）』は私の造語である」（今村 1996: 38）からだ。

　私はこれを読んで絶句した。このような学問の在り方を見たのは初めてだったからだ。ある思想家の理論の最重要概念を、その思想家がどこでも使っていない言葉を勝手に使って説明するという学問の仕方があるとは！確かにある重要概念Xを、その思想家がそのものずばりの形では使っていないで、X'やX''で使っている場合はある。この場合、X'やX''をXへ純化して行くという操作なら、学問的手法として首肯できるものである。しかしマルクスが一体どこで「指差し機能」なる言葉の類似語を使っているのだ。そもそもドイツ語では何というのだ？今村氏はこの言葉を使うための論証をどこでもしていない。これでは何が何だかさっぱり分からないではないか！？

　今村氏は『資本論』のフェティシズム論を自己の指差し機能論と接合しようとする。ところが困ったことに、肝心のマルクスの文章を解釈しようとする段になると、今村氏にはマルクスの論理が、「神学的形而上学的」な《疎外論》の論理に思えてしかたないのだ。氏はフェテイシズム論の解釈史をまず次のように振り返る。

　　フェティシズム現象は、ルカーチ（『歴史と階級意識』1923年）からサルトル（『弁証法的理性批判』1960年）まで、人間の疎外の現象として解釈されてきた。近代経済のなかで生きるかぎりでの人間たちは、自分の労働生産物を他人の私有財産として奪われて、自分の労働から、自分の生産手段から、自分の仲間から疎外される。またそうした疎外の現実を取り違えて、商品価値を自明なものと受け取る「思いこみ」をする。自分の生産物に従属して自分を喪失するという、こうした構図は、若いマルクスの『経済学・哲学草稿』（1844年）の疎外理論と同じであり、『資本論』もそうした構図で書

かれていると多くの論者は考えてきた（今村 1996: 66-67）。

当然今村氏はこのような解釈を厳しく批判するはずである。ところが氏は次のように続ける。「たしかに、マルクスの記述はそう読まれても不思議ではない」（今村 1996: 67）。どうしたことか、随分と優しげな言い方だ。氏の話の続きを聞こう。

この事態を初期マルクスにならって「疎外」理論の構図で解釈するすることはたしかにできる。つまり、「人が物になる」事態を疎外と呼び、フェティシズムを疎外の比喩として理解する伝統がながく続いてきた。それはそれで、資本主義の人間的実態を批判的に指摘し、そうでない社会の可能性を目指す思想的効果はあった（今村 1996: 67）。

ここへきて今村氏は疎外論へと宗旨変えをしたのであろうか。そうではない。「とはいえ、疎外論は、疎外されざる人間の本質を前提にする『本質主義的』または『実体論的／根拠論的』思考図式をもっているから、明らかに観念論的である」（今村 1996: 68）。やはり氏は疎外論的解釈を批判しようとしているのか。しかしこれもそうではない。なぜなら今村氏は疎外論者がマルクスを観念論的に歪曲するという理由で批判しているのではないからだ。「マルクスの言葉を文字どおりに理論の言葉として受け止めるなら、そうならざるをえない。マルクスもまた観念論的要素をもっているのである。その限りで、ルカーチやサルトルの読み方は必ずしも間違いではない」（今村 1996: 68）。代表的な疎外論超克論者であるアルチュセールも廣松渉も、自分たちが正解しているのであって疎外論者が誤解しているのだと信じていた。間違っていたとはいえ、それなりの学問的態度を貫いていたのである。ところが今村氏は何が正解で何が誤解かという態度そのものを放棄してしまう。すなわち、マルクスの理論の真実を確定することを放棄してしまうのだ。これは全く無軌道な態度である。

我々は先に廣松を批判した際に（田上 2000）、近代的主体－客体図式に基

づく知覚論を《カメラ－モデルの知覚論》と廣松が揶揄していたことに触れて、しかし近代を越えるはずのマルクスの知覚論が、典型的なカメラモデルであったことを見た。その際『資本論』のフェティシズム論からの引用を実例の一つとして示したのだが、その同じフェティシズム論について、今村氏はぬけぬけと次のように言うのである。

> マルクスはいたるところで、この現象を視神経／視覚モデルで説明し、カメラ・オブスキュラ（暗室）における像の転倒という生理的機構のアナロジーで満足していることは事実である。そしてこの視覚的転倒のモデルでは、一方では反映論が、他方では疎外論が出てきてしまう（今村 1996: 70）。

一方で反映論が、他方で疎外論が出てくるのは、まさに今村氏が言うとおり、それが事実としてマルクスの理論だからである。マルクスは一方で反映論者なのであり、他方で疎外論者なのである。だから私はこの事実に基づいて廣松を批判したのだ。従ってこの事実は、「マルクスは青年期の疎外論を乗り越えた」という今村氏の前述の評価との完全な自家撞着を引き起こす。今村氏が学説として疎外論超克説を主張しているのならば私は、ちょうど廣松にしたように、この事実を氏に突き付けることに終始したであろう。しかし氏は、疎外論超克説に対する反証を受け入れておきながら、それでいて疎外論は超克されたと主張しているのである。何故こんなことになるのかというと、今村氏からすると、マルクスが疎外論者だと言うのは事実かもしれないが、もし彼をただ疎外論者としてだけ解釈すると、次のような目論見を果たせないからだ。

> フェティシズム論を疎外論的構図から解放して、第一に、マルクスが事実上実行していた「唯物論的な批判的指差し機能」を救出し、第二に、フェティシズムの形成のメカニズムをイデオロギーの形成過程として理論化していくべきであろう（今村 1996: 68）。

第十一章　曲解されたマルクス　213

　マルクスは事実上疎外論者であったが、しかし彼は事実上疎外論ではなく批判的指差し機能を実行していた。どちらも事実で、どちらが事実であってもよいのだが、疎外論を事実だとすると面白くないので、面白い指差しの方を事実だと考えてゆこうということであろうか。

　潜在的にではあるが、疎外論の中には、現実のマイナスの側面やイデオロギーの弁護論化への批判的「指差し機能」をも含んでいたということも承認しておかなくてはならない。その意味で、疎外とその克服の歴史／物語という形而上学存在論の傾向から、疎外の概念を解放し、不正を批判的に指摘する批判的指差し機能へと、それを改作する課題が残っているだろう（今村 1996: 30）。

　今村氏によると疎外論はロシア・マルクス主義的弁証法的唯物論と「同じ土俵」にあるということだったから、「弁証法的唯物論」にも"潜在的"（これは便利な用法だ、これを使えばどんなことどうしも折衷できるし、自らの態度を明確にしなくても済む。使用例――マルクスは疎外論を超克したが潜在的には超克していなかった。マルクスの哲学はディアマートだが潜在的には疎外論でもあった。等々）には「指差し機能」が含まれているということになるのであろうか。弁証法的唯物論は「神学的形而上学」として「伝統的存在論」に含まれる。ということは伝統的哲学も"潜在的"には「指差し機能」を含んでいたということになるのだろうか。しかし指差し機能は今村氏によると、伝統的哲学には含まれていないはずなのだが？
　要するに今村氏にとって、マルクスのテキストを真面目に解釈することなど初めから眼中になかったのである。今村氏にとってマルクスとはあたかも、それをいじることによって面白おかしく遊べるおもちゃのようなものなのであろうか。これが《知と戯れる》という奴なのだろうか？

おわりに

　以上のように、今は亡き今村仁司氏のマルクス論は、何が適切な解釈であり、何がないかという、テキスト解釈の基本精神を意図的に放棄した、軽薄なものである。このような《書》が、マルクスへの適切な入門になるはずがないのは、言うまでもない。

　今村氏の書に満ち溢れているのは、ひたすらに「独創性」を求めようとする精神である。しかしこれは邪道である。何よりも追求されるべきはテキスト解釈の適切さであって、独創性ではない。独創性は、適切なテキスト解釈に邁進する途上で付帯的に現れるもので、それ自体を目的にして追求されるべきものではない。

　マルクスのような膨大な先行研究が蓄積されている対象にあっては、独創的な解釈を提出するのは困難である。それにもかかわらず、徒に独創的な解釈を求めて自説を捏ねくり回すのは、「独創病」とも言うべき一種の病気と言えよう。

　残念ながら今日でも、この病に罹っている者が散見される。その意味で、今村氏の「独創的な」マルクス解釈を反省することには、少なくない教育的効果があると言えよう[3]。

註
(1)『プラクシス』派の現代的意義については、(岩淵 1996b) 参照。
(2) 分析的マルクス主義については、(松井他 1996) 参照。このディスカッションで松井氏は、次のような貴重な意見を述べている。「分析的マルクス主義における疎外の概念について申しますと、エルスターが最も重視しているタイプ疎外は、人間の創造的力能からの疎外で、自己実現の要求が完全に満たされない主観的形態とこの要求そのものが存在しない客観的形態があります。リベラリズムでは、善き生の内容は不問のままで、個人の選択の自由にまかせられますが、マルクス主義では善き生の内実として、こうした意味での疎外を克服するものとしての自己実現を積極的に提起すると

いいます。ですから分析的マルクス主義において疎外は、正（right）と善（good）の関係をめぐるリベラリズムとコミュニタリアニズムのホットな論争に、マルクス派から関与する際のキー概念として新しい役割を与えられているのです」(松井他 1996: 33)。「ソ連・東欧体制の崩壊をみてきた私たちが反省せねばならないのは、社会主義を資本主義の否定という消極的な側面のみからみてきた思考法ではないでしょうか。資本主義が廃絶され社会主義になれば、厚生、自由、平等、自己実現などの理念がすべて達成されるという願望的な楽観がどこかにあったのではないでしょうか。……規範理論は、決して絵空事ではなくて現実的課題と深くかかわっているのです。従来のマルクス主義では、規範や倫理というテーマがあまりにも軽視されてきたので、強調しておきます」(松井他 1996: 34)。規範や倫理というテーマの重要性は、私も声を大にして訴えて行きたい。

（3）本章の元の論文が発表された当時、発表媒体の雑誌を発行元を通して講談社に送り、著者である今村氏に転送されるという旨の報告を受けたが、今村氏本人からは何の返事もなかった。その後件の著書の新装廉価版が出た（今村 2003）が、旧版と何も変わっていなかった。

第十二章　神話のマルクスと現実のマルクス

はじめに

　マルクス主義の理論的可能性を問うことは、今日でも十分意義あることと考える。しかし、そのためには、何よりも先に、マルクスの適切な解釈が確定されなければならない。その際、初期マルクスの普遍的解放の理念は後期マルクスによって批判され克服され、彼の初期の疎外論はその後期においては超克されてしまったという《疎外論超克説》が、適切なマルクス理解のための障害となっているという現状が注意されなければならない。
　従って、疎外論は単にマルクスの初期諸著作の中心テーマであるだけでなく、後期著作全体の指導的な思想でもあり、初期マルクスと後期マルクスとは本質的に同一のマルクスなのであり、マルクスは自説に対する不断の自己批判と修正によって疎外論の発展に努めた（Petrović 1967: 32. ペトロヴィッチ 1970: 41）という適切なマルクス像を確立することは、今日においてこそ危急の課題となっている。

1．経済学批判と疎外論

　疎外論超克説に触れる前に、マルクスのライフワークである経済学批判における疎外概念の役割に関して、ごく簡単に確認しておきたい。
　先ず結論を端的に言っておけば、「資本主義的生産様式が支配する社会」においては、労働の疎外は避けられないとマルクスは見ていたということである。
　ここでは『資本論』草稿集から若干の用例を取り上げて、後期マルクスの

疎外論を瞥見することにしたい。我々はそれらの草稿の内に、例えば次のような文章を見い出すことができる。

> 資本主義的生産を特徴付けているのは一般に、労働諸条件が自立化し、人格化し、生きている労働に立ち向かうということ、労働者が労働諸条件を使うのではなくて、労働諸条件が労働者を使うのだ、ということである。まさにそのことによって労働諸条件は資本になるのであり、労働諸条件を所有している商品所持者が労働者に対立して資本家になるのである (Marx 1982b: 2041)。

ここでは、これ以上はないほど明確に、資本主義の「何であるか」が述べられている。それは労働者が使うはずの労働手段が自立化し人格化し、労働者を逆に使うという転倒した関係である。そしてここにいう自立化し人格化された労働手段が、フレムトな諸力として労働者に敵対的に対向するということは、次の文章からも明らかであろう。

> 資本主義的生産は、初めて大規模に……労働過程の諸条件を、その対象的諸条件も、主体的諸条件をも発展させるのであるが、しかしそれらの諸条件を、個々の労働者を支配する諸力として、また労働者にとって疎遠な諸力として発展させる (Marx 1982b: 2063)。

それゆえ、労働者と資本家の関係は、

> この関係は、その単純性において一つの転倒、事物の人格化であり、人格の物件化（物象化）である。というのもこの形態を以前の全ての形態から区別するのは、資本家が何らかの人格的属性において労働者を支配するというのではなくて、彼がただ"資本家"である限りにおいてのみ労働者を支配するということだからである。資本家の支配は生きている労働に対する対象化された労働の支配に過ぎないのであり、労働の生産物の労働者に

対する支配に過ぎない（だからその支配は労働者によって克服可能なのである。——引用者）」(Marx 1982b: 2061)。

このような「物象依存的」歴史段階における資本の労働者に対する支配は、労働者の側からすると、自らの本質諸力の対象化である労働生産物が自らの内に獲得（内化）できないで、外的な、疎遠なものに転化してしまっているという現実として現れる。すなわち労働の対象化という、

この実現過程（Verwirklichungsprocess）は、そのまま、労働の反実現過程（Entwirklichungsprocess）でもある。労働は自己を客体的に措定するが、しかし労働は自己の客体性を、自己自身の非存在（Nichtsein）として、あるいは自己の非存在の——すなわち資本の——存在として、措定する。労働は、価値措定あるいは価値増殖の単なる可能性として自己自身に帰ってくる。なぜなら現実的富の全体が、現実的諸価値の世界が、そしてまた同じように、労働それ自身の実現の現実的諸条件も、労働に対立して、自立的な諸実在として措定されているからである（Marx 1982b: 2239)。

このような思考は、『経済学・哲学草稿』の、「もし労働の生産物が労働者に属さず、疎遠な力として彼に対立しているのならば、そのことはただ、生産物が労働者以外の他の人間に属するということによってのみ可能なのである」(Marx 1982a: 243) という見方と、その根本において通底しているのである。

これまでの僅かな引用だけからでも、マルクスが資本主義社会の本質をまさに疎外論の論理に基づいて概念規定していたということが明らかになったと言えるだろう。すなわち、後期のマルクスは、そのライフワークである資本主義経済の研究において、その考察の主対象である資本主義経済の本質そのものを、疎外論の論理に基づいて概念規定していたということである。だから後期のマルクスも、初期のマルクスと同様に徹底した疎外論者だったのであり、疎外論こそ彼の思想全体の根本前提だと見なさなければならないの

である。

2．神話のマルクス

　後期の成熟したマルクスは、疎外論の論理に基づいて資本主義社会の本質を把握し、批判していた。それ故、後期マルクスによって疎外論が超克されたという説は、事実を歪曲した神話である。それにもかかわらず、この神話は飽くことなく再生産され、繰り返し唱えられて来た。ここでは、このような疎外論超克論者の内、一般的知名度を基準にして選び出した二人の代表的論者——ルイ・アルチュセールと廣松渉——を、手短にではあるが反駁してみたい。

　アルチュセールの《認識論的切断（断絶）》という主張は、哲学研究者以外にも広く知られているものと思う。しかし、彼が自らをマルクス主義哲学者と称しながら、自らの主張をマルクスの必要かつ十分なテキスト・クリティークによって根拠付けるという作業を到底行ったとは言えないことについては、余り注意されていないように思われる。先に我々が示唆したように、初期のみならず後期のマルクスにもまた、初期同様の疎外論が見られることを、基礎的な文献解釈を踏まえることによって確信し、マルクス主義の核心をヒューマニスティクな疎外論だと考える論者からすれば、アルチュセールの主張は、迷妄以外の何物でもないと映るはずである。

　実際、自らをマルクス主義者と考え、そうであるが故に自らを疎外論者だと考えていたイギリスのマルクス主義哲学者であるジョン・ルイスが、アルチュセールに対して本格的な論戦を挑んだのは、理の当然とも言えることだった。この論争を通してルイスは、我々からすれば当然のことではあるが、《明示的》に読めば疎外論の論理しか読み取れないが、アルチュセール流に《徴候的》に、すなわち勝手気ままに読めば《認識論的切断》の存在を思い込む余地のある『資本論』に対して、どんなに頑張ってみても疎外論の論理しか読み込むことができない『経済学批判要綱』にアルチュセールが少しも言及していないことに注意を促している。

この疎外概念の満ち溢れる著作を突き付けられて、アルチュセールは自説を修正した。しかしこれは、自説を全面的に撤回して、疎外論を率直に受け入れるというものではなかった。《切断》は確かに行われたが、以前考えていたようにそれが『ドイツ・イデオロギー』で完遂されたわけではなく、45年はむしろ切断の過程の始まりに過ぎず、この切断をマルクスは終生にわたって絶えず遂行し続けたというものである。それ故1857年の『要綱』にまでマルクスは、《前科学的》なヒューマニズムを引きずってしまったのだというのである。我々はこれがまともな検証に耐え得る反論ではなく、苦し紛れの言い訳に過ぎないということを、ジョン・ルイスと共に認めるものである。我々にとって興味深いのは、この論争の過程で、アルチュセールが自説の究極根拠としていたマルクス解釈を確認できることである。ルイスにせっつかれてアルチュセールは、自説の正当化を行わなければならなかったが、彼の頭からは、次のようなお粗末な解釈しか出てこなかったのである。

　もしあなたがマルクスの仕事の全体を見渡すならば、1845年に"断絶"が存在しているのは疑い得ないはずである。マルクス自身がそう言っている。しかし誰しも彼の言葉を簡単に信じるべきではない。たとえそれがマルクスであっても。あなたは明白な事実に照らして判断しなければならない。それにもかかわらず、マルクスの仕事の全てがこの点について、それが正しいということを表している。1845年にマルクスは、彼が現れる前は存在しなかった歴史の科学という科学の基礎を、"築き"始めた。そして、そうするために彼は、生産様式、生産諸力、生産諸関係、下部構造－上部構造、イデオロギー、等々といった、若き日の人間主義的な仕事の中ではどこにも見いだすことのできなかった幾つもの新しい諸概念を述べ始めた。誰も決してこのことを否定することはできない。／もしジョン・ルイスがこの"断絶"の現実を、あるいはむしろ"イデオロギー的"ないしは前－科学的世界への新しい科学のこの乱入を疑っているのなら、彼はマルクスによってフォイエルバッハとプルードンについてなされた二つの判断を比べてみるべきである。／フォイエルバッハは『1844年草稿』において、驚くべき

発見をなした、政治経済学批判の原理と基礎とを発見した哲学者として記述されている。しかし一年後、『フォイエルバッハに関するテーゼ』の中で、そして『ドイツ・イデオロギー』の中で、彼は完全な攻撃の対象なのである。後に、彼は全く消え失せるのである。／プルードンは『聖家族』（1844年の終わり）において、"フランス・プロレタリアートの科学的理論家"として記述されている。しかし1847年に、『哲学の貧困』において、彼は決して回復できないくらい鞭打たれる。後に、彼は全く消え失せるのである。／もしジョン・ルイスの言うように、1845年に本当に何も起こらなかったならば、そしてもし私が"認識論的切断"に関して言ったこと全てが、"完全な神話"であるならば、私は首をくくられてもいい（Althusser 1972: 345）。

アルチュセールによると、45年以前のマルクスはフォイエルバッハとプルードンに対して全面肯定であったが、45年を境に全面否定に転じるらしい。そして唯物史観の諸カテゴリーは45年以前の諸著作には一切その萌芽形態が存在しないらしい。彼には次のような観点は全く無いのだ。

『経済学・哲学手稿』の巨大な意義は、そのなかで史的唯物論への前進がすでになされていることにある。すべての社会関係ともろもろの形態のイデオロギーを、マルクスはすでに、物質的生産に従属するものと見ている。……経済的疎外とその除去とは条件づけられているというマルクスの命題は、唯物史観の道での新しい一歩である。観念論から唯物論への移行を完了したマルクスは、彼のすべての研究で首尾一貫した唯物論者となり、そして研究の出発点として、抽象的なフォイエルバッハ的人間ではなく、実践者としての人間、自然を理論的に知覚するだけではなく実践的に働きかけてそれを自分のものとする人間、すなわち、物質的生産にたずさわる人間をおいている（ローゼンベルグ 1971: 210-211）。

アルチュセールは、既に43年3月にマルクスが、一方でフォイエルバッハ

について「それによって今日の哲学が真理になり得る唯一の紐帯」（マルクスのルーゲ宛手紙）と高く評価しながらも、他方で「フォイエルバッハの箴言は、彼が自然について非常に多くを言及し、政治については殆ど言及しないという点でのみ、私にとっては正しくないのです」（同前）というように、批判的留保をしていたことを、知らないのであろう。また、『ドイツ・イデオロギー』の言わば方法序説として構想された第一章がフォイエルバッハ批判に当てられているのも、フォイエルバッハが、「少なくとも一歩前進を遂げた唯一の人であり、（シュティルナーやグリューン等と比べれば——引用者）誠実にその問題の中に入って行くことのできる唯一の人だからである」（Marx/Engels 1966: 1200）と高く評価するが故にであるということも、理解していないと見える。プルードンについても、『聖家族』での積極的評価はあくまで、「プルードンの国民経済学批判はしかし、なお経済学の諸前提に捉われているが故に、対象的世界の再獲得それ自身がなおBesitzの国民経済学的形式の下に捉われている」（Marx/Engels 1957: 44）ために、「プルードンは国民経済学的疎外の内部で国民経済学的疎外を止揚する」（Marx/Engels 1957: 44）という限定的評価の上でのことだということをつかめないでいる。

ともあれ、アルチュセールのかような荒っぽい文献解釈については、廣松渉の次のような論評が妥当する。

> アルチュセールという人は、今村さんとは違った御意見かも知れないけれど、私は実証的なマルクス文献解釈という点ではひどいものだと思うんですよ。『資本論を読む』にしてもあれは滅茶苦茶やと思うんだけれども（笑）（今村 1975: 107）。

ではアルチュセールをあざ笑う廣松は、どのような《洗練された》マルクス解釈を提示しているのだろうか。

廣松が《疎外論超克説》という自説の最大根拠とするのは、『ドイツ・イデオロギー』における疎外概念批判である。例えば次の文章を、廣松は疎外論の論理の自己批判と見る。

フォイエルバッハの内に書き留められているようなドイツ哲学の諸結果、すなわち、"人間"、"純粋な、真実の人間"が世界史の最終目標であり、宗教は外化された人間的本質であり、全てのものの尺度であるということに対する曇り無い信仰で持って支度し、貨幣もまた、賃労働等々も人間的本質の外化であり、ドイツ社会主義はドイツ哲学の実現であり、外国の社会主義と共産主義の理論的真理である等々といったドイツ社会主義……のより先に進んだ諸真理で持って支度し、真正社会主義の完全な自惚れとともにブリュセルとパリに向かってグリューン氏は旅立つ（Marx/Engels 1958: 475）。

この文章に対して廣松は次のようにコメントする。

読者は、かつてマルクス自身が『独仏年誌』の二論文において、右……と同趣の発言、つまり、「人間的解放の究極的目的は人間である」「人間にとっての根本は人間自身である」「宗教とは人間的本質の疎外である」「人間を人間の最高存在である言明する理論の立場に立った解放」というような命題を打出し、また「貨幣とは人間の労働と定在とが人間から疎外されたもの」とも主張していたことを想起されるだろう。そして、『経哲手稿』での議論はこのような見地から展開されていたのであった。しかるに、今や、マルクスはまさしくこのたぐいの命題の廉で、疎外革命論者グリューン氏を嘲笑する。これは疎外論の自己批判的自己止揚に応ずるものにほかならない（廣松 1983: 88-89）。

一読した限りでは廣松流の解釈はもっともだと思われるかもしれない。しかしこの文章は本当に、廣松が言うような疎外論の「自己批判的自己止揚」を証明するものなのかどうか。廣松の議論の要点は、グリューンもかつてのマルクスも疎外論的発想という核心において同一であり、グリューンを揶揄するということは、マルクス自身の自己批判が含意されているということで

ある。確かに引用のマルクスの文章を文脈から切り離してこれだけを云々すれば、廣松の解釈を裏付けるもののように見えるかも知れない。しかし、この文章が、グリューンの特定の文章にすぐ続けて、「この一つの文章が、グリューン氏の許で捜し求められている"確実性"と"根本性"の種類について完全に明らかにしている」(Marx/Engels 1958: 475) と前置きした後で書かれたコメントであることを念頭において、マルクスの引用するグリューンの文章共々検討してみるならば、廣松流解釈の怪しさにすぐ気付くのではないだろうか。そのグリューンの文章とはこうである。

フォイエルバッハの名を言うということは、ヴェルラムのベーコンから今日までの哲学の全労作のことを言ったということであり、それは同時に哲学が最終審で意志し意味することを言ったということであり、人間を世界史の成果として持ったということである。それでもって仕事に取り掛かった方が、労賃、競争、憲法や政治制度の不完全性、を議題にするより確実だし、より根本的だからである。……我々は人間を勝ち取った。それ自身宗教、死んだ思想、全ての彼に疎遠な存在を、実践の中への全体的移行でもって片付けてしまった人間を、純粋な、真実の人間をである (Marx/Engels 1958: 475)。

この文章はグリューンの論文「フォイエルバッハと社会主義者達」の結論部分に当たる文章である。ここでグリューンが「人間」というものを問題にする方が、労賃、競争、憲法や政治制度の不完全性などを問題にするよりも一層確実だし根本的だと言っていることに注目して欲しい。明らかにグリューンにとっては、マルクスのように、人間の本質を理解するためには政治や経済の領域の問題が不可欠の媒介として前提されず、むしろ、そのような実際問題にかまけて哲学的な抽象的な議論に取り組まない限り、人間の本質というものは理解できないということである。要するに政治や経済と言った「小さな問題にはグリューン氏はかかわりあわないのである。」(Marx/Engels 1958: 475) ところで、もしかつてのマルクスがグリューンと同じであったの

第十二章　神話のマルクスと現実のマルクス

なら、なぜマルクスはヘーゲル《法哲学》批判などを試みたのであろうか。何故、『経哲草稿』や『ミル・ノート』などの《経済学》草稿を遺したのであろうか。もしマルクスがグリューンと同じであったなら、そんなことはやらずに、人間の意志や本質といった問題を専ら哲学的抽象の領域で取り組んでいたであろう。

このようなわけで、ここでのマルクスの疎外論批判は、あくまでグリューンの疎外論に対する批判であって、かつてのマルクス自身の疎外論の「自己批判的自己止揚」などではないのである。

もう一つ廣松流解釈を見てみよう。次の文章も廣松の十八番である。

最早分業の下に包摂されていない諸個人を、哲学者たちは"人間"の名の下へ理想として表象し、そして我々の展開してきた過程全体を"人間の"発展過程としてつかんだ。それ故に、各歴史段階にあるこれまでの諸個人が"人間"にすり替えられて、歴史の推進力として叙述された。全過程はかくして"人間の"自己疎外過程としてつかまれた。このことは本質的に、後の段階の平均的諸個人がいつも先の段階にすり替えられ、後の意識が先の諸個人に押し込まれるということから来ている (Marx/Engels 1972: 113)。

廣松は、エンゲルスの手になる「この一文——ないしはその前後の自己疎外批判——によって、マルクスが強い印象を受けたことは、そこの欄外に『自己疎外』と書き且つアンダーラインを引いていることから推察される」(廣松 1984: 105)。「この一文からして、第一に、人間の自己疎外を歴史的展開の原理とする発想がもはや超克されていること、あまつさえ、何故如何にして、かかる人間の自己疎外過程といった転倒した表象が生ずるのか、これの解明すら与えられていることは、虚心坦懐な読者にとっては余りにも明白であろう」(廣松 1984: 65) と言う。

このように、廣松はこの文章を、異論の余地の無い形でマルクスが自己批判を表明している文章と見なし、事あるごとに引用紹介している。また非常に多くの研究者が廣松と同様の解釈をしているのだが、果たして本当にこの

文章はそのようにしか解釈できないものなのだろうか。

　ここで批判の対象となっているのは「哲学者たち」であり、これがドイツ・イデオローゲを指していることは異論ないだろう。問題はこの「哲学者たち」にマルクス自身も含まれるかどうかである。廣松等この問いにしかりと答える人々は、その理由として当然予想されることながら、『独仏年誌』や『経哲草稿』のマルクスもまた"人間"を前提にした議論をしていたことを引き合いに出している。しかし、ここではそのような傍証ではなく、「虚心坦懐」に文脈そのものに沿って、これら「哲学者たち」がまずもって「最早分業の下に包摂されない諸個人」を「理想として表象して来た」故に批判されているという点を見て行かなければならない。すると、以前はともかく、この『ドイツ・イデオロギー』ではマルクスとエンゲルスは、分業の下に包摂されていない諸個人を理想として表象してなどいないということになるはずである。ところが当の『ド・イデ』には、

> 分業による人格的な諸力（諸関係）の事物的な諸力への転化は、再び止揚することができるためには、それについての一般的表象を頭から外へ追い出すことによってはできないのであって、ただ諸個人がこの事物的な諸力を再び自らの下へ従属させ、そうして分業を止揚するのでなければならない。このことは共同社会なしには不可能である（Marx/Engels 1972: 98）。

という文章があるのである。そしてこの共同社会たる共産主義社会が、

> 各人はどこまでも排他的な活動範囲を持たず、好みにかなうどの分野においても自己形成することができるのであり、社会が生産全般を統制しているのである。そして私にとっては、まさに生産の社会的統制によって、今日は此をし、明日は彼をすること、朝には狩りをし、夕には家畜を追い、食後には批判をすることが可能になり、私は猟師、漁夫、あるいは批判家にならないという率直な欲望を持つことができるようになる（Marx/Engels 1972: 98）。

というような分業の克服された社会として、「理想として表象」されているのである。だから件の文章の「哲学者たち」にマルクスを含ませると、酷い矛盾を犯すことになる。それ故、このような矛盾を犯さないためには、次のような解釈をする他ないように思われる。つまり、件の文章の「哲学者たち」にはマルクスは含まれないのであり、この文章を自己批判の宣言として読むことはできないというように。それどころか、批判の対象である当の哲学者たちも、分業の下に包摂されない諸個人を理想として表象したこと自体は自分たちと同じであり、その点では正しいことであったと言っているのである。

では何が問題なのか。それは彼ら哲学者たちがこのような分業の下に包摂されない諸個人を《人間》の名の下に表象した点なのである。つまり《諸個人》ではなくて《人間》なるものを歴史の推進力であるかのように言っていることを問題にしているのである。歴史の全過程は人間なるものの自己疎外過程ではなくて、諸個人の自己疎外過程だということが、マルクスとエンゲルスの本当に言いたかったことである。このような諸個人の自己疎外過程である歴史を、《人間》なるものの自己疎外過程と曲解してしまうのは、人間を一定の歴史条件を前提としている具体的な諸個人として把握できないで、無前提な歴史超越的な人間とその意識の発展過程と捉えることによって、疎外論を曲解してしまったがためであり、このような曲解ゆえにここでは哲学者たちを批判しているのである。

要するに件の文章は、疎外論の論理を批判しているのではない。むしろ反対に、それ自体は正しい疎外の論理を、あくまで特定の歴史的条件に限定された具体的な諸個人の疎外の論理ではなく、抽象的な"人間"の疎外の論理として曲解してしまったという理由で"哲学者たち"を批判しているのである。だから件の文章は、廣松ら多くの人々が解して来たように、疎外論の自己批判の証言ではなく、むしろ反対に、『ドイツ・イデオロギー』の基本的論理もまた疎外論であったことを立証する文章として解釈しなければならないのである。

ここで重要なことは、この文章の"諸個人"という言葉は、その意味内容からすれば、"人間"という言葉と同じであり、これをわざわざ言い換えるということの裏には、そうしないと批判している相手と自分たちが、世人に混同されてしまうのではないかというマルクスとエンゲルスの危惧があったのではないかという視点を持つことである。

このように、僅かな検討だけからでも、廣松の初期マルクス研究がかなり怪しいものだということが分かる。彼の後期マルクス研究について言えば、それは"怪しい"というよりむしろ、"滅茶苦茶"なものである。

ここでは、廣松流『資本論』解釈の一例を見てみたい。次の文章は、『資本論』の基本的視座を示すものである。

俗流経済学は、ブルジョア的生産関係に捉われた、この生産の代理人たちの諸観念を教義的に通訳し体系化し、そうして弁護することの他には、実際には何もしない。だから、経済的諸関係の疎外された現象形式、その中ではこの諸関係が一見してつまらないものであり、そして完全な矛盾であるような現象形式——そしてもし物事の現象形式と本質とが直接に一致するならば全ての科学は余計なものだろう——、まさにこのような現象形式のおいて俗流経済学が完全に自己自身の許にあると感じているとしても、そしてこの諸関係の内的関連が隠されていればいるほど、といってもこの諸関係が月並みな表象と交わっていればいるほど、ますますこの現象形式が俗流経済学にとって自明なものとして現象するとしても、我々は驚くには及ばない（Marx 1964: 825）。

俗流経済学は、資本主義経済という経済現象の疎外された一形式を、それが経済の本来あるべき本質から言えば疎外された現象に過ぎないということに気がつかないが故に、疎外された資本主義経済の在り方を、経済の本質を実現しているものだと思い込んでいる。彼らは、資本主義経済を、人間の経済の在り方からすれば、歴史的に特殊な一形態であり、それゆえこの形態以外の経済形態が可能だということをつかめず、経済の資本主義的形態を経済

第十二章　神話のマルクスと現実のマルクス　229

の唯一可能な形態として、人間の本質にかなった永遠不変の秩序だと思い込んでいる。ここでマルクスは、資本主義経済の在様を、人間の本質から要請される人間が本来そこにおいて経済活動を営むべき理想的な経済形態からすれば、矛盾に満ちたつまらぬものだと考えている。なぜならマルクスは、資本主義経済を疎外された経済形態だと見なしているからである。すなわちここでマルクスが従っている思考様式は、次のような疎外論的思考様式なのである。

　疎外という概念を作り出した思想家はヘーゲルであった。彼にとっては人間の歴史は同時に疎外の歴史であった。……マルクスにとっては、ヘーゲルにとってと同じく、疎外の概念は現存在と本質との区別に、また人間の現存在が彼の本質から疎外されており、現実には人間が彼が潜在的にあるところのものではなく、あるいは別の表現をすれば、人間は人間が本来あるべきところのものではなく、人間は彼が本来ありうるところのものであるべきだという事実に、基礎をおいている（Fromm 1961: 47）。

このような『資本論』の疎外論的思考を如実に示す文章を廣松は、自己の"物象化論"に都合の良いように利用するために、極めて不正確に省略しつつ、次のように訳出して見せている。

　「俗流経済学は、ブルジョア的生産関係に囚われた当事者たちの表象を教義的に通弁し体系化し弁護論化することしかしない」。「俗流経済学は経済的諸関係の他様化せる現象形態に安住してしまう。……俗流経済学にあっては……社会的関係が事物として捉えられてしまう」（廣松編 1986: 4）。

ここでは entfremdete に"他様化"という意味不明な日本語があてがわれている。ところが廣松は、この言葉の意味についてどこでも説明していない。"Entfremdung"には、"疎外"という既に慣用化した訳語がある。それにもかかわらず、これを使用せずにあえて造語を用いるのならば、それ相応の説

明を加えるのが学問上の常識だろう。この"他様化"は"疎外"をただ言い換えただけなのか、それとは本質的に違う意味なのか。恐らく後者らしいが、いずれにしてもこの言葉を使わなければならない積極的な理由は皆目分からない。『資本論』に疎外論があっては困るという廣松の気持ちは分かるが、読者を煙に巻くようなやり口でお茶を濁すのだけはいただけない。

　我々は自説を主張するとき、自説に最も不利だと考えられる反証例を敢えて見つけ出しそれを積極的に反駁して見せて行くようにすることを、学問上のmoralだと考えている。その意味で言えば、廣松は極めてamoralな態度を終生貫徹したと言える。我々がこう言うのは、次の文章に対して廣松が取った態度のゆえにである。

　労働者に対する資本家の支配は、人間に対する事物の支配であり、生きている労働に対する死んだ労働の支配であり、生産者に対する生産物の支配である。なぜなら労働者に対する支配の手段……となる商品は、実は生産過程の単なる結果であり、生産過程の産物に過ぎないからである。これは、宗教の中でイデオロギーの領域の上で表現される関係、主体の客体への転倒及びその逆の転倒と全く同じ関係が、物質的生産の中で、現実的な社会的生活過程——なぜならそれこそが生産過程であるから——の中で、表現されているものである。歴史的に考察するとこの転倒は、富そのものの創造のための、すなわち、ただそれのみが自由な人間的社会の物質的土台を陶冶することができる社会的労働の容赦ない生産諸力の創造を、多くのコストの上に強行するための必然的な通過点として現象する。この対立的な形態を通過しなければならないのは、人間が彼の精神的諸力を先ず最初に自身に独立な諸力として宗教的に形作らなければならないのと全く同じことである。これは彼自身の労働の疎外過程である。資本家はこの疎外過程に根差しこの疎外過程の中で絶対的な満足を見い出す。その間労働者はこの過程の犠牲として、初めからこの過程の中で、この過程に対して反逆的な関係に立っていて、この過程を隷属化の過程と感じている。その限りで、ここでは労働者は初めから、この過程の中で資本家よりも高い立場に立っ

ている (Marx 1988: 64-65)。

　この文章は、マルクスの疎外論を考える上で欠かすことのできない重要な一文である。ここには、「主体の客体への転倒」や「労働の疎外過程」という言葉が紛れもなく存在する。この文章を読むことによって我々は、後期の成熟したマルクスも、疎外論の論理によって資本主義の本質を概念規定していることを改めて確認できる。それと共に、この疎外論が若き日の疎外論とその根本において通底するものだということも分かる。それは、ここでマルクスが資本主義的生産過程における人間の自己疎外を、宗教における人間の自己疎外をモデルにして説き明かしていることに如実に示されている。廣松はだから、この文章をその膨大な著作の量に見合うように、何度となく引用・提示し、徹底的に反駁しなければならないはずだった。ところが、彼は終にそうすることはなかった。それどころか廣松は、強力な反証例に遭遇した研究者が、それにもかかわらず自らのパラダイムを防衛しようとするときに取るであろう態度を示すことしかできなかった。すなわち、その晩年に立て続けに出版した解説書において（廣松 1990a: 126-142. 廣松1990b: 59-68. 廣松 1994: 81-91）。廣松は、問題の文章を全く引用せずに、自分に都合のよい文章だけを引用して、この『直接的生産過程の諸結果』を解説していた（岩淵 1991b）のである。
　このような研究者にあるまじき不誠実な廣松のマルクス研究を、そのアカデミックな外観に惑わされて一角のものと考えることは、金輪際やめなければならない。

3．現実のマルクス

　疎外論超克説という神話によって、マルクスの原像は甚だしく歪められて来た。そして今日でもこの神話は一定の影響力を保っている。そのせいもあってか、この神話に抗して疎外論者マルクスという原像を宣揚してきた伝統が、我が国の研究者に十分に受け入れられ、咀嚼されて来たとは到底言えない。

それだからこそ、この伝統を受け継ぎ、マルクス主義の今後の発展の礎としなければならない。この伝統は1932年を嚆矢とする。なぜならこの年こそ『経済学・哲学草稿』が初めて発表された年だからである。この年に既に、ランツフートとマイヤーは次のようなラディカルな問題提起を行っていた。
　「僅かな変更によって、共産党宣言の最初の命題は、全てのこれまでの歴史は人間の自己疎外の歴史である、と言い換えることができる」(Landshut/Mayer 1932: XXXIII)。このような言い換えは次のような歴史認識に帰着する。「歴史の目的とは、しかしながら、"生産手段の社会化"でもなければ、"収奪者の収奪"によって"搾取"を片付けることでもない。これら全てのことは、同時に"人間"の実現でなかったとしたら、無意味なのである」(Landshut/Mayer 1932: XXXVIII)。
　このような唯物史観の疎外論を土台とする読み替えには、疎外論超克論者ならずとも、違和感があるだろう。しかし、現実社会主義が、"生産手段の社会化"によって"搾取"を片付けたと自称していたにもかかわらず、今日から見れば、それが同時に"人間の実現"ではなかったことは明らかである。その点からすれば、ランツフートらの観点は、極めて先進的なものとして学ぶべき対象ではないだろうか。
　ランツフートらと同様の観点は、同じ32年にヘンドリク・ド・マンによっても提起されていた。

　「『草稿』はマルクス主義の多くの信奉者と多くの反対者に、少なくともマルクスの思考の歴史的哲学的諸前提に関して、彼らの見解を再検討させることになるであろう。すなわちそれは、マルクスの他のどの著作よりもはるかに明瞭に、彼の社会主義的心術の背後に、また彼の学問的なライフワーク全体の価値判断の背後に存立している倫理的──ヒューマニズム的動機を開示しているのである」(de Man 1932: 224)。「ここでは、存在するものについての純粋に学問的な、見かけ上は価値自由な分析の言葉が語られているのではなく、この分析の基礎になっていて、疎外と非人間化の信念と、奪われた所有の思想との明確な結合をはっきりと示しているところ

の道徳的憤激が語られているのである」(de Man 1932: 229)。

　つまりド・マンによると『草稿』は、マルクスの他のどの著作よりも「そこからマルクスのマルクス主義が、従ってその目標とその意味とが生まれて来たところの動機」(de Man 1932: 276)である価値判断や価値感情が明確に表示されているが故に、特別に注目する価値のある著作であり、敢えて言えば、この新たに発見されたマルクスを真剣に研究することなしには、マルクス主義の目標と意味、つまりマルクス主義そのものが正しく理解されることはないということである。

　こうしたド・マンの論文を、テ・イ・オイゼルマンは「《経済学＝哲学手稿》およびマルクス主義の内容全体のその後の歪曲に道をつけ」(オイゼルマン 1964: 451)、「最新のブルジョア的及び修正主義的なマルクス主義哲学の批判が、すべてオリジナリティを僭称しているが、この自分たちの先輩によって始められた偽造の仕事を論理的な究極にまでもっていっているにすぎない」(オイゼルマン 1964: 456)ものであるというように、否定的な意味で先駆的な労作であると目している。それにしてもなぜオイゼルマンのような官許マルクス主義者が、ド・マンに対してこうも手厳しくあたるのだろうか。それはオイゼルマンが本気で、

　　社会主義にはマルクスが疎外の本質、内容と呼んだものは存在しないのであって、またこういう本来の内容も存在することはできない。すなわち、生産者に対する労働生産物の支配、生産活動の疎外、疎外された社会的諸関係、社会発展の自然発生的諸力の下への人格の隷属などは存在することはできないのである (Oiserman 1965: 135)。

と考えていることから説明できる。そしてオイゼルマンにとって社会主義とは「ソ連邦や他の社会主義諸国においては今日では既に人間の全面的発展のためのあらゆる前提が手元にあるし、これらは共産主義の中でその実現を見るだろう」(Oiserman 1965: 130)というように、ソ連・東欧の現実社会主義

のことに他ならなかったのである。「ソ連には疎外はなかった」などと言えば、今日では悪い冗談にしか聞こえないが、このような露骨な弁護論が大真面目に叫ばれていたのは紛れもない事実なのである。

　とまれ、一度オイゼルマンのようなパラダイムに立つならば、既に疎外を生み出す諸条件が存在せず、順調に共産主義のユートピアに向かって邁進している社会に属していながら、その政策の基礎となるイデオロギーに異論を唱えることは、全て破壊的な脅威に映るのであり、直ちに全面的な批判でもって葬り去らなければならない代物に映るのである。許されるのは、精々、基本的政策には一切の変更を加えることを決して提起しない《同志的な》批判であり、それは、つまるところ当局のイデオロギーに対する礼賛に他ならない。言い換えれば、オイゼルマン的なパラダイムから見れば、ド・マンのようにマルクスの理論の倫理的＝規範的側面を強調することは、最早必要のないことであり、それどころか有害ですらあるのである（岩淵 1979: 103）。なぜなら、規範とは諸可能性の内から一つの可能性を選択するときの基準となるものであるが、ソ連・東欧の現実の進行が既に革命の理想にかなっているのならば、その現実以外の選択の余地を新たに与える規範を提起することなどは、反革命に等しいことにすら映るから。

　こうしてみると、ド・マンの論文に対してオイゼルマンが過剰とも言える反応を示した理由がよくわかる。それは、ド・マンのような規範的な観点を理論に導入すると、どうしても現実社会主義が、あるべき社会主義の理想に、それもマルクス本来の意味でのそれに背いているのではないかという疑念が沸いてくるのを抑えられないからである。だから、そのような疑念を抑え付けるために、あらかじめ規範的な要素がその体系の中に存在しないようなものとしてマルクスの理論を解釈し、人間が規範に基づいて歴史を選択する可能性の一切存在しないような「非常に厳しい決定論的な、つまり機械的決定論的な、歴史概念」（岩淵 1989: 106）として唯物史観を解釈し、ソ連・東欧社会は「歴史の必然的な発展法則」に従って発生－発展しているのだから、現実に進行している在り方に対して、規範に基づいて、今とは違うが本来そうあるべき社会主義像を提起する余地を一切奪わなければならなかったので

ある。しかし、こんな機械論的決定論的な歴史観は自由の哲学たるマルクス哲学に相応しくない。なぜなら「人間の自由とは、それが、ある範囲でのいくつかの可能性のうちから選択しなければならず、また選択することができる、という点にある」（ルカーチ 1968: 200）からである。

ド・マンは決してorthdoxなマルクス主義者ではなかったが、彼の《修正主義》の方がオイゼルマンなどのorthdoxyよりも、その修正主義的意図にもかかわらず、「単に正しいというだけではなく、重要でもある」（Schaff 1965: 28）のであり、「マルクスの『経済学・哲学手稿』がマルクスにかんする従来の諸見解の根本的な再検討をせまっていること、この手稿には従来の諸見解がほとんど無視して来たマルクスの倫理的・ヒューマニズム的な価値感情および価値判断がかれの他の諸著作よりもはるかに明瞭に表明されていることなどの指摘は、ド・マンの思想的政治的経歴にかかわりなく、正当であり的確である」（岩淵 1973: 72）と言う必要があるだろう。

ランツフートやド・マンたちの伝統を受け継ぎ、疎外論を土台としたマルクス主義思想の構築に努めた様々な知的潮流の中で、最も説得力のある議論を構築しえたのが、旧ユーゴスラヴィアの『プラクシス』グループである。この派のマルクス主義者たちの問題意識を端的に示すのは次のヴラニツキーの言葉である。

> 社会主義の下では疎外の問題は余分であるというテーゼに反して、我々は出来る限り断固とした態度で、疎外の問題は社会主義の中心問題であるというテーゼを提出しなければならない（Vranicki 1965: 282）。

こうした言い方は社会主義においては疎外の問題は基本的に存在しないというオイゼルマンの弁護論と好対照をなしている。だからヴラニツキーのような意見に対して官許マルクス主義者たちは一様に「修正主義」のレッテルを貼って来た。しかし、事問題をどちらがマルクスの思想に忠実であるかという点で考えるならば、実際はむしろヴラニツキーの批判者たちの方が「修正主義者」だと言わざるを得なくなってしまう。というのも、マルクスにと

って疎外の克服は共産主義を待って始めて可能なのであり、共産主義は社会主義という過渡期を経ない限り実現できないのであるから、疎外の克服の問題は資本主義ではなく社会主義においてこそ真実の問題になるからである。そして社会主義とは私的所有の克服の過程に他ならないのだから、問題は、正しくは、その私的所有の克服の方法が疎外を克服する手段として本当に相応しいかどうかという形で提起されなければならないのである。

一方、ソ連・東欧の官許マルクス主義者たちは国家的所有こそが共産主義への過渡期である社会主義の本体だと主張していたのだが、これは事実として国家官吏による生産手段管理装置として膨大な官僚組織を生み出したのである。言うまでもなく官僚主義はマルクスにとって政治的疎外の最たるものである。だから人が共産主義建設について語る時マルクスに忠実たろうとすれば、私的所有の克服が官僚主義という政治的疎外を生み出さないような仕方で行われているか、それが疎外の止揚という目的に本当にふさわしい形で行われているかという視点を前提にする必要がある。つまり、

> マルクスの哲学は全体として一つの包括的な疎外の理論である。すなわち、現在の世界における人間の不適切な客体化への理論的批判である。もしマルクス主義がこのように捕らえられないとすれば、それはマルクス主義であることをやめてしまうだろう（Zivotić 1969: 143）。

という認識を共有する必要があるのであり、この認識を前提にして初めて私的所有克服の在り方の正しい把握が可能になるのである。そしてこのような認識の上に立って、プラクシス派が疎外の止揚の手段としての私的所有克服の唯一可能な方法として提起しているのが、《自主管理》なのである。

それは若きマルクスの次のような思想に由来している。

> 共産主義は、全てのこれまでの生産と交通諸関係の基礎を覆し、そして全ての自然成長的諸前提を初めて意識的にこれまでの人間の創作物として取り扱い、その自然成長性を剥ぎ取り、そうして連合された諸個人の力の支

配下におくという点で、全てのこれまでの運動から自らを区別する。その組織はだから本質的に経済的であり、この連合の諸条件の物質的再建である。それは現存の諸条件を結合の諸条件にする。共産主義が作り出すものとはまさに、諸個人から自立して存続しているあらゆる物事を不可能にするための現実的土台である。というのも、この諸個人から自立して存続している物事も、これまでの諸個人自身の交通の産物に他ならないからである（Marx/Engels 1972: 102-103）。

諸個人が作り出す一切のものが作り手である諸個人から自立してしまうという事態は、

労働の生産物は対象の中に固定された、事物化された労働であり、それは労働の対象化なのである。労働の実現はその対象化である。この労働の実現は国民経済学的状態の中では労働の否定的実現として、対象化は対象の喪失及び対象の下への隷属として、獲得は疎外として、外化として現れる（Marx 1982a: 236）。

ことに他ならない。

このような疎外された状態の中では、労働者の対象化した生産物が作り手である労働者を離れて自立化し、作り手の制御を離れて自然成長的に発展してゆくことによって、労働者にとって疎遠な、対向的な力に転化してしまっている。「彼の労働はだから自由意志的ではなく、強制された、強制労働なのである」(Marx 1982a: 238)。それゆえ労働を自由意志的なものにするためには、労働者が自らをプロレタリアートとして対自化し、プロレタリアートが「連合した諸個人」となってアソシエーションを構成することによって、この共同社会の中でのプロレタリアートの「革命的獲得」(Marx/Engels 1972: 111)によって、「人間たちの相互—作用から生み出されたものだが、これまで全く疎遠な諸力として彼らに畏敬の念を起こさせ、彼らを支配して来た諸力の、制御と意識的支配に変えられる」(Marx/Engels 1972: 63)ことが必要

なのである。疎外された対象化を意識的制御によって獲得に変え、よって労働者を「全体的人間」(Marx 1982a: 268)「全体的諸個人」(Marx/Engels 1972: 112)へ導くこと、これが自主管理の思想的本質である。

つまり、

> 自主管理とは、結局のところ、対象化された労働を独占する決定的な力である、あらゆる生産者に疎遠な社会的な力の廃止である。もし直接的生産者自身が、対象化された労働に対する自由な処理と、生産の制御を引き受ければ、国家や専門的政治へのあらゆる欲求は止む。この時に、歴史上初めて、疎外の全ての形式からの生産者たちの完全な解放のための、連帯の発展と個人の発達のための決定的な諸条件が創造されるであろう（Marković 1967: 191）。

ということである。

このように、マルクスの疎外の止揚の構想の上に自主管理社会主義思想を打ち立てた『プラクシス』派はしかし、彼らがマルクスの精神に忠実であるがゆえに、彼らの思想のイデオロギー的基盤であったユーゴ当局とも激しく対立してしまったのである。なぜなら、「所与の経済的社会構成体の本質的内的限界の廃棄」（マルコヴィチ他 1987: 54）であるマルクスの革命概念に忠実であろうとするならば、社会主義そのものである自主管理社会は、高度に発展した資本主義的生産様式を前提にしてのみ実現可能なものだと見なさなければならないからである。それが、「最適な歴史的可能性の実現に向けて社会全体を導くような強力な、批判的・ヒューマニズム的な意識的勢力の西欧における不在によって」（マルコヴィチ 1970: 138）到底最適とは言えない「後進的・半農村的」（マルコヴィチ 1970: 138）ユーゴで自主管理の実験が始められるという「歴史のアイロニー」（マルコヴィチ 1970: 138）が起こったのであり、それゆえ「ユーゴスラヴィアの自主管理は、なお長いあいだ完全には実現されないだろうし、それらの形式をそれに照応した内容で充実しないであろう」（マルコヴィチ 1970: 138）という辛辣な予想をもはるかに越えて、今日

から見ればそれは完全な失敗に終わったと見なさなければならなくなってしまったのである。

だが、それにしても、だからといってマルクスの社会主義＝自主管理思想が完全にその効力を失なってしまったなどと見るべきではないのであって、むしろ社会主義を僭称してきた現実社会主義が完全に消滅ないし変質しつつある今からこそ、マルクスの思想が本当に試される秋がやってくるのであり、ヒューマニスティックな自主管理社会の可能性が本当に問われ出すのである。

おわりに

このように、マルクスにおける社会主義とは、疎外論に基づく自主管理社会であり、旧ソ連のような官僚管理者会とは対極にある規範である。従って、現実社会主義の崩壊はマルクス主義を僭称した一つの社会モデルの崩壊であって、マルクス的な社会構想そのものの破綻を意味するわけではない。

とはいえ、自主管理というマルクス本来の理想社会のモデルも、当然それ固有の多くな理論的困難があろうし、歪んだ形ではあれ、自主管理社会主義を実践しようとした旧ユーゴスラヴィアの挫折は、マルクス的理想の実現不可能性を示唆してもいる。

その意味では、今後の我々が取るべき道は、マルクスの構想を唯一絶対のものとせずに、これに大いに学びながら、新たな社会主義構想を練り上げてゆくことだろうと思われる。

引用文献

Althusser, Louis 1972 Reply to John Lewis (Self Criticism), *Marxist Today*, vol.16, No.11.
Bartley, III, W.W. 1987 Alienation Alienated : The Economics of Knowledge versus the Psychology and Sociology of Knowledge, in : Radnitzky, G. and Bartley, III, W.W. eds. *Evolutionary Epistemology, Rationality, and the Sociology of Knowledge*, La Salle, Illinois, Open Court.
Bocheński I.M. 1950 Der *sowjetrussische dialektische Materialismus (Diamat)*, Bern, A.Francke AG.Verlag, 1950. ボヘンスキー、国嶋一則訳『ディアマート』みすず書房、1962年。
Buhr, Manfred 1966 Entfremdung-philosopeische Anthropologie-Marx-Kritik, *Deutsche Zeitschrift für Philosophie*, 1966.7.
Carver, Terrel 1983 *Marx & Engels: The Intellectuar Relationship*, Brighton, Harvester Press.テレル・カーヴァー、内田弘訳『マルクスとエンゲルスの知的関係』世界書院、1995年。
Chattopadhyay, Paresh 1994 *The Marxian Concept of Capital and the Soviet Experience: Essay in the Critique pf Political Economy*, Westport Conneticut/London, Praeger. パレッシュ・チャトパディヤイ、大谷禎之介／叶秋男／谷江幸雄／前畑憲子訳『ソ連国家資本主義論――マルクス理論とソ連の経験』大月書店、1999年。
Cohen, G.A. 1978,2000 *Karl Marx's Theory of History: A Defence. Expanded Edition*, Princeton University Press.
Dawydow, Juri 1969 *Freiheit und Entfremdung*, Frankfurt am Main, Verlag der Marxistischen Blätter. ユ・ネヌ・ダヴィドフ、藤野渉訳『自由と疎外』青木書店、1967年。
de Man, Hendrik 1932 Der neu entdeckte Marx, *Der Kampf* 25 May 1932.
ディオゲネス・ラエルティオス 1984 加来彰俊訳『ギリシア哲学者列伝（上）』岩波文庫。
Dunham, Barrows 1953 *Giant in Chains*, Boston, Little, Brown and Company. バロウズ・ダンハム、粟田賢三訳『鎖につながれた巨人（下）』岩波新書、1959年。

Engels, Friedrich 1962 *Ludwig Feuerbach und der Ausgang der klassischen deutschen Philoslphie*, MEW.Bd.21. フリードリヒ・エンゲルス、藤川覚・秋間実訳『フォイエルバッハ論』国民文庫、1972年。

Fromm, Erich 1961 *Marx's concept of Man*, Fredrick Unger Publising Co.

Fromm, Erich 1976 *To Have or To Be*, Abacus. エーリッヒ・フロム、佐野哲郎訳『生きるということ』紀伊國屋書店、1977年。

フロム編、エーリッヒ 1967 城塚登監訳『社会主義ヒューマニズム（上）（下）』紀伊國屋書店。

藤野渉 1972『史的唯物論と倫理学』新日本出版社。

ハーバーマス、ユルゲン 1975 細谷貞雄訳『理論と実践』未來社。

Hare, R.M. 1981 *Moral Thinking: Its Levels, Method and Point*, Oxford University Press. R.M.ヘア、内井惣七＋山内友三郎監訳『道徳的に考えること』勁草書房、1994年。

橋本信 1990「反映論イデオロギー批判序説」、札幌『唯物論』第35号。

Hegel, G.W.F. 1970 *Enzyklopädie der philosophischen Wissenschaften I*, Frankfurt am Main, Suhrkamp.

Hegel, G.W.F. 1971 *Vorlesungen über die Geschichte der Philosophie III*, Frankfurt am Main, Suhrkamp Verlag.

廣松渉 1969『マルクス主義の地平』勁草書房。

廣松渉 1971『唯物史観の原像』三一新書。

廣松渉 1972『世界の共同主観的存在構造』勁草書房。

廣松渉 1983『物象化論の構図』岩波書店。

廣松渉 1984『増補 マルクス主義の成立過程』至誠堂。

廣松渉編 1986『資本論を物象化論を視軸にして読む』岩波書店。

廣松渉 1988『哲学入門一歩前』講談社現代新書。

廣松渉 1990a『今こそマルクスを読み返す』講談社現代新書。

廣松渉 1990b『マルクスと歴史の現実』平凡社。

廣松渉 1991『マルクス主義の地平』講談社学術文庫。

廣松渉 1994『マルクスの根本意想は何であったか』情況出版。

廣松渉 2010『資本論の哲学』平凡社ライブラリー。

Hume, David 1978 *A Treatise of Human Natur. Second Edition.*, Oxford University Press.

今村仁司・山本啓・廣松渉 1975「マルクス学の最近の動向」、『情況』1975年4月号。

今村仁司・三島憲一・鷲田清一・野家啓一 1996『現代思想の源流——マルクス

ニーチェ フロイト フッサール』講談社。
今村仁司・三島憲一・鷲田清一・野家啓一 2003『現代思想の源流――マルクス ニーチェ フロイト フッサール』講談社。
石井伸男 1996「社会主義と正義論」、『カオスとロゴス』第五号。
石塚正英＋やすいゆたか 1998『フェティシズム論のブティック』論創社。
岩淵慶一 1973「マルクスの疎外概念とマルクス主義――広松渉氏の疎外論批判の批判――」、『現代の理論』年4月号。
岩淵慶一 1976「フォイエルバッハと若きマルクス」、立正大学『人文科学研究所年報』第14号。
岩淵慶一 1979「社会主義諸国における最近の哲学思想の動向――マルクス疎外論の受容と発展をめぐって――（四）」、立正大学『文学部論叢』第64号。
岩淵慶一 1983「マルクスと宗教批判」、江川義忠編『哲学と宗教』理想社。
岩淵慶一 1986『初期マルクスの批判哲学』時潮社。
岩淵慶一 1989「もう一つの馬鹿話」、東京唯物論研究会『唯物論』第63号。
岩淵慶一 1991a「フォイエルバッハとマルクス」、立正大学『文学部論叢』第94号。
岩淵慶一 1991b「今なお馬鹿話を繰り返す――廣松渉『今こそマルクスを読み返す』の真実――」、東京唯物論研究会編『唯物論』第65号。
岩淵慶一 1996a「マルクスの唯物論は何であったか――さらばエンゲルス的解釈」、『カオスとロゴス』第五号。
岩淵慶一 1996b「マルクス主義哲学思想の現在」、『経済と社会』第7号、時潮社。
岩淵慶一 2007『マルクスの疎外論――その適切な理解のために――』時潮社。
岩田昌征 1971年第1版、1993年第2版『現代社会主義・形成と崩壊の論理』日本評論社。
Jahn, Wolfgang 1957 Der ökonomische Inhalt des Begriff der Entfremdung der Arbeit in den Frühschriften von Karl Marx, *Wirtschaftwissenschaft*, 1957. 6．
Jay, Martin 1984 *Marxism and Totality*, University of California Press. マーティン・ジェイ、荒川幾男他訳『マルクス主義と全体性』国文社、1993年。
北村実 1999『価値論の視座』文理閣。
Kant, Immanuel 1956 *Die Metaphysik der Sitten*, Frankfurt am Main, Suhrkamp Verlag.
カルブスィッキー、ウラヂミル 1991 志田昇・吉田正岳訳『反映論と構造主義』梓出版社。
コンスタンチーノフ監修 1951 ソヴェト研究者協会訳『史的唯物論 上巻』大月書店。

コプニン、Π・B 1973 岩崎允胤訳『認識論』法政大学出版局。
Korać, Veljko 1965 In search of human society, Erich Fromm ed., *Socialist Humanism*, Doubleday & Co.Inc.
Leitnng und Reduktion von Alfred Kosing 1967 *Marxistische Philosophie Lehrbuch*, Berlin, Dietz Verlag.
A・コージング責任編集 1969 藤野渉訳『マルクス主義哲学　上巻』大月書店。
A・コージング責任編集 1970 秋間実訳『マルクス主義哲学　下巻』大月書店。
レーニン、ヴェ・イ 1975 寺沢恒信訳『唯物論と経験批判論1』国民文庫。
コージング、ザイデル他 1969 芝田進午編訳『現代のマルクス主義哲学論争』青木書店。
ルイス、ジョン 1959 真下信一・竹内良知・藤野渉共訳『マルクス主義と偏見なき精神』岩波書店。
Lukács, Georg 1954 Zur philosophischen Entwicklung des jungen Marx, *Deutsche Zeitschrift für Philosophie*. 2.Jahrgang. ルカーチ、平井俊彦訳『改訂版　若きマルクス』ミネルヴァ書房。
Lukács, Georg 1968 Werke Bd.2. *Geschichte und Klassenbewusstsein*, "Vorwort (1967)", Berlin, Luchterhand. ルカーチ、伊藤成彦訳「『歴史と階級意識』序文――思想的自伝」(浦野春樹他著『ルカーチ研究』啓隆閣、1972年、所収)。
ルカーチ、G 1968 池田浩司訳『ルカーチとの対話』合同出版。
Landshut, S und Mayer, J.P. 1932 Einleitung: Die bedeutung der Fruehschriften von Marx für ein neues Verstaendnis, *Karl Marx, Der historische Materialismus-die Frühschriften*, hrsg.von, Stuttgart, Arfred Kroener Verlag.
マギー編、ブライアン 1983 磯野友彦監訳『哲学の現在――世界の思想家十五人との対話』河出書房新社。
Magnis, Franz von 1975 *Normative Voraussetsungen im Denken des jungen Marx*, Freiburg, Verlag Karl Arber.
牧野広義 1995a「現代唯物論の三つの問題」、『経済』1995年10月号。
牧野広義 1995b『哲学と現実世界』晃洋書房。
Mandel, Ernest 1967 *La folmation de la pensée économique de Karl Marx*, François Maspero. エルネスト・マンデル、山内昶・表三郎訳『カール・マルクス』河出書房新社、1971年。
マンデル、エルネスト 2000「なぜ私はマルクス主義者なのか？」、ジルベール・アシュカル編/岡田光正・志田昇・西島栄・湯川順夫訳『エルネスト・マンデル』つげ書房新社。
Marković, Mihilo 1967 Entfremdung und Selbstverwaltung, *Folgen einer*

Theorie Essays über 〈Das Kapital〉 von Karl Marx, Frankfurt am Main, Suhrkamp Verlag.

マルコヴィチ、ミハイロ 1970 岩田昌征・岩淵慶一訳『実践の弁証法』合同出版。

Marković, Mihailo 1991, Human Nature, in: Tom Bottomore ed., *A Dictionary of Marxist Thought: Second Edition*, Basil Blackwell.

マルコヴィチ、ミハイロ 1995 岩淵慶一他訳『コンテンポラリィ・マルクス』亜紀書房。

マルコヴィチ他 1987 岩淵慶一・三階徹編『増補マルクス哲学の復権』時潮社。

Marx, Karl 1961 *Zur Kritik der politischen Ökonomie*, MEW.Bd.13., Berlin, Dietz Verlag.

Marx, Karl 1964 *Das Kapital III*. MEW.Bd.25., Berlin, Dietz Verlag.

Marx, Karl 1965 *Theorien über den Mehrwert (Vierter Band des "Kapitals") Erster Teil*. MEW.Bd.26-I, Berlin, Dietz Verlag.

Marx, Karl 1972 *Theorien über den Mehrwert (Vierter Band des "Kapitals") Dritter Teil*. MEW.Bd.26-III, Berlin, Dietz Verlag.

Marx, Karl 1982a *Ökonomisch-philosophische Manuskripte*, MEGA I-2, Berlin, Dietz Verlag.

Marx, Karl 1982b *Zur Kritik der politischen Ökonomie (Manuskript 1861-1863)*, T.6, MEGA II-3.6, Berlin, Dietz Verlag.

Marx, Karl 1983 *Grundrissen der Krithik der politischen Ökonomie*, MEW.Bd. 42., Berlin, Dietz Verlag.

Marx, Karl 1988 *Resultate des unmittelbaren Produktionsprozesses*, Berlin, Dietz Verlag.

Marx, Karl 1991 *Das Kapital.Bd.1*, MEGA II-10, Berlin, Dietz Verlag.

Karl Marx/Friedrich Engels 1957 *Die heilige Familie*, MEW.Bd.2., Berlin, Dietz Verlag.

Karl Marx/Friedlich Engels 1958 *Die deutsche Ideologie*, MEW.Bd.3., Berlin, Dietz Verlag.

Karl Marx/Friedrich Engels 1966 Feuerbach. Gegensatz von materialistischer und idealistischer Anschauung, *Deutsche Zeitschrift für Philosophie*, heft 10.

Karl Marx/Friedlich Engels 1972 *Die deutsche Ideologie*, MEGA (Probeband).

松井暁 2012『自由主義と社会主義の規範理論：価値理念のマルクス的分析』大月書店。

松井暁・平子友長・星野智・植村博恭・石塚良次 1996「社会理論の新しいパラダイムを求めて」、『経済と社会』第7号、時潮社。

松村一人監修 1976『人民出版社版マルクス主義哲学辞典』渡辺幸博・神崎勇夫訳、東方書店。
メイヤー、トム 2005 瀬戸岡紘監訳『アナリティカル・マルクシズム』桜井書店。
水谷謙治 1974『労働疎外とマルクス経済学』青木書店。
Moor, G.E. 1988 *Principia Ethica*, Amherst, New York, Prometheus Books. G.E.ムーア、深谷昭三訳『倫理学原理』三和書房、1973年。
仲本章夫 1993『論理と認識の世界』創風社。
仲村政文 1979『分業と生産力の理論』青木書店。
中野徹三 1990「『哲学のレーニン的段階』の根底的止揚をめざして」、札幌『唯物論』第35号。
西田照見・田上孝一編 2010『現代文明の哲学的考察』社会評論社。
オイゼルマン、テ・イ 1964 森宏一訳『マルクス主義哲学の形成 第一部』勁草書房。
Oiserman T.I. 1965 *Die Entfremdung als historische Kategorie*, Berlin, Dietz Verlag.
オイゼルマン、テ・イ 1976 服部文男・大谷幸雄訳『マルクスの「経済学・哲学草稿」』青木書店。
奥谷浩一 1992「反映論批判への私見（二）」、札幌『唯物論』第37号。
Petrović, Gajo 1967 *Marx in the mid-twentieth century*, Doubeleday & Company, Inc.. ガーヨ・ペトロヴィッチ、岩淵慶一・田中義久訳『マルクスと現代』紀伊国屋書店、1970年。
Petrović, Gajo 1969 Die jugoslawische Philosophie und die Zeitschrift ≫Praxis≪, Gajo Petrovic (Hrsg.), *Revolutionäre Praxis*, Freiburg, Rombach & Co GmbH.
プラトン 1976 藤沢令夫訳『ソピステス』岩波書店。
Karl R. Popper/Konrad Lorenz 1985 *Die Zukunft ist Offen*, München, R. Piper GmbH & Co. KG. カール・R・ポパー／コンラート・ローレンツ、辻瑆訳『未来は開かれてる』思索社、1986年。
Rawls, John 1971 *A Theory of Justice*, Harvard University Press.
Römer, Hinrich 1967 Wie scharfen wir unsere Waffen?, *Deutsche Zeitschrift für Philosophie*, Heft8.
Rojahn, Ürgen 1983 Marxisms-Marx-Geschictswissenschaft, *International Review of Social History*, vol.28. J・ローヤン、山中隆次訳「いわゆる『一八四四年経済学・哲学草稿』問題——「マルクス没後一〇〇年記念リンツ集会」報告」、『思想』1983年第8号、所収。
ローゼンベルグ、デ・イ 1971 副島種典訳『初期マルクス経済学説の形成 [改訂

版］上巻』大月書店。
レートロー他編著 1972 秋間実訳『弁証法的・史的唯物論 下巻』大月書店。
Schaff, Adam 1965 *Marxismus und das menschliche Individuum*, Wien, Europa Verlag. アダム・シャフ、花崎皋平訳『マルクス主義と個人』岩波書店、1984年。
Schaff, Adam 1977 *Entfremdung als sozial Phaenomen*, Wien, Europa Verlag GsmbH. アダム・シャフ、花崎皋平訳『社会現象としての疎外』岩波書店、1984年。
Seidel, Helmut 1966 Vom praktischen und theorestischen Verhaltnis der Menschen zur Wirklichkeit, *Deutsche Zeitschrift für Philosophie*, Heft10.
芝田進午編訳 1970『現代のマルクス主義哲学論争』青木書店。
芝田進午編 1975『講座マルクス主義研究入門 第一巻哲学』青木書店。
芝田進午 1978『実践的唯物論の根本問題』青木書店。
城塚登・田中吉六共訳 1964 『経済学・哲学草稿』「訳者解説」岩波文庫。
副田満輝 1980『マルクス疎外論研究』文真堂。
ソ連邦科学アカデミー哲学研究所編 1975 川上渉・大谷孝雄訳『マルクス・レーニン主義哲学の基礎 中』青木書店。
ソヴィエット同盟科学アカデミー哲学研究所編 1967 大井正・中本章夫共訳『現代ソビエト哲学』刀江書院。
スターリン、イ・ヴェ 1951『スターリン哲学論文集』（編者兼発行者中城龍雄）、真理社。
スターリン、イ・ヴェ 1968 マルクス＝レーニン主義研究所訳『弁証法的唯物論と史的唯物論・無政府主義か社会主義か？』国民文庫。
田畑稔 1995「シュタルケとエンゲルスの『フォイエルバッハ論』」、杉原四郎・降旗節雄・大薮龍介編『エンゲルスと現代』御茶の水書房。
田上孝一 1996「疎外論と自主管理論の関係」、『稲妻』第289号。
田上孝一 2000『初期マルクスの疎外論――疎外論超克説批判――』時潮社。
田上孝一 2001「マルクス哲学の可能性――環境問題に寄せて」、社会主義理論学会編『21世紀社会主義への挑戦』社会評論社。
田上孝一 2004「疎外――批判原理の現代的再生のために」、有賀誠・伊藤恭彦・松井暁編『現代規範理論入門――ポスト・リベラリズムの新展開』ナカニシヤ出版。
田上孝一 2006『実践の環境倫理学――肉食・タバコ・クルマ社会へのオルタナティヴ――』時潮社。
田上孝一 2007a「マルクスの社会主義と現実の社会主義」、社会主義理論学会編『グローバリゼーション時代と社会主義』ロゴス社。

田上孝一 2007b「動物権利論の実像」、岡山人権問題研究所編『人権21・調査と研究』第191号。

田上孝一 2008a「マルクスの人間観——「全体的存在」としての人間」、田上孝一・黒木朋興・助川幸逸郎編著『〈人間〉の系譜学——近代的人間像の現在と未来——』東海大学出版会。

田上孝一 2008b「環境倫理学の焦点——人間と動物の関係を中心に」、季報『唯物論研究』第105号。

平子友長 1991『社会主義と現代世界』青木書店。

谷口孝男 1987『意識の哲学』批評社。

寺沢恒信 1984『意識論』大月書店。

Trotsky, Leon 1969, 1973a *Their Morals and Ours: The class foundations of moral practice*, New York, Pathfinder Press. レオン・トロツキー「彼らの道徳とわれわれの道徳」、古里高志訳『トロツキー著作集1937〜38・上』柘植書房、1973年。

Trotsky, Leon 1969, 1973b The moralists and sycophants against Marxism, in. *Their Morals and Ours: The class foundations of moral practice*, New York, Pathfinder Press. レオン・トロツキー「マルクス主義に反対する道徳家と追従者」、古里高志訳『トロツキー著作集1937〜38・上』柘植書房、1973年。

トロツキー、レオン 1992 藤井一行訳『裏切られた革命』岩波文庫。

Tucker, Robert C. 1969 *The Marxian Revolutionary Idea*, New York, Norton. R・C・タッカー、雪山慶正訳『マルクスの革命思想と現代』研究社、1971年。

Vranicki, Predrag 1965 Socialism and the problem of alienation, Erich Fromm ed., *Socialist Humanism*, Doubleday Co.Inc. ブラニツキ、プレドラーグ 1970「若きマルクスにおけるヒューマニズムの現代的意義」、河野健二監訳『若きマルクスと現代』合同出版。

Wood, Allen W. 1985 The Marxian Critique of Justise, Geroge E. Panichas ed., *Marx Analysed*, Lanham/New York/London, University Press of America.

矢島羊吉 1968『新版倫理学の根本問題』福村書店。

山本広太郎 1985『差異とマルクス——疎外・物象化・物神性——』青木書店。

Zivotić Miladin 1969 Die Dialektik der Natur und die Autehntizität der Dialektik, Gajo Petrovic hrs., *Revolutionäre Praxis*, Freiburg, Rombach & Co GmbH.

Zivotić, Miladin 1972 *Proletarischer Humanismus: Studien über Mensch*, Wert und Freiheit, München, Carl Hanser Verlag.

あとがき

　本書はマルクスに関する旧稿の内、主として博士論文（田上 2000）に収めなかった論考をまとめて、一書としたものである。各章の初出を示すと、次のようになる。

　第　一　章　「マルクスの哲学」（立正大学哲学・心理学会『紀要』第23号、1997年3月、30-37頁）。

　第　二　章　「マルクス疎外論の可能性と限界」（季報『唯物論研究』第111号、2010年2月、37-49頁）。

　第　三　章　「疎外論と実践的唯物論──日中哲学誌上討論に寄せて」（季報『唯物論研究』第61号、1997年7月、189-203頁）。

　第　四　章　「疎外は『人間生活の永遠的自然条件』ではない」（立正大学哲学・心理学会『紀要』第21号、1995年3月、41-57頁）。

　第　五　章　「物象化と物神崇拝の関係」（季報『唯物論研究』第62号、1997年10月、68-80頁）。

　第　六　章　「マルクスの物象化論と廣松の物象化論」（経済理論学会編『季刊・経済理論』第48巻第2号、桜井書店、2011年7月、40-49頁）。

　第　七　章　「反映論の意義」（東京唯物論研究会編『唯物論』第71号、1997年10月、29-46頁）。

　第　八　章　「マルクスの分配的正義論」（東京唯物論研究会編『唯物論』第83号、2009年12月、72-85頁）。

　第　九　章　「トロツキーの道徳論」（立正大学哲学・心理学会『紀要』第27号、2001年3月、92-103頁）。

　第　十　章　「生産力概念についての一提言」（立正大学哲学・心理学会『紀要』第20号、1994年3月、57-70頁）。

　補　　　論　「生産力の質と疎外」、マルクス古典と当代社会主義理論──第

三回中日社会主義フォーラム報告要旨、社会主義理論学会・中国人民大学マルクス主義学院・武漢大学マルクス主義学院・中山大学社会科学教育学院・揚州大学マルクス主義学院・南京師範大学マルクス主義研究院共同主催、南京師範大学、2012年9月3日。

第十一章 「今村仁司氏のマルクス曲解」(『カオスとロゴス』第7号、1997年2月、130-147頁)。

第十二章 「神話のマルクスと現実のマルクス」(『経済と社会』第7号、時潮社、1996年11月、57-71頁)。

　第一章は元々『経済と社会』という経済学理論誌の「哲学思想の現在」という特集に寄せるために執筆したが、ある事情で掲載できなかったものである。内容に瑕疵があるわけではなかったので、学内紀要に投稿し、掲載された。ちなみにその代わりに急遽執筆したのが、第十二章の「神話のマルクスと現実のマルクス」である。

　第二章は季報『唯物論研究』の「疎外論の復権に向けて──二十一世紀の疎外論」という特集への一論文として、請われて執筆したものである。そのため、冒頭が「疎外論の復権？」となっている。

　第三章も『唯物論研究』で、当時行われていた「日中哲学誌上討論」に寄せたものである。この討論を主導していたのは故山口勇前社会主義理論学会事務局長で、私は後に、彼の遺志を引き継ぐ形で事務局長に就任した。

　第四章ではポパーを論じているが、政治哲学研究者などの間では、今でもポパー流のマルクス批判が理論的意義を持つと見なされているようなので、それなりに有益なのではないかと思う。

　第五章もまた季報『唯物論研究』で、こちらは「フェティシズム論のブティック」という特集に寄せた。

　第六章は経済理論学会の機関誌である季刊『経済理論』の、「廣松物象化論と経済学」という特集へ請われて執筆したものである。

　第七章は東京唯研の機関誌『唯物論』の、「レーニンの認識論と社会主義」

特集に寄せたものである。

　第八章は本文中に注記したように、日中間で行われた二回のシンポジウムの報告要旨を組み合わせて、改めて論文としての体裁を整えたものである。やや取って付けた感じでロールズが取り上げられているが、これは中国側のリクエストに応えたためである。

　第九章はマルクスにおける規範の問題を重視する私の研究スタイルを如実に示した論考で、その後執筆した論文で度々参照を求めて来たが、未電子化の紀要ということもあり、アクセスし難い状態であった。これを収めることが、本書を編むことになった動機の一つである。

　第十章は本書で最も古い論文で、もう20年近くも前のものであるが、ここで明確にした「疎外された生産力」という概念は、今でも環境に対する私の基本的な理論的スタンスとなっている。その意味もあって、逆に最も新しい小文を補論とした。これは社会主義理論学会が最近定例化できたシンポジウムでの報告要旨であり、中国の研究者との学術交流の一成果である。

　第十一章は随分と気負いが感じられ、今の私からするとやや恥ずかしい思いがする旧稿であるが、徒に解釈の新奇さを求めるような、独善的な作風が未だに見られることもあって、敢えて収めることにした。

　第十二章は博士論文の要約的な内容である。実際に博士号を取る４年前の文章であるが、既にこの時点で骨子が固まっていたということである。博士論文でアルチュセールを主題的に取り上げなかったことに対する疑問が呈されたことがあったが、その理由はこの章で明らかだろう。少なくともマルクスの思想形成史という点では、アルチュセールは理論のレベルが低すぎて取り上げるに値しなかったからである。

　各章とも適宜補筆してあるが、必要最小限であり、大幅な加筆や内容の変更はない。

　見られるように、全12章中 8 章が博士論文以前の発表である。これから分かるように、本書は元々博士論文の姉妹篇として、博士論文刊行後に続けて世に問うはずだったものである。ところが、博士号取得後間もなく、思いも

かけない母親の看病と看取りをすることになり、その後の処理と併せて、長期にわたって研究どころではなくなってしまい、いつの間にか出版は立ち消えとなってしまったのである。そうこうしている内に、俄かに始めた環境論研究に本腰を入れるようになり、二冊目の単著は環境を主題としたものになった。三冊目もひょんなことから一般書枠での倫理学の入門書になり、その後も何冊かの編著に時間を取られて、結局当初の予定から10年も遅れて出版する運びとなった。

　昔も今も、マルクスの理論的核心を疎外論に見ることに何らのブレもないが、マルクスその人に対するスタンスは幾分違いが出てきた。以前も言葉の上では、マルクスにおける生けるものと死せるものの峻別を謳ってはいたが、実際には専ら可能性にのみ目を注いでいた。教条主義だったのである。それが今となっては、もっと素直にその限界の方も受け入れるようになった。環境論や倫理学一般の研究も行うようになって、自ずと視野が広がったためであろうか。とはいえあくまで可能性を認めた上での限界であり、反マルクスや脱マルクスといった類ではない。批判的ではあるが、なおマルクス主義の立場にあるつもりでいる。

　本書が現代におけるマルクスの理論的可能性を若干でも示せたならば幸いである。

　末筆ではあるが、突然の出版の申し入れを快諾して下さった相良景行時潮社社長に感謝申し上げる。

著者略歴

田上 孝一（たがみ・こういち）
1967年　東京生まれ
1989年　法政大学文学部哲学科卒業
1991年　立正大学大学院文学研究科哲学専攻修士課程修了
2000年　博士（文学）（立正大学）
現　在　立正大学非常勤講師
専　攻　哲学・倫理学

主要著書

『初期マルクスの疎外論——疎外論超克説批判——』（時潮社、2000年）
『実践の環境倫理学——肉食・タバコ・クルマ社会へのオルタナティヴ——』（時潮社、2006年）
『フシギなくらい見えてくる！　本当にわかる倫理学』（日本実業出版社、2010年）
『資本主義の限界と社会主義』（編著、時潮社、2012年）
『グローバリゼーション再審——新しい公共性の獲得に向けて——』（編著、時潮社、2012年）
『技術者倫理を考える——持続可能な社会をめざして——』（共著、昭晃堂、2013年）

マルクス疎外論の諸相

2013年6月10日　第1版第1刷　定　価＝3200円＋税
著　者　田上孝一　Ⓒ
発行人　相良景行
発行所　㈲時潮社
　　　　174-0063 東京都板橋区前野町 4-62-15
　　　　電話 (03) 5915-9046
　　　　ＦＡＸ (03) 5970-4030
　　　　郵便振替　00190-7-741179　時潮社
　　　　URL http://www.jichosha.jp
　　　　E-mail kikaku@jichosha.jp

印刷・相良整版印刷　製本・仲佐製本
乱丁本・落丁本はお取り替えします。
ISBN978-4-7888-0688-7

時潮社の本

実践の環境倫理学
肉食・タバコ・クルマ社会へのオルタナティヴ
田上孝一 著
Ａ５判・並製・202頁・定価2800円（税別）

応用倫理学の教科書である本書は、第１部で倫理学の基本的考えを平易に説明し、第２部で環境問題への倫理学への適用を試みた。現在の支配的ライフスタイルを越えるための「ベジタリアンの理論」に基づく本書提言は鮮烈である。『唯物論』(06.12, No.80) 等に書評掲載。

資本主義の限界と社会主義
社会主義理論学会 編
Ａ５判・並製・240頁・定価2800円（税別）

ソブリン危機に端を発した世界金融危機の淵にあって、日本は折からの消費増税で新たな危機のスポンサー役を自ら買って出ようとしているかのようにも見える。しかしこうした事態の本質はどこにあるのか。社会主義理論学会の精鋭がそれぞれの論点から現状を分析、世界の実像の「現在」に迫る。日ごとに深刻さを増す３・11後の世界、いままた注目される社会主義のあらたな到達点を示す警世の書がここに誕生！

グローバリゼーション再審
──新しい公共性の獲得に向けて──
平井達也・田上孝一・助川幸逸郎・黒木朋興 編
Ａ５判・並製・304頁・定価3200円（税別）

かつてない混迷の時代に人文科学／社会科学に何が期待され、何が可能か。それぞれ多彩な専門に依拠しつつ、現在と切り結ぶ若き論客たちの咆哮は現実を鋭く切り拓き、未来を照射してやまない。現在に向かって始められる限りなき疾走がいま、ここから始まる。

増補 マルクスの疎外論
その適切な理解のために
岩淵慶一 著
四六判・上製・328頁・定価3200円（税別）

マルクス哲学のキーワードは「疎外」。この概念を理解しなければ、マルクスを理解したとはいえない。「疎外」の正しい理解を妨げてきた新旧スターリン主義とそれらの諸変種による歪曲を糺し、マルクス疎外論の本来の、適切な理解を明示した。斯界の碩学が「マルクス読みのマルクス知らず」的風潮に突きつける疎外論の本格的展開。思想史の世界にも驚きを巻き起こした名著が増補で登場。

時潮社の本

国家論の科学
鎌倉孝夫 著
四六判・上製・290頁・定価3500円（税別）

科学としての国家論に立脚して、藤原正彦『国家の品格』、安倍晋三『美しい国へ』の情緒的表現の底に流れるものを糺し、ネグリ、ハート『帝国』、柄谷行人『世界共和国へ』の現実的根拠を質し、渡辺治『現代国家の変貌』に正面から向き合った労作。書評多数。

『資本論』で読む金融・経済危機
オバマ版ニューディールのゆくえ
鎌倉孝夫 著
Ａ５判・並製・242頁・定価2500円（税別）

期待いっぱいのオバマ・グリーンディールは、危機克服の決め手となるか？ 各国のなりふり構わぬ大恐慌回避策は、逆に資本主義の危機を増幅させないか？ 『資本論』研究の泰斗が金融・経済危機の推移を子細に分析し、世界経済の今後を明示する。『労働運動研究』『長周新聞』等書評多数。

国際環境論〈増補改訂〉
中国型リレーションシップ・レンディングの展開の実情と課題
長谷敏夫 著
Ａ５判・並製・264頁・定価2800円（税別）

とどまらない資源の収奪とエネルギーの消費のもと、深刻化する環境汚染にどう取り組むか。身のまわりの解決策から説き起こし、国連を初めとした国際組織、NGOなどの取組みの現状と問題点を紹介し、環境倫理の確立を主張する。

エコ・エコノミー社会構築へ
藤井石根 著
Ａ５判・並製・232頁・定価2500円（税別）

地球環境への負荷を省みない「思い上がりの経済」から地球生態系に規定された「謙虚な経済活動」への軌道修正。「経済」と「環境」との立場を逆転させた考え方でできあがる社会が、何事にも環境が優先されるエコ・エコノミー社会である。人類の反省の念も込めての１つの結論と見てとれる。

時潮社の本

確かな脱原発への道
原子力マフィアに勝つために
原 野人 著
四六判・並製・122頁・定価1800円（税別）

未曾有の災害、福島原発。終息の行方は見えず、政府は被害を一方的に過小に見積もり、被災者切り捨てがはじまる。汚染物質処分の見通しさえ立たず、思考停止に陥った現状をどう突破するのか。本書は従来のデータを冷静に分析、未来に向けた処方箋を示す。

情報化社会と人間
デジタル時代のインポータントファクター
澁澤健太郎・伊藤昭浩・山口 翔・諸伏雅代　共著
Ａ５判・並製・200頁・定価2800円（税別）

情報化―ポイントカードによる顧客管理が進み、交通系カードはついに全国化を果たし、携帯電話は人口を凌駕する勢いで増え続ける…しかし、小学生の「ネットいじめ」をはじめとする負の側面も加速度的に増殖している現在、市民社会はどのように対応すべきか。本書はデジタル社会を多面的に論じる中でこうした問題に確実な一石を投じる。

現代中国の中小企業金融
中国型リレーションシップ・レンディングの展開の実情と課題
范 立君 著
Ａ５判・上製・232頁・定価3200円（税別）

現代世界を席巻するのが中国企業であることはもはや世界の常識である。その企業活動の源泉ともいえる金融、とりわけ鍵ともいえる中小企業向け金融の実態に迫り、その歴史と将来的展望を的確に分析した本書は、中国型リレーションシップ・レンディングという視座から企業関係を読み解いてゆく。今後ますます重要になる中国企業の役割を理解する上で必読の書である。

地域物流とグローバル化の諸相
吉岡秀輝 著
Ａ５判・上製・272頁・定価3200円（税別）

交通／物流が大きく変化し、地域の諸相もこれをうけて激変の波に洗われようとしている。世界規模の規制緩和のなかで陸海空の枠が消滅、コンテナヤードも物流に呑み込まれた。本書はこれらの現場を各地にたずね、問題を明確化するとともに近未来を描き出し、併せて地域開発にも鋭く斬り込むことで流通を軸とした社会の変化を活写する。